Treaty Series

Treaties and international agreements registered or filed and recorded with the Secretariat of the United Nations

VOLUME 3213

Recueil des Traités

Traités et accords internationaux enregistrés ou classés et inscrits au répertoire au Secrétariat de l'Organisation des Nations Unies

United Nations • Nations Unies
New York, 2025

Print ISBN: 978-92-1-003312-1
e-ISBN: 978-92-1-106856-6
ISSN: 0379-8267
e-ISSN: 2412-1495

TABLE OF CONTENTS

I

Treaties and international agreements
registered in November 2017
Nos. 54791 to 54798

TABLE DES MATIÈRES

I

Traités et accords internationaux
enregistrés en novembre 2017
Nos 54791 à 54798

NOTE BY THE SECRETARIAT

Under Article 102 of the Charter of the United Nations, every treaty and every international agreement entered into by any Member of the United Nations after the coming into force of the Charter shall, as soon as possible, be registered with the Secretariat and published by it. Furthermore, no party to a treaty or international agreement subject to registration which has not been registered may invoke that treaty or agreement before any organ of the United Nations. The General Assembly, by resolution 97 (I), established regulations to give effect to Article 102 of the Charter (see text of the regulations, vol. 859, p. VIII; https://treaties.un.org/Pages/Resource.aspx?path=Publication/Regulation/Page1_en.xml).

The terms "treaty" and "international agreement" have not been defined either in the Charter or in the regulations, and the Secretariat follows the principle that it acts in accordance with the position of the Member State submitting an instrument for registration that, so far as that party is concerned, the instrument is a treaty or an international agreement within the meaning of Article 102. Registration of an instrument submitted by a Member State, therefore, does not imply a judgement by the Secretariat on the nature of the instrument, the status of a party or any similar question. It is the understanding of the Secretariat that its acceptance for registration of an instrument does not confer on the instrument the status of a treaty or an international agreement if it does not already have that status, and does not confer upon a party a status which it would not otherwise have.

*

* *

Disclaimer: All authentic texts in the present Series are published as submitted for registration by a party to the instrument. Unless otherwise indicated, the translations of these texts have been made by the Secretariat of the United Nations, for information.

NOTE DU SECRÉTARIAT

Aux termes de l'Article 102 de la Charte des Nations Unies, tout traité ou accord international conclu par un Membre des Nations Unies après l'entrée en vigueur de la Charte sera, le plus tôt possible, enregistré au Secrétariat et publié par lui. De plus, aucune partie à un traité ou accord international qui aurait dû être enregistré mais ne l'a pas été ne pourra invoquer ledit traité ou accord devant un organe de l'Organisation des Nations Unies. Par sa résolution 97 (I), l'Assemblée générale a adopté un règlement destiné à mettre en application l'Article 102 de la Charte (voir texte du règlement, vol. 859, p. IX; https://treaties.un.org/Pages/Resource.aspx?path=Publication/Regulation/Page1_fr.xml).

Les termes « traité » et « accord international » n'ont été définis ni dans la Charte ni dans le règlement, et le Secrétariat a pris comme principe de s'en tenir à la position adoptée à cet égard par l'État Membre qui a présenté l'instrument à l'enregistrement, à savoir que, en ce qui concerne cette partie, l'instrument constitue un traité ou un accord international au sens de l'Article 102. Il s'ensuit que l'enregistrement d'un instrument présenté par un État Membre n'implique, de la part du Secrétariat, aucun jugement sur la nature de l'instrument, le statut d'une partie ou toute autre question similaire. Le Secrétariat considère donc que son acceptation pour enregistrement d'un instrument ne confère pas audit instrument la qualité de traité ou d'accord international si ce dernier ne l'a pas déjà, et qu'il ne confère pas à une partie un statut que, par ailleurs, elle ne posséderait pas.

*

* *

Déni de responsabilité : Tous les textes authentiques du présent Recueil sont publiés tels qu'ils ont été soumis pour enregistrement par l'une des parties à l'instrument. Sauf indication contraire, les traductions de ces textes ont été établies par le Secrétariat de l'Organisation des Nations Unies, à titre d'information.

I

Treaties and international agreements registered in November 2017 Nos. 54791 to 54798

Traités et accords internationaux enregistrés en novembre 2017 N°s 54791 à 54798

No. 54791

Poland
and
Tajikistan

Agreement between the Government of the Republic of Poland and the Government of the Republic of Tajikistan on cooperation in combating crime. Warsaw, 27 May 2003

Entry into force: *2 April 2004, in accordance with article 15*

Authentic texts: *Polish, Russian and Tajik*

Registration with the Secretariat of the United Nations: *Poland, 1 November 2017*

Pologne
et
Tadjikistan

Accord entre le Gouvernement de la République de Pologne et le Gouvernement de la République du Tadjikistan relatif à la coopération dans la lutte contre la criminalité. Varsovie, 27 mai 2003

Entrée en vigueur : *2 avril 2004, conformément à l'article 15*

Textes authentiques : *polonais, russe et tadjik*

Enregistrement au Secrétariat de l'Organisation des Nations Unies : *Pologne, 1er novembre 2017*

[TEXT IN POLISH – TEXTE EN POLONAIS]

U M O W A

między Rządem Rzeczypospolitej Polskiej a Rządem Republiki Tadżykistanu o współpracy w zakresie zwalczania przestępczości

Rząd Rzeczypospolitej Polskiej i Rząd Republiki Tadżykistanu, zwane dalej „Umawiającymi się Stronami",

- powodowane pragnieniem dalszego rozwoju współpracy i utrwalania stosunków przyjaźni,
- zaniepokojone wzrostem przestępczości, a szczególnie przestępczości zorganizowanej,
- przekonane o istotnym znaczeniu współpracy organów ochrony bezpieczeństwa i porządku publicznego dla skutecznego zwalczania przestępczości, szczególnie w jej zorganizowanej postaci,
- dążąc do ustanowienia optymalnych zasad, form i sposobów pracy operacyjnej i działań prewencyjnych tych organów,
- z zastrzeżeniem poszanowania powszechnie przyjętych norm prawa międzynarodowego oraz wewnętrznych porządków prawnych,
- kierując się zasadami równości, wzajemności i obustronnych korzyści,

uzgodniły, co następuje:

Artykuł 1

1. Umawiające się Strony zobowiązują się do współpracy między organami ochrony bezpieczeństwa i porządku publicznego, zwanymi dalej „właściwymi organami", w zwalczaniu przestępczości przez jej zapobieganie i wykrywanie sprawców przestępstw, w szczególności:

1) przeciwko życiu i zdrowiu,

2) przeciwko porządkowi publicznemu i bezpieczeństwu powszechnemu,
3) kradzieży materiałów jądrowych i promieniotwórczych, ich przewozu, nielegalnego nimi obrotu, niewłaściwego użycia lub grożenia niewłaściwym ich użyciem w celu wyrządzenia szkody,
4) nielegalnej produkcji i obrotu towarami, technologiami i usługami o znaczeniu strategicznym dla bezpieczeństwa państwa,
5) przeciwko środowisku,
6) przeciwko wolności seksualnej i obyczajności,
7) handlu ludźmi i bezprawnego pozbawienia wolności człowieka,
8) kradzieży lub nielegalnego handlu bronią palną, amunicją, materiałami wybuchowymi i innymi niebezpiecznymi materiałami oraz nielegalnej ich produkcji,
9) przekraczania wbrew przepisom granicy państwowej,
10) kradzieży wszelkiego rodzaju przedmiotów, a w szczególności dóbr kultury i środków transportu samochodowego, ich przemytu oraz nielegalnego handlu tymi przedmiotami,
11) podrabiania środków płatniczych i papierów wartościowych oraz wprowadzania ich do obiegu,
12) podrabiania, a także wykorzystania jako autentycznych dokumentów określających tożsamość osoby lub innych dokumentów,
13) nielegalnego obrotu gospodarczego, legalizowania dochodów pochodzących z przestępstwa oraz korupcji,
14) nielegalnej uprawy roślin służących do wytwarzania środków odurzających i substancji psychotropowych, produkcji tych środków oraz ich prekursorów, nielegalnego ich przetwarzania, przewożenia, przemytu oraz obrotu nimi, a także obrotu substancjami wyjściowymi i półproduktami, niezbędnymi do ich produkcji.

2. Umawiające się Strony zobowiązują się także do współpracy w zakresie:
1) poszukiwania osób podejrzanych o popełnienie przestępstw wymienionych w ustępie 1 lub uchylających się od odbycia kary orzeczonej za ich popełnienie,
2) poszukiwania osób zaginionych, identyfikacji osób o nieustalonej tożsamości oraz nieznanych zwłok,
3) poszukiwania przedmiotów i dokumentów pochodzących z przestępstwa lub służących do jego popełnienia.

Artykuł 2

1. Wszystkie kontakty, których celem jest wykonywanie niniejszej Umowy, będą odbywać się bezpośrednio między właściwymi organami w zakresie ich kompetencji lub upoważnionymi przez nie przedstawicielami. Organami tymi są:

1) po stronie Rzeczypospolitej Polskiej:

a) minister właściwy do spraw wewnętrznych,

b) minister właściwy do spraw instytucji finansowych,

c) minister właściwy do spraw finansów publicznych,

d) Generalny Inspektor Informacji Finansowej,

e) Szef Agencji Bezpieczeństwa Wewnętrznego,

f) Komendant Główny Policji,

g) Komendant Główny Straży Granicznej.

2) po stronie Republiki Tadżykistanu:

a) Prokuratura Generalna,

b) Ministerstwo Spraw Wewnętrznych,

c) Ministerstwo Bezpieczeństwa,

d) Ministerstwo Dochodów Państwowych i Podatków,

e) Agencja Kontroli Narkotyków przy Prezydencie Republiki Tadżykistanu,

f) Komitet Ochrony Granicy Państwowej przy Rządzie Republiki Tadżykistanu.

2. Umawiające się Strony poinformują się wzajemnie drogą dyplomatyczną o zmianach właściwości lub nazw organów wykonujących niniejszą Umowę.

3. Właściwe organy Umawiających się Stron mogą wymieniać swoich przedstawicieli, z zachowaniem procedur wewnętrznych zawierać odrębne porozumienia wykonawcze do niniejszej Umowy, w których określą szczegółowe zasady i przedmiot współpracy. Mogą one również, w razie potrzeby, odbywać konsultacje w celu zapewnienia skutecznej współpracy w kwestiach dotyczących niniejszej Umowy.

4. Właściwe organy Umawiających się Stron przekażą sobie wzajemnie nazwiska osób mających uczestniczyć w wymianie ekspertów najpóźniej na dwa tygodnie przed planowaną datą przedsięwzięcia. Jeżeli jedna z Umawiających się Stron uzna, że pobyt na jej terytorium osoby wyznaczonej przez drugą Umawiającą się Stronę może zagrażać jej bezpieczeństwu lub innym jej istotnym interesom, mają odpowiednie zastosowanie postanowienia artykułu 10 niniejszej Umowy.

Artykuł 3

1. Właściwe organy Umawiających się Stron zapewnią ochronę przekazywanych sobie wzajemnie informacji niejawnych w stopniu nie niższym, niż wynika to z przepisów prawnych Umawiającej się Strony przekazującej informacje.

2. Wszelkie tego rodzaju informacje lub sprzęt techniczny przekazane przez właściwy organ jednej Umawiającej się Strony właściwemu organowi drugiej Umawiającej się Strony mogą być udostępnione innym organom niż wymienione w artykule 2 ustęp 1 niniejszej Umowy oraz organom państw trzecich właściwym dla ochrony bezpieczeństwa i porządku publicznego wyłącznie za zgodą właściwego organu Umawiającej się Strony przekazującej.

3. W wypadku narażenia na ujawnienie lub ujawnienia informacji niejawnych przekazanych przez właściwy organ jednej Umawiającej się Strony, właściwy organ drugiej Umawiającej się Strony powiadomi niezwłocznie o tym zdarzeniu właściwy organ Umawiającej się Strony przekazującej, poinformuje o okolicznościach zdarzenia i jego skutkach oraz działaniach podjętych w celu zapobieżenia występowaniu w przyszłości tego rodzaju zdarzeń.

Artykuł 4

1. W celu ochrony przekazywanych danych osobowych Umawiające się Strony zobowiązują się stosować następujące zasady postępowania:

1) wykorzystanie przekazanych danych osobowych nastąpi wyłącznie w celu oraz na warunkach określonych przez właściwe organy Umawiającej się Strony przekazującej,
2) właściwy organ jednej Umawiającej się Strony poinformuje właściwy organ drugiej Umawiającej się Strony, na jej wniosek, o sposobie wykorzystania przekazanych danych osobowych oraz o wyniku sprawy,
3) właściwe organy jednej Umawiającej się Strony przekazują dane osobowe wyłącznie właściwym organom drugiej Umawiającej się Strony; przekazanie tych danych innym organom może nastąpić tylko za zgodą właściwych organów Umawiającej się Strony przekazującej,
4) właściwe organy Umawiającej się Strony przekazującej są odpowiedzialne za prawdziwość przekazanych danych,
5) jeżeli okaże się, że przekazane dane osobowe są nieprawdziwe lub ich przekazanie było niedozwolone, właściwe organy Umawiającej się Strony otrzymującej zawiadomią o tym niezwłocznie właściwe organy Umawiającej się Strony przekazującej; w takim wypadku właściwe organy tej Umawiającej się Strony mają obowiązek sprostować lub zniszczyć te dane,
6) właściwe organy Umawiającej się Strony przekazującej dane osobowe określą termin ich wyłączenia ze zbiorów informatycznych,
7) przekazywanie i otrzymywanie danych osobowych podlega rejestracji i kontroli dokonywanej przez właściwe organy ustanowione przez każdą z Umawiających się Stron,
8) właściwe organy Umawiających się Stron są zobowiązane do skutecznej ochrony przekazywanych im danych osobowych przed dostępem do nich osób do tego nieuprawnionych, przed nieuprawnionymi zmianami oraz bezprawnym ich ujawnieniem.

2. Postanowienia ustępu 1 stosuje się również do danych osobowych uzyskiwanych przez właściwe organy jednej Umawiającej się Strony na terytorium drugiej Umawiającej się Strony w toku ich uczestniczenia w czynnościach przewidzianych w niniejszej Umowie.

3. Właściwym organom jednej Umawiającej się Strony, uczestniczącym w czynnościach na terytorium drugiej Umawiającej się Strony, mogą być udostępniane na ich wniosek dane osobowe wyłącznie pod nadzorem właściwych organów tej Umawiającej się Strony.

Artykuł 5

W celu realizacji współpracy, o której mowa w artykule 1 niniejszej Umowy, właściwe organy Umawiających się Stron będą:

1) przekazywać sobie wzajemnie, w uzasadnionych wypadkach, dane osobowe sprawców przestępstw oraz informacje o:

a) inspiratorach i osobach kierujących działaniami przestępczymi,
b) powiązaniach przestępczych między sprawcami,
c) strukturach i organizacji grup przestępczych oraz metodach ich działania,
d) typowych zachowaniach poszczególnych sprawców i grup sprawców,
e) istotnych okolicznościach sprawy dotyczących czasu, miejsca, sposobu popełnienia przestępstwa, jego przedmiotu i cech szczególnych,
f) naruszonych przepisach prawa karnego,
g) podjętych już działaniach i ich wyniku.

2) na wniosek drugiej Umawiającej się Strony, podejmować odpowiednie działania operacyjne i realizować bez zbędnej zwłoki wspólnie uzgodnione czynności operacyjne, a szczególnie dotyczące prowadzenia obserwacji transgranicznej, zakupu kontrolowanego oraz przesyłki niejawnie nadzorowanej.

Artykuł 6

Właściwe organy Umawiających się Stron będą wymieniać informacje i wyniki rozpoznania o planowanych i popełnionych zamachach na porządek publiczny i bezpieczeństwo powszechne, dane o sposobie działania sprawców i o ugrupowaniach terrorystycznych planujących lub popełniających przestępstwa na szkodę ważnych interesów jednej z Umawiających się Stron oraz podejmować wspólnie inne działania, uzasadnione potrzebą zapobiegania terroryzmowi lub jego zwalczania.

Artykuł 7

Właściwe organy Umawiających się Stron będą przekazywać sobie wzajemnie informacje potrzebne do zapobiegania i powstrzymywania przekraczania wbrew przepisom granicy państwowej i do zwalczania tych przestępstw, a w szczególności informacje dotyczące organizatorów tego rodzaju przestępstw, metod i form ich działania. W tym celu mogą być wymieniane wzory oryginalnych dokumentów koniecznych do przekroczenia granicy państwowej, w tym także stempli i pieczęci odciskanych na tych dokumentach oraz rodzajów wiz i ich symboli.

Artykuł 8

Właściwe organy Umawiających się Stron, w zakresie przewidzianym w artykule 1 ustęp 1 punkt 14 niniejszej Umowy, niezależnie od informacji wymienionych w artykule 5 niniejszej Umowy, będą:

1) przekazywać sobie wzajemnie informacje o:

a) obrocie środkami odurzającymi i substancjami psychotropowymi oraz ich prekursorami,
b) miejscach i metodach wytwarzania i przechowywania środków odurzających i substancji psychotropowych, ich prekursorów oraz używanych środkach transportu,
c) miejscu przeznaczenia przewożonych środków odurzających, substancji psychotropowych oraz ich prekursorów,

2) udostępniać sobie wzajemnie próbki nowych środków odurzających, substancji psychotropowych i prekursorów oraz innych niebezpiecznych substancji, zarówno pochodzenia roślinnego, jak i syntetycznego,

3) wymieniać informacje o przepisach oraz doświadczenia w przedmiocie nadzoru nad legalnym obrotem środkami odurzającymi, substancjami psychotropowymi i ich prekursorami, jak też półproduktami koniecznymi do ich wytwarzania.

Artykuł 9

W zakresie współpracy naukowo – technicznej i szkoleniowej właściwe organy Umawiających się Stron będą wymieniać:

1) doświadczenia i informacje, zwłaszcza dotyczące metod zwalczania przestępczości zorganizowanej, jak też nowych form przestępczego działania oraz stosowania i rozwoju sprzętu specjalnego,
2) wyniki prac badawczych z dziedziny kryminalistyki i kryminologii oraz rozwiązań karnoprawnych dotyczących przedmiotu niniejszej Umowy,
3) informacje o przedmiotach związanych z popełnieniem przestępstwa, a także udostępniać sprzęt techniczny służący do zwalczania przestępczości,
4) na odrębnych zasadach finansowych ekspertów w celu szkolenia i doskonalenia zawodowego, zwłaszcza w zakresie technik kryminalistycznych i operacyjnych metod zwalczania przestępczości,
5) literaturę fachową i inne publikacje dotyczące przedmiotu niniejszej Umowy.

Artykuł 10

Jeżeli jedna z Umawiających się Stron uzna, że przekazanie informacji, o których mowa w artykułach 5 – 9 niniejszej Umowy lub realizacja wspólnego przedsięwzięcia mogłaby naruszyć jej suwerenne prawa, zagrażać jej bezpieczeństwu bądź innym istotnym interesom albo też naruszałaby zasady jej porządku prawnego, może odmówić częściowo lub całkowicie współpracy bądź uzależnić ją od spełnienia określonych warunków.

Artykuł 11

1. Spory dotyczące interpretacji lub stosowania niniejszej Umowy będą rozstrzygane w drodze bezpośrednich rokowań między właściwymi organami Umawiających się Stron w zakresie ich właściwości.

2. W wypadku nieosiągnięcia porozumienia w drodze bezpośrednich rokowań, o których mowa w ustępie 1, spór zostanie rozstrzygnięty drogą dyplomatyczną.

Artykuł 12

Niniejsza Umowa nie narusza praw i obowiązków Umawiających się Stron wynikających z innych wiążących je umów międzynarodowych.

Artykuł 13

Umawiające się Strony w sprawach związanych z wykonywaniem postanowień niniejszej Umowy posługują się językiem rosyjskim.

Artykuł 14

Koszty związane z wykonywaniem postanowień niniejszej Umowy ponosi ta Umawiająca się Strona, na terytorium której koszty te powstały, jeżeli Umawiające się Strony w konkretnych wypadkach nie postanowią inaczej.

Artykuł 15

1. Umowa niniejsza podlega przyjęciu zgodnie z prawem wewnętrznym Umawiających się Stron, co zostanie stwierdzone w drodze wymiany not dyplomatycznych. Umowa wejdzie w życie po upływie trzydziestu dni od daty otrzymania drogą dyplomatyczną późniejszego pisemnego zawiadomienia o wypełnieniu przez Umawiające się Strony wewnętrznych procedur koniecznych do jej wejścia w życie.

2. Do niniejszej Umowy mogą zostać wniesione zmiany w drodze porozumienia Umawiających się Stron. Zmiany wejdą w życie w trybie określonym w ustępie 1.

3. Umowa niniejsza jest zawarta na czas nieokreślony. Każda Umawiająca się Strona może wypowiedzieć niniejszą Umowę w drodze pisemnego zawiadomienia drugiej Umawiającej się Strony drogą dyplomatyczną. W takim wypadku Umowa traci moc pierwszego dnia miesiąca następującego po upływie trzech miesięcy od daty otrzymania przez drugą Umawiającą się Stronę takiego zawiadomienia.

Umowę niniejszą sporządzono w Warszawie dnia 27 maja 2003 roku, w dwóch oryginałach, każdy w językach polskim, tadżyckim i rosyjskim, przy czym wszystkie teksty są jednakowo autentyczne. W razie rozbieżności przy interpretacji niniejszej Umowy tekst w języku rosyjskim uważany będzie za rozstrzygający.

Z upoważnienia Rządu	**Z upoważnienia Rządu**
Rzeczypospolitej Polskiej	**Republiki Tadżykistanu**
Zb. SOBOTKA	[signature]

[TEXT IN RUSSIAN – TEXTE EN RUSSE]

СОГЛАШЕНИЕ

между Правительством Республики Польша

и Правительством Республики Таджикистан

о сотрудничестве в сфере борьбы с преступностью

Правительство Республики Польша и Правительство Республики Таджикистан, далее именуемые как «Договаривающиеся Стороны»,

руководствуясь желанием развивать и укреплять взаимное сотрудничество и дружественные отношения,

обеспокоенные распространением преступности, особенно организованной преступности,

убежденные в важном значении сотрудничества между органами по охране безопасности и общественного порядка, в целях эффективной борьбы с преступностью, особенно с её организованной формой,

стремясь к установлению оптимальных правил, форм и способов оперативной работы и превентивных действий этих органов,

при условии уважения общепринятых норм международного права и внутренних законодательств,

руководствуясь принципами равноправия, взаимности и обоюдной выгоды,

согласились о нижеследующем:

Статья 1

1. Договаривающиеся Стороны обязуются обеспечить сотрудничество между органами по охране безопасности и общественного порядка, далее именуемыми «компетентными органами», в борьбе с преступностью, путем её предотвращения и нахождения виновников_преступлений, в частности:

1) против жизни и здоровья,
2) против общественного порядка и общественной безопасности,
3) кражи ядерных и радиоактивных материалов, их перемещения, незаконного их оборота, неправильного применения или угроз их неправильного применения с целью причинения вреда,
4) незаконного производства и оборота товарами, технологиями и услугами имеющими стратегическое значение для безопасности государства,
5) против окружающей среды,
6) против сексуальной свободы и нравственности,
7) торговли людьми и незаконного лишения свободы человека,
8) кражи и незаконной торговли огнестрельным оружием, боевыми припасами, взрывчатыми веществами и другими опасными материалами, а также их незаконного изготовления,
9) незаконного перемещения через государственные границы,
10) кражи любых предметов, а в особенности любых культурных и исторических ценностей, средств автотранспорта их контрабанда, а также незаконная торговля ими,
11) подделки платежных средств и ценных бумаг, а также их ввод в обращение,

12)подделки, а также использования в качестве подлинных документов удостоверяющих личность и других документов,

13)незаконного торгового оборота, легализации доходов от преступной деятельности и коррупции,

14)незаконного выращивания растений, используемых для изготовления наркотиков и психотропных веществ, производство этих средств и их прекурсоров, незаконная переработка, перевозка, контрабанда и их оборот, а также оборот компонентами и полупродуктами, необходимыми для их изготовления.

2. Договаривающиеся Стороны обязуются также сотрудничать в области:

1) розыска лиц, подозреваемых в совершении преступлений, перечисленных в пункте 1 или отклоняющихся от исполнения наказания, вынесенного им за их совершение,

2) розыска лиц без вести пропавших, идентификации лиц, а также неопознанных трупов,

3) розыска предметов и документов, происходящих от преступления или используемых для его совершения.

Статья 2

1. Любые контакты, целью которых является исполнение настоящего Соглашения, будут осуществляться непосредственно между компетентными органами в рамках их полномочий или между уполномоченными ими представителями. Такими органами являются:

1) для Республики Польша:

а) Министр, компетентный по вопросам внутренних дел,

б) Министр, компетентный по вопросам финансовых учреждений,

в) Министр, компетентный по вопросам публичных финансов,

г) Генеральный Инспектор Финансовой Информации,

д) Шеф Агентства Внутренней Безопасности,

е) Главный Комендант Полиции,

ж) Главный Комендант Пограничной Службы,

2) для Республики Таджикистан:

а) Генеральная прокуратура,

б) Министерство внутренних дел,

в) Министерство безопасности,

г) Министерство по государственным доходам и сборам,

д) Агентство по контролю за наркотиками при Президенте Республики Таджикистан,

е) Комитет по охране государственной границы при Правительстве Республики Таджикистан.

2. Договаривающиеся Стороны проинформируют друг друга по дипломатическим каналам об изменениях, касающихся компетенции или названий органов, ответственных за исполнение настоящего Соглашения.

3. Компетентные органы Договаривающихся Сторон могут обмениваться своими представителями, подписывать, с соблюдением внутренних процедур, отдельные исполнительные соглашения к настоящему Соглашению, в которых определят детальные правила и предмет сотрудничества. В случае необходимости, они также могут проводить консультации с целью обеспечения эффективного сотрудничества в вопросах, касающихся настоящего Соглашения.

4. Компетентные органы Договаривающихся Сторон обменяются списками лиц, которые примут участие в обмене экспертов, не позднее, чем за две недели до планируемой даты начала мероприятия. Если одна из Договаривающихся Сторон придет к заключению, что пребывание на её территории лица, обозначенного второй Договаривающейся Стороной, может угрожать её безопасности или другим её существенным интересам, применяться будут в таком случае положения статьи 10 настоящего Соглашения.

Статья 3

1. Компетентные органы Договаривающихся Сторон обеспечивают защиту конфиденциальной информации, получаемой друг от друга, на уровне не ниже, чем это оговорено внутренним законодательством Договаривающейся Стороны, которая такую информацию передает.

2. Любая такая информация или техническое оборудование, переданное компетентным органом одной Договаривающейся Стороны компетентному органу второй Договаривающейся Стороны, могут быть переданы органам, не перечисленным в статье 2 пункта 1 настоящего Соглашения, а также органам других государств, компетентным по вопросам безопасности и охраны общественного порядка, исключительно с согласия компетентного органа Договаривающейся Стороны, которая эту информацию или техническое оборудование предоставляет.

3. В случае угрозы раскрытия конфиденциальной информации или раскрытия конфиденциальной информации, переданной компетентным органом одной Договаривающейся Стороны, компетентный орган второй Договаривающейся Стороны незамедлительно уведомит об этом компетентный орган Договаривающейся Стороны, которая такую информацию предоставила, проинформирует об обстоятельствах случившегося и его последствиях, а также действиях, предпринятых с целью предотвращения такого рода происшествий в будущем.

Статья 4

1. С целью охраны передаваемых сведений о физических лицах, Договаривающиеся Стороны обязуются соблюдать нижеперечисленные принципы действий:

1) сведения о физических лицах будет использованы исключительно в тех целях, а также на условиях, определённых компетентными органами Договаривающейся Стороны, которая такие сведения предоставляет,
2) компетентный орган одной Договаривающейся Стороны по просьбе компетентного органа второй Договаривающейся Стороны, проинформирует о способе использования переданных сведений о физических лицах, а также результате расследованного дела,
3) компетентные органы одной Договаривающейся Стороны передадут сведения о физических лицах исключительно только компетентным органам второй Договаривающейся Стороны; передача этих данных другим органам может иметь место только с согласия компетентных органов Договаривающейся Стороны, которая эти сведения предоставила,
4) компетентные органы Договаривающейся Стороны, которая передает сведения, несут ответственность за достоверность этих данных,
5) в случае обнаружения, что полученные сведения о физических лицах не являются достоверными или их передача не разрешалась, компетентные органы Договаривающейся Стороны, которые такие сведения получили, незамедлительно сообщат об этом компетентным органам Договаривающейся Стороны, которая эти сведения предоставила; в таком случае компетентные органы этой Договаривающейся Стороны обязаны опровергнуть или уничтожить эти сведения,

6) компетентные органы Договаривающейся Стороны, которая предоставила сведения о физических лицах, определят срок её исключения из информационной базы,
7) передача и получение сведений о физических лицах подлежит регистрации и контролю компетентными органами, обозначенными каждой из Договаривающихся Сторон,
8) компетентные органы Договаривающихся Сторон обязаны предпринимать действия по эффективной защите передаваемых им сведений о физических лицах от несанкционированного доступа к ним неуполномоченных лиц от несанкционированных изменений, а также от их незаконного разглашения.

2. Положения пункта 1 применяется также к данным о физических лицах, полученных компетентными органами одной Договаривающейся Стороны на территории второй Договаривающейся Стороны во время их участия в действиях, предусмотренных настоящим Соглашением.

3. Компетентным органом одной Договаривающейся Стороны, принимающим участие в действиях на территории второй Договаривающейся Стороны, по их просьбе, может быть предоставлены сведения о физических лицах, но исключительно под контролем компетентных органов той Договаривающейся Стороны.

Статья 5

С целью осуществления сотрудничества, предусмотренного статьёй 1 настоящего Соглашения, компетентные органы Договаривающихся Сторон будут:

1) в необходимых случаях обмениваться сведениями о физических лицах, совершивших преступления, а также сведениями о:

а) инициаторах и лицах, руководящих преступными действиями,

б) преступных связях между виновниками преступления,

в) структурах и организации преступных групп, а также методах их действий,

г) типичном поведении отдельных преступников и преступных групп,

д) существенных обстоятельствах преступлений, касающихся времени, места, способа совершения преступления, объекте преступного посягательства и особых примет,

е) нарушенных статьях уголовного права,

ж) предпринятых уже действиях и их результатах,

2) по инициативе второй Договаривающейся Стороны, предпринимать соответствующие оперативные мероприятия и совместно незамедлительно осуществлять ранее оговоренные действия, особенно те, которые касаются проведения трансграничного наблюдения, «контролируемой поставки», а также посылки под секретным наблюдением.

Статья 6

Компетентные органы Договаривающихся Сторон будут обмениваться информацией и результатами расследования о планируемых или совершенных покушениях на общественный порядок или общественную безопасность, информацией о способе действия преступников и террористических группировок, планирующих или совершающих преступление в ущерб важных интересов одной из Договаривающихся Сторон, а также будут предпринимать совместные другие действия, обусловленные необходимостью предупреждения терроризма или борьбы с ним.

Статья 7

Компетентные органы Договаривающихся Сторон будут передавать друг другу информацию, необходимую для предотвращения и пресечения незаконного перемещения через государственные границы, а также борьбы с этими преступлениями, в особенности информацию, относительно организаторов такого рода преступлений, методов и форм их действий. В этих целях Договаривающиеся Стороны могут обменяться образцами подлинных документов, необходимых для пересечения государственных границ, в том числе образцами оттисков печатей и штампов, применяемых в этих документах, а также видов виз и их обозначения.

Статья 8

Компетентные органы Договаривающихся Сторон независимо от сведений, перечисленной в статье 5 настоящего Соглашения, в рамках, предусмотренных положениями статьи 1 пункта 1 подпункта 14 настоящего Соглашения будут:

1) обмениваться информацией о:

а) обороте наркотиков, психотропных веществ, а также их прекурсоров,

б) местах и методах изготовления и хранения наркотиков и психотропных веществ, их прекурсоров, а также используемых средствах транспорта,

в) местах назначения перевозимых наркотиков, психотропных веществ, а также их прекурсоров,

2) обмениваться образцами новых видов наркотиков, психотропных веществ и их прекурсоров, а также других опасных веществ, как растительного, так и синтетического происхождения,

3) обмениваться информацией о законодательстве и опыте по вопросам контроля над легальным оборотом наркотиков, психотропных веществ и их прекурсоров, а также компонентами, необходимыми для их изготовления.

Статья 9

В области обучения и научно – технического сотрудничества компетентные органы Договаривающихся Сторон будут обмениваться:

1) опытом и информацией, особенно касающихся методов борьбы с организованной преступностью, новыми формами преступного деяния, использования и развития оборудования специального назначения,
2) результатами исследовательских работ в области криминалистики и криминологии, а также и уголовно-правового регулирования, касающихся положений настоящего Соглашения,
3) информацией о предметах, связанных с совершением преступления, а также будут предоставлять техническое оборудование, используемое в борьбе с преступностью,
4) на отдельной финансовой основе, экспертами в области обучения и повышения квалификации, особенно в сфере криминалистической техники и оперативных методов в борьбе с преступностью,
5) профессиональной литературой и другими изданиями, касающимися предмета настоящего Соглашения.

Статья 10

В случае, если одна из Договаривающихся Сторон придет к заключению, что передача информации, перечисленной в статьях 5 – 9 настоящего Соглашения или осуществление совместного мероприятия, могли бы нарушить её суверенные права, угрожать её безопасности, другим существенным интересам, или нарушать принципы её правопорядка, она может частично или полностью отказаться от такого сотрудничества или обусловить его необходимостью выполнения определенных условий.

Статья 11

1. Споры, касающиеся толкования или применения настоящего Соглашения будут решаться путем переговоров, непосредственно между соответствующими компетентными органами Договаривающихся Сторон, в пределах их компетенции.

2. В случае невозможности достижения согласия путём непосредственных переговоров, упомянутых в пункте 1, разрешение спора будет проводиться по дипломатическим каналам.

Статья 12

Настоящее Соглашение не затрагивает прав и обязательств Договаривающихся Сторон по другим международным договорам, участниками которых они являются.

Статья 13

Договаривающиеся Стороны при осуществлении сотрудничества в рамках настоящего Соглашения пользуются русским языком.

Статья 14

Расходы, связанные с выполнением положений настоящего Соглашения несет Договаривающаяся Сторона на территории которой они возникли, если только в каждом конкретном случае Договаривающимися Сторонами не будет решено иначе.

Статья 15

1. Настоящее Соглашение будет принято согласно внутреннему законодательству Договаривающихся Сторон и этот факт будет подтвержден путем обмена дипломатических нот. Соглашение вступает в силу по истечении тридцати дней после получения по дипломатическим каналам более позднего письменного уведомления о выполнении Договаривающимися Сторонами внутренних процедур, необходимых для его вступления в силу.

2. В настоящее Соглашение могут быть внесены изменения по взаимному согласию Договаривающихся Сторон. Изменения вступят в силу в соответствии с пунктом 1.

3. Настоящее Соглашение заключено на неопределенный срок. Каждая Договаривающаяся Сторона может расторгнуть настоящее Соглашение путем письменного уведомления об этом другой Договаривающейся Стороны по дипломатическим каналам. В этом случае, Соглашение утрачивает свою силу в первый день месяца по истечению трех месяцев с даты получения другой Договаривающейся Стороной такого уведомления.

Совершено в г. Варшава «27» мая 2003 года в двух подлинных экземплярах, каждый на польском, таджикском и русском языках, при этом все тексты являются аутентичными. В случае возникновения разногласий в толковании настоящего Соглашения за основу принимается текст на русском языке.

За Правительство Республики Польша	За Правительство Республики Таджикистан
Zb. SOBOTKA	[signature]

[TEXT IN TAJIK – TEXTE EN TADJIK]

СОЗИШНОМА
байни Ҳукумати Ҷумҳурии Полша ва Ҳукумати Ҷумҳурии Тоҷикистон оид ба ҳамкорӣ дар соҳаи мубориза бо ҷинояткорӣ

Ҳукумати Ҷумҳурии Полша ва Ҳукумати Ҷумҳурии Тоҷикистон минбаъд «Тарафҳои Аҳдкунанда» номида шуда,

ривоҷу таҳкими хамкориҳои муштарак ва муносибатхои дустонаро сармашқ намуда,

аз паҳншавии ҷиноятгкорӣ, хусусан ҷиноятгкории муташаккилонаро дар ташвиш буда,

бо дарки аҳамияти муҳим доштани ҳамкорӣ байни мақомоти хифзи бехатарӣ ва тартиботи ҷамъиятӣ, бо мақсади муборизаи мақсаднок бурдан бар зидди ҷиноятгкорӣ, алалхусус бо ҷиноятгкориии мутташаккилона,

ба муқаррар намудани қоидаҳо, роҳу усулҳои кори фаврӣ ва амалҳои пешгирикунии ин мақомотҳо саъй намуда,

бо риоя ва эҳтироми ҳуқуқҳои байналмилалӣ ва қонунгузории миллӣ,

бо шарти эҳтироми принсипҳои баробарҳуқуқӣ, ҳамкорӣ ва манфиатҳои мутақобила,

ба мувофиқаи зерин расиданд:

Моддаи 1

1. Тарафхои Аҳдкунанда ӯҳдадор мешаванд, ки ҳамкориро байни мақомоти амният ва тартиботи ҷамъиятӣ, минбаъд «мақомоти салоҳиятдор», дар мубориза бо ҷиноятгкорӣ бо роҳи пешгирии он ва муайян кардани гунаҳкорон дар содир кардани ҷиноятҳо, аз он ҷумла ҷиноятҳои зерин таъмин намоянд:

1) бар зидди ҳаёт ва саломатӣ;

2) бар зидди тартиботи ҷамъиятӣ ва амнияти ҷамъиятӣ;

3) дуздии маводи ядрой ва радиоактивӣ, интиқоли он, гардиши ғайриқонунии он, тарзи нодуруст истифодабарии он ё таҳдиди нодуруст истифодабарии он бо мақсади расонидани зарар;

4) истеҳсол ва гардиши ғайриқонунии мол, технология ва хизмате, ки барои амнияти давлат аҳамияти стратегӣ дорад;

5) бар зидди муҳити зист;

6) бар зидди озодии ҷинсӣ ва ахлоқ;

7) бар зидди фуруши одамон ва ғайриқонунӣ аз озодӣ маҳрум кардани инсон;

8) дуздӣ ва фуруши ғайриқонунии яроқи оташфишон, лавозимоти ҷангӣ, маводи тарканда ва дигар маводҳои хавфнок, ҳамчунин ғайриқонуни тайёр кардани онҳо;

9) интиқоли ғайриқонунии шахсон аз сарҳадҳои давлатӣ;

10) дуздии ҳар гуна предметҳо, хусусан дуздидан ва ба гардиши ғайриқонуни додани ҳар гуна арзишҳои маданию таърихӣ, воситаҳои нақлиёт ва қочоқи он, ҳамчунин фуруши ғайриқонунии онҳо;

11) қалбакӣ сохтани воситаҳои пардохт ва коғазҳои қимматнок ва ба муомилот баровандани онҳо;

12) қалбакӣ сохтан ва истифода бурдани ҳуҷҷатҳое, ки шахсиятро шаҳодат медиҳад, ҳамчунин дигар ҳуҷҷатҳо;

13) савдои ғайриқонунии, қонунигардонии даромаде, ки аз фаъолияти ҷиноятӣ ва ришвахурӣ ба даст омадааст;

14) парвариши ғайриқонунии растаниҳое, ки барои тайёр кардани моддаҳои нашъаовар ва психотропӣ истифода карда мешаванд, истеҳсол кардани ин воситаҳо ва прекурсорҳои он, коркарди ғайриқонунӣ, интиқол, қочоқ ва гардиши компонентҳо ва масолеҳи нимтайёре, ки барои тайёр кардани он заруранд.

2. Тарафҳои Аҳдкунанда ҳамчунин ӯҳдадоранд, ки дар соҳаҳои зерин ҳамкорӣ кунанд:

1) кофтукови шахсоне, ки дар содир намудани ҷиноятҳое, ки дар банди 1 номбар шудаанд, гумонбар мешаванд ё аз иҷрои ҷазое, ки ба онҳо бароварда шудааст, саркашӣ мекунанд,

2) кофтукови шахсони бе ному нишон гумшуда, идентификатсия кардани шахсон, ҳамчунин ҷасадҳои муайяннашуда,

3) кофтукови предметҳо ва ҳуҷҷатҳое, ки аз амалиёти ҷиноятӣ бармеоянд ё ҳангоми содиршавии он истифода мешаванд.

Моддаи 2

1. Ҳаргуна робитае, ки мақсади он иҷрои Созишномаи мазкур мебошад, бевосита миёни мақомоти салоҳиятдор дар доираи ваколатҳои онҳо ё миёни намояндагони ваколатдори онҳо амалӣ мегардад.

Ин гуна мақомоти инҳоянд:

1) Барои Ҷумҳурии Полша:

а) Вазире, ки ба масъалаҳои корҳои дохилӣ салоҳиятдор. аст;

б) Вазире, ки доир ба масъалаҳои муассисаҳои молиявӣ салоҳиятдор аст;

в) Вазире, ки доир ба масъалахои молиявии ҷамъиятӣ салоҳиятдор аст;

г) Нозири Генералии иттилооти молиявӣ;

д) Шефи Агентии амнияти дохилӣ;

е) Саркоменданти полис;

ж) Саркоменданти Хадамоти сарҳадӣ.

2) Барои Чумхурии Точикистон:

а) Прокуратураи генералӣ;

б) Вазорати корҳои дохилӣ;

в) Вазорати амният;

г) Вазорати даромадҳо ва пардохтҳои давлатӣ;

д) Агентии назорати маводи нашъаовари назди Президенти Ҷумҳурии Тоҷикистон;

е) Кумитаи ҳифзи сарҳади давлатии назди Ҳукумати Ҷумҳурии Тоҷикистон.

2. Тарафҳои Аҳдкунанда бо роҳҳои дипломатӣ ҳамдигарро дар бораи тағйиротҳо дар доираи салоҳият ва ё номҳои мақомоте, ки ба иҷрои муқаррароти ин Созишнома вазифадоранд, хабардор мекунанд.

3. Мақомоти салоҳиятдори Тарафҳои Аҳдкунанда метавонанд табодули намояндагон кунанд, бо риояи расмиёти дохилидавлатӣ ба Созишномаи мазкур метавонанд қарордодҳои иҷроия ба имзо расонанд ва дар онҳо қоидаҳои мушаххас ва мавзуи ҳамкориро муайян кунанд. Ҳангоми

зарурат, онҳо метавонанд, ки бо мақсади таъмини ҳамкории самаранок дар масъалаҳое, ки ба Созишномаи мазкур дахл дорад, машваратҳо гузаронанд.

4. Мақомоти салоҳиятдори Тарафҳои Аҳдкунанда руйхати шахсонеро, ки дар табодули коршиносон иштирок мекунанд, на дертар аз ду ҳафта то санаи ба нақша гирифташудаи огози чорабинӣ табодул мекунанд. Агар яке аз Тарафҳои Аҳдкунанда хулоса барорад, ки иқомати шахсе, ки аз Тарафи Аҳдкунандаи дигар пешниҳод гардидааст, дар қаламрави у метавонад ба амният ва ё дигар манфиатҳои муҳимаш таҳдид кунад, дар ин ҳолат муқарраароти моддаи 10 Созишномаи мазкур мавриди амал қарор дода мешавад.

Моддаи 3

1. Мақомоти салоҳиятдори Тарафҳои Аҳдкунанда хифозати иттилооти махфиеро, ки аз ҳамдигар мегиранд, дар сатҳи на пастар аз он, ки дар қонунгузории дохилии Тарафи Аҳдкунандае, ки иттилоотро медиҳад, гуфта шудааст, таъмин мекунанд.

2. Ҳаргуна иттилоот ё таҷҳизоти техникие, ки аз як Тарафи Аҳдкунанда ба Тарафи дигари Аҳдкунанда дода мешавад, мумкин аст ба мақомоте, ки дар моддаи 2 банди 1 Созишномаи мазкур, номбар нашудаанд, ҳамчунин мақомоти салоҳиятдори давлатҳои дигар оид ба масъалаҳои амният ва ҳифзи тартиботи ҷамъиятӣ, ҳатман бо розигии мақомоти салоҳиятдори Тарафи Аҳдкунанда, ки ин иттилоот ё таҷҳизоти техникиро додааст, пешниҳод кунанд.

3. Ҳангоми хатари фош гардидани иттилооти махфӣ ё фош шудани иттилооти махфӣ, ки аз ҷониби яке аз мақомоти салоҳиятдори Тарафи Аҳдкунанда дода шуда буд, мақомоти салоҳиятдори Тарафи дигари Аҳдкунанда мақомоти салоҳиятдори Тарафи Аҳдкунандаро, ки маълумоти мазкурро пешниҳод намуда буд фавран дар ин бора огоҳ карда, оиди ҳолатҳои ба амал омада ва оқибатҳои он, ҳамчунин оид ба чораҳои андешидашуда ҷиҳати дар оянда пешгирӣ намудани чунин ҳолатҳо хабардор месозад.

Моддаи 4

1. Бо мақсади ҳифзи иттилооти додашаванда дар бораи шахсони воқеӣ, Тарафҳои Аҳдкунанда ӯҳдадор мешаванд, ки принсипҳои амалии дар поён номбаршударо риоя менамоянд:

1) иттилоот дар бораи шахсони воқеӣ танхо мувофики мақсад ва шароите, ки аз ҷониби мақомоти салоҳиятдори Тарафи Аҳдкунандае, ки ин гуна иттилоотро пешниход кардаанд, истифода бурда мешаванд,

2) мақомоти салоҳиятдори як Тарафи Аҳдкунанда аз рӯи хоҳиши мақомоти салоҳиятдори Тарафи Аҳдкунандаи дигар дар бораи усулҳои истифодабарии иттилооти додашуда дар бораи шахси воқеӣ, ҳамчунин натиҷаҳои тафтиши кор хабардор месозад,

3) мақомоти салоҳиятдори як Тарафи Ахдкунанда иттилооти шахсони воқеиро танҳо ба мақомоти салоҳиятдори Тарафи Ахдкунандаи дигар мефиристанд; додани ин гуна иттилоот танҳо бо розигии мақомоти салоҳиятдори Тарафи Аҳдкунанда, ки ин иттилоотро пешниҳод кардааст, амалӣ карда мешавад.

4) мақомоти салоҳиятдори Тарафи Аҳдкунандае, ки маълумотро пешниҳод кардааст, барои ҳаққонӣ будани мазмуни он масъуланд;

5) дар ҳолати ошкор намудани он, ки маълумот дар бораи шахсони воқеи ҳаққонӣ нест ё фиристодани маълумот манъ буд, мақомоти салоҳиятдори Тарафи Аҳдкунандае, ки ин маълумотро гирифтааст ба мақомоти салоҳиятдори Тарафи Аҳдкунандаеро, ки маълумотро пениҳод кардааст, фавран огоҳ кунанд; дар ин ҳолат мақомоти салоҳиятдори ин Тарафи Аҳдкунанда вазифадоранд, ки ин маълумотро рад ё нобуд кунанд;

6) мақомоти салоҳиятдори Тарафи Аҳдкунанда, ки маълумотро дар бораи шахсоне воқеи пешниҳод кардааст, мӯҳлати аз заминаи иттилооти баровардани онро муайян мекунад,

7) додан ва гирифтани маълумот дар бораи шахсони воқеи аз ҷониби мақомоти салоҳиятдори ҳар яке аз Тарафҳои Аҳдкунанда бояд, ки ба қайд гирифта шуда дар зери назорат бошад,

8) мақомоти салоҳиятдори Тарафҳои Аҳдкунанда барои ҳифзи самараноки маълумоти шахсони воқеи, ки ба онҳо пешниҳод мешавад аз рухсати мувофиқанашуда, шахсоне бе

ваколат, тағйироти мувофиқанашуда, ҳамчунин аз ғайриқонунӣ фош намудани он бояд,ки амалҳо қабул намояд.

2. Мукаррароти банди 1 ҳамчунин нисбати маълумот дар бораи шахсоне воқеи, ки мақомоти салоҳиятдори яке аз Тарафҳои Аҳдкунанда дар қаламрави Тарафи Аҳдкунандаи дуюм ҳангоми иштирок дар амалҳои дар Созишномаи мазкур пешбинишуда ба даст меоваранд, татбик мешаванд.

3. Ба мақомоти салоҳиятдори яке аз Тарафҳои Аҳдкунанда, ки дар амалҳо дар қаламрави Тарафи дигари Аҳдкунанда иштирок мекунад, аз рӯи хоҳиши онхо мумкин аст, ки маълумот дар бораи шахсони воқеи пешниҳод карда шавад, лекин танхо дар зери назорати мақомоти салоҳиятдори он Тарафи Аҳдкунанда.

Моддаи 5

Бо мақсади татбики ҳамкории дар моддаи 1 Созишномаи мазкур пешбинишуда, Тарафҳои Аҳдкунанда бояд, ки:

1) дар ҳолатҳои зарурӣ табодули иттилоотро оид ба шахсони воқеи, ки ҷиноят содир кардаанд, ҳамчунин иттилооти зеринро ба рох монанд:

а) ташаббускорон ва шахсоне, ки аз болои амалҳои ҷинояткорона рохбарӣ мекунанд,

б) алоқаҳои ҷинояти дар байни гунаҳкорон дар содиркунии ҷиноят,

в) дар бораи сохтор ва ташкили гурӯҳҳои ҷинояткор, ҳамчунин усулҳои амали онҳо,

г) дар бораи рафтори хосаи ҷинояткорони алоҳида ва гурӯҳҳои ҷинояткор,

д) дар бораи ҳолатҳои мухими ҷиноят, ки ба вақт, ҷой, воситаҳои содир кардани ҷиноят, объекти суиқасди ҷинояти ва нишонаҳои махсус дахл дорад,

е) дар бораи моддаҳои конунгузории ҷиноятӣ, ки вайрон карда шудаанд,

ж) дар бораи амалҳои иқдом шуда ва натиҷаҳои он.

2) бо ташаббуси Тарафи дуюми Аҳдкунанда иқдом намудани чорабиниҳои фаврӣ-ҷустуҷуии дахлдор, фавран амалӣ намудани амалҳои пешакӣ мувофиқашуда ва хусусан

ҳамон амалҳое, ки бо гузаронидани назорати транссарҳади, «хариди мавриди назоратбуда», ҳамчунин амонате, ки дар зери назорати махфӣ аст.

Моддаи 6

Мақомоти салоҳиятдори Тарафи Аҳдкунанда аз иттилоот ва натиҷаи тафтиш дар бораи суиқасдҳои ба нақша гирифташуда ё содиршудае, ки бар зидди тартиботи ҷамъияти ё амнияти ҷамъияти равона шудаанд, дар бораи усулҳои амали ҷинояткорон ва гурӯҳҳои террористӣ, ки ҷиноятҳоро бар зидди зарари манфиатҳои муҳими яке аз Тарафҳои Аҳдкунанда ба нақша гирифта ё содир мекунанд, табодул менамоянд ва ҳамчунин дигар амалҳое, ки барои пешгирии терроризм ё мубориза бо он равона шудаанд, амали мегардонанд.

Моддаи 7

Мақомоти салоҳиятдори Тарафи Аҳдкунанда иттилооте, ки барои пешгирии ҷиноят, гузаронидани ғайриқонунии шахсон аз сарҳади давлатӣ, ҳамчунин мубориза бо ин ҷиноятҳо, хусусан иттилооте, ки ба ташкилотчиёни чунин намуди ҷиноятҳо, усулҳо ва шаклҳои амали онҳо дахл дорад, ба ҳамдигар пешниҳод мекунанд. Ба ин мақсад Тарафҳои Аҳдкунанда аз намунаҳои ҳуҷҷатҳои аслӣ, ки барои гузаштан аз сарҳади давлатӣ заруранд, аз он ҷумла бо намунаҳои нақши муҳр ва қолаб, ки барои ин ҳуҷҷатҳо истифода бурда мешаванд, ҳамчунин намудҳои раводид ва маънои онхо метавонанд табодул кунанд.

Моддаи 8

Мақомоти салоҳиятдори Тарафҳои Аҳдкунанда новобаста аз маълумоте, ки дар моддаи 5 Созишномаи мазкур номбар шудаанд, дар доираи муқаррароти моддаи 1 банди 1 зербанди 14 Созишномаи мазкур

1) аз иттилооти зерин табодул мекунанд:

а) оиди гардиши моддаҳои нашъаовар, воситаҳои психотропӣ ва прекурсорхо,

б) дар бораи ҷойҳо ва усулҳои тайёр кардан ва нигох доштани моддаҳои нашъаовар, воситаҳои психотропӣ ва прекурсорҳо, ҳамчунин воситаҳои нақлиётие, ки истифода бурда мешаванд,

в) оид ба ҷойҳои таъини таҳвили моддаҳои нашъаовар, воситаҳои психотропӣ ва прекурсорҳо,

2) аз намунаҳои нави намуди моддаҳои нашъаовар, воситаҳои психотропӣ ва прекурсорҳо, ҳамчунин дигар намудҳои моддаҳои хавфноки аз растани ё сунъи истехсолшуда табодул менамоянд,

3) аз иттилоот дар бораи қонунгузори ва таҷрибаи амали доир ба масъалаҳои назорат аз болои гардиши қонунии маводи нашъаовар, моддаи психотропӣ ва прекурсорхо, ҳамчунин аз ҷузъҳое, ки барои тайёр кардани онҳо заруранд, табодул мекунанд.

Моддаи 9

Дар соҳаи таълим ва ҳамкории илмӣ-техники мақомоти салоҳиятдори Тарафҳои Аҳдкунанда ба таври зерин табодул мекунанд:

1) аз таҷрибаи амалӣ ва иттилооте, ки ба усулҳои мубориза бо ҷиноятҳои муташаккилона, шаклхои нави кирдори ҷиноӣ, истифодабари ва тараққи додани таҷҳизоти таъиноти махсус дахл дорад,

2) аз натиҷаҳои корҳои тадқиқотӣ дар соҳаи криминалистика ва криминология, ҳамчунин танзими ҷинояти-ҳуқуқӣ, ки ба муқаррароти Созишномаи мазкур дахл дорад,

3) аз иттилоот дар бораи предметҳое, ки бо содир кардани ҷиноятҳо алоқаманд аст, ҳамчунин таҷҳизоти техникии мубориза бо ҷиноякториро пешниход мекунанд,

4) дар асоси маблағгузории алоҳида, аз коршиносон дар соҳаи таълим ва такмили ихтисос, хусусан дар соҳаи техникаи криминалистӣ ва воситаҳои фаврии мубориза бо ҷиноякторӣ,

5) аз адабиёти касбӣ ва дигар нашриёте, ки ба мавзӯи Созишномаи мазкур дахл дорад.

Моддаи 10

Дар ҳолате, ки яке аз Тарафҳои Аҳдкунанда ба хулосае ояд, ки додани иттилооте, ки дар моддаҳои 5-9 Созишномаи мазкур номбар шудаанд ё амалӣ намудани чорабиниҳои муштарак метавонанд ҳуқуқҳои соҳибистиихтиёронаи онро вайрон намоянд, ба амнияm ё дигар манфиатҳои воқеӣ таҳдид кунанд ва ё принсипҳои тартиботи ҳуқуқии уро вайрон кунанд, он метавонад, ки дар ин ҳолат қисман ё пурра аз чунин ҳамкорӣ даст кашад ё зарурати ичрои шартҳои муаянеро барои ин ҳамкорӣ пешниход намояд.

Моддаи 11

1. Баҳсҳои вобаста ба тафсир ё татбики муқаррароти Созишномаи мазкур бо роҳи машварати бевоситаи байни мақомоти дахлдори Тарафҳои Аҳдкунанда дар доираи салоҳияти онҳо ҳал карда мешаванд.

2. Дар ҳолати бо роҳи гуфтушуниди бевоситаи дар банди 1 зикршуда ризоият хосил нагардад, баҳсҳо бо роҳи дипломатӣ хал карда мешаванд.

Моддаи 12

Созишномаи мазкур ба ҳуқуқу ӯҳдадориҳои Тарафҳои Аҳдкунанда, ки аз дигар шартномаҳои байналхалқӣ, ки иштирокчиёни онҳо ҳастанд, бар меоянд, дахолат намекунад.

Моддаи 13

Тарафҳои Аҳдкунанда ҳангоми ҳамкори кардан дар доираи Созишномаи мазкур аз забони русӣ истифода мебаранд.

Моддаи 14

Харочоте, ки бо ичрои муқаррароти Созишномаи мазкур алоқаманд аст, Тарафи Аҳдкунандае, ки дар қаламрави давлати он пайдо гардид, пардохт менамояд, ба шарте ки Тарафҳои Аҳдкунанда дар ҳар як ҳолати алоҳида қарори дигаре қабул нагардад.

Моддаи 15

1.Созишномаи мазкур мутобиқи конунгузории дохилии Тарафҳои Аҳдкунанда қабул гардида, ин амал бо табодули ёддоштҳои дипломатӣ тасдиқ мегардад. Созишнома баъди сӣ рӯзи бо роҳи дипломатӣ гирифтани огоҳиномаи хаттии нисбатан дертар расида дар бораи аз ҷониби Тарафҳои Аҳдкунанда иҷро гардидани расмиёти дохили давлатӣ, ки барои қонунӣ гардидани он зарур аст, эътибор пайдо мекунад.

2. Бо мувофикати Тарафҳои Аҳдкунанда ба Созишномаи мазкур метавонанд иловахо ворид карда шаванд. Иловахо тибки банди 1 эътибор пайдо мекунанд.

3.Созишномаи мазкур ба муҳлати номуайян баста шудааст. Хар яке аз Тарафҳои Аҳдкунанда амали Созишномаи мазкурро ба воситаи огоҳиномаи хаттие, ки ба Тарафи Аҳдкунандаи дигар бо рохи дипломатӣ равон мекунад, қатъ карда метавонанд. Дар ин ҳолат Созишнома рӯзи якуми моҳи баъди гузаштани се моҳ аз рӯзи аз ҷониби Тарафи Аҳдкунандаи дигар гирифтани чунин огоҳинома бекор карда мешавад.

Созишнома дар шаҳри Варшава «27» майи соли 2003 дар ду нусхаи аслӣ, ҳар кадом ба забонҳои полякӣ, тоҷикӣ ва русӣ ба имзо расида, хамаи матнҳо дорои эътибори яксон мебошанд. Хангоми ихтилофот дар тафсири Созишномаи мазкур матн ба забони русӣ хамчун асос қабул карда мешавад.

Аз ҷониби Ҳукумати Ҷумҳурии Полша	**Аз ҷониби Ҳукумати Ҷумҳурии Тоҷикистон**

[TRANSLATION IN ENGLISH – TRADUCTION EN ANGLAIS]

AGREEMENT BETWEEN THE GOVERNMENT OF THE REPUBLIC OF POLAND AND THE GOVERNMENT OF THE REPUBLIC OF TAJIKISTAN ON COOPERATION IN COMBATING CRIME

The Government of the Republic of Poland and the Government of the Republic of Tajikistan, hereinafter referred to as the Contracting Parties,

Guided by the desire to develop and strengthen mutual cooperation and friendly relations,

Concerned about the proliferation of crime, particularly organized crime,

Convinced of the importance of cooperation between the authorities responsible for the protection of security and public order in order to effectively control crime, particularly organized crime,

Desiring to establish optimal regulations, forms and methods for the operational work and preventive activities of these authorities,

Subject to respect for the generally recognized norms of international law and domestic law,

Guided by the principles of equality, reciprocity and mutual benefit, Have agreed as follows:

Article 1

1. The Contracting Parties undertake to ensure cooperation in the area of crime control between the authorities responsible for the protection of security and public order, hereinafter referred to as the "competent authorities", on combating crime through its prevention and through the detection of perpetrators, in particular:

1) Crimes against life and health;
2) Crimes against public order and public security;
3) Theft of nuclear and radioactive materials, their transfer or illicit trafficking, and improper use or threats of improper use with the intent to cause harm;
4) Illegal manufacture and trafficking of goods, technologies and services of strategic importance for State security;
5) Environmental crimes;
6) Crimes against sexual freedom and morality;
7) Trafficking in persons and illegal deprivation of personal liberty;
8) Theft of and illegal trade in firearms, ammunition, explosives and other hazardous materials, as well as their illegal manufacture;
9) Illegal transfer across State borders;
10) Theft of any items, in particular any cultural or historical treasures, vehicles used for smuggling, and also illegal trade in such items;
11) Forgery of currency and securities, and also their circulation;
12) Forgery and also use of forged identity documents and other documents;

13) Illicit trafficking and laundering of the proceeds of crime and corruption;

14) Illegal cultivation of crops used for the manufacture of narcotic drugs and psychotropic substances, production of such drugs and their precursors, illegal processing, transportation, smuggling and trafficking, as well as trafficking of components and semi-components needed for their manufacture.

2. The Contracting Parties also undertake to cooperate in the following areas:

1) Searches for persons suspected of having committed crimes listed in paragraph 1 or trying to avoid fulfilment of penalties imposed for the commission of such crimes;

2) Searches for missing persons, and identification of persons and of unidentified remains;

3) Searches for objects and documents originating from crimes or used to commit crimes.

Article 2

1. Any contact made for the purpose of the implementation of this Agreement shall be carried out directly between the competent authorities within the limits of their jurisdiction or between their authorized representatives. The competent authorities shall be:

1) For the Republic of Poland:

(a) The Minister of the Interior;

(b) The minister responsible for financial institutions;

(c) The minister responsible for public finances;

(d) The General Inspector of Financial Information;

(e) The Head of the Internal Security Agency;

(f) The Commander-in-Chief of Police;

(g) The Commander-in-Chief of the Border Guard.

2) For the Republic of Tajikistan:

(a) The Office of the Prosecutor General;

(b) The Ministry of Internal Affairs;

(c) The Ministry of Security;

(d) The Ministry of State Revenues and Duties;

(e) The Drug Control Agency under the Presidency of the Republic of Tajikistan;

(f) The Committee for the protection of the State border under the Government of the Republic of Tajikistan.

2. The Contracting Parties shall inform each other through the diplomatic channel of any changes regarding the spheres of competence or of the names of the authorities responsible for the implementation of this Agreement.

3. The competent authorities of the Contracting Parties may exchange representatives, and, subject to internal procedures, sign separate implementation agreements to this Agreement setting out specific rules and areas of cooperation. If necessary, they may also hold consultations with a view to ensuring effective cooperation in matters related to this Agreement.

4. The competent authorities of the Contracting Parties shall exchange lists of persons who are to participate in exchanges of experts at least two weeks before the planned start date. Where one of the Contracting Parties determines that the stay in its territory of a person designated by the other Contracting Party may threaten its security or other vital interests, the provisions of article 10 of this Agreement shall apply.

Article 3

1. The competent authorities of the Contracting Parties shall protect confidential information received from each other at a level no lower than that stipulated by the domestic law of the Contracting Party which transmitted such information.

2. Any information or technical equipment transmitted by the competent authority of one Contracting Party to the competent authority of the other Contracting Party may only be transmitted to bodies not listed in article 2.1 of this Agreement, as well as to bodies of other States which are competent in matters of security and protection of public order, with the consent of the competent authority of the Contracting Party which provided such information or technical equipment.

3. In the event of disclosure of confidential information transmitted to the competent authority of one of the Contracting Parties or threat of such disclosure, the competent authority of the Contracting Party shall immediately notify the competent authority of the Contracting Party which transmitted the information, and inform it of the circumstances of such case and its consequences as well as about any action taken to prevent such incidents in the future.

Article 4

1. To protect information provided about individual persons, the Contracting Parties undertake to respect the following principles:

1) Information on individual persons shall be used exclusively for the purposes, as well as under the conditions, determined by the competent authorities of the Contracting Party which provides such information;
2) The competent authority of a Contracting Party shall inform the competent authority of the other Contracting Party, at the latter's request, about how the personal data transferred is used and about the outcome of the investigation;
3) The competent authorities of a Contracting Party shall transmit information about individual persons exclusively to the competent authorities of the other Contracting Party; any transmittal of such data to other bodies may take place only with the consent of the competent authorities of the Contracting Party which provided such information;
4) The competent authorities of a Contracting Party which transmits information shall be responsible for the accuracy of such data;
5) Where it is discovered that information received about individual persons is not reliable or its transmittal was not authorized, the competent authorities of the Contracting Party that received such information shall immediately notify the competent authorities of the Contracting Party which provided the information; in such

cases, the competent authorities of that Contracting Party must rectify or destroy the information;

6) The competent authorities of the Contracting Party which provided information about individual persons shall determine the timing of its removal from the database;

7) The transmission and receipt of information about individual persons shall be subject to registration and monitoring by the competent authorities designated by each of the Contracting Parties;

8) The competent authorities of the Contracting Parties must take steps to ensure that information provided to them about individual persons is effectively protected from access by unauthorized persons and against unauthorized changes, as well as illegal disclosure.

2. The provisions of paragraph 1 shall also apply to data on individual persons received by the competent authorities of a Contracting Party in the territory of the other Contracting Party during their participation in activities envisaged under this Agreement.

3. The competent authority of a Contracting Party participating in activities in the territory of the other Contracting Party may be provided with information about individual persons, at its request, but only under the supervision of the competent authorities of that Contracting Party.

Article 5

In order to engage in cooperation envisaged in article 1 of this Agreement, the competent authorities of the Contracting Parties shall:

1) Where necessary, exchange information about individual persons who have committed crimes, as well as information about the:

   (a) Instigators and leaders of criminal acts;

   (b) Criminal ties between perpetrators of crimes;

   (c) Structure and organization of criminal groups, as well as their methods of operation;

   (d) Patterns of conduct of individual criminals and criminal groups;

   (e) Essential circumstances of crimes, in terms of time, place, methods, targets and special characteristics;

   (f) Articles of criminal law which have been violated;

   (g) Actions already undertaken and their outcomes.

2) Upon request from the other Contracting Party, take appropriate operational measures and jointly carry out, without undue delay, actions previously agreed upon, particularly actions related to cross-border surveillance, undercover operations, as well as deliveries under secret surveillance.

Article 6

The competent authorities of the Contracting Parties shall exchange information and share the findings of investigations of planned or committed attacks on public order or public security, as well as information about the modus operandi of criminals and terrorist groups planning or committing crimes against the vital interests of one of the Contracting Parties, and shall also undertake joint activities on the basis of the need to prevent or combat terrorism.

Article 7

The competent authorities of the Contracting Parties shall transmit to each other any information needed to prevent and suppress illegal movement across State borders, as well as to combat such crimes, especially information on the organizers of such crimes, and the methods and forms of their actions. To this end, the Contracting Parties may exchange copies of the documents required for crossing State borders, including samples of seals and stamps used in such documents, as well as visa types and their designation.

Article 8

The competent authorities of the Contracting Parties, separately from the information indicated in article 5 of this Agreement, and within the framework of the provisions of article 1.1 (14) of this Agreement shall:

1) Exchange information on:
   (a) The trafficking of narcotic drugs, psychotropic substances and their precursors;
   (b) Locations and methods of the manufacturing and storage of narcotic drugs and psychotropic substances and their precursors, as well as the means of transport used;
   c) Destinations of transported narcotic drugs, psychotropic substances and their precursors;
2) Exchange samples of new types of narcotic drugs, psychotropic substances and their precursors, as well as other hazardous substances of both plant and synthetic origin;
3) Exchange information and experience on legislation and the control over the legal circulation of narcotic drugs, psychotropic substances and their precursors, as well as the components required for their manufacture.

Article 9

In the fields of training and scientific and technical cooperation, the competent authorities of the Contracting Parties shall exchange:

1) Experiences and information, particularly with regard to methods of combating organized crime and new forms of criminal activity, and the use and development of special equipment;
2) Findings from research in the field of forensics and criminology, and also provisions of criminal law related to this Agreement;
3) Information on matters related to the commission of crimes and technical equipment used to combat crime;
4) On a separate financial basis, experts in the area of training and advanced training, particularly in the sphere of forensic technology and operational methods of crime control;

5) Professional literature and other publications related to the subject matter of this Agreement.

Article 10

In the event that one of the Contracting Parties concludes that the transmission of information listed in articles 5-9 of this Agreement or the conduct of joint activities could violate its sovereign rights, threaten its security or other vital interests, or violate the principles of its legal system, it may wholly or partially abandon such cooperation or make it subject to the fulfilment of certain conditions.

Article 11

1. Disputes concerning the interpretation or application of this Agreement shall be resolved through negotiations carried out directly between the competent authorities of the Contracting Parties, within the limits of their competence.

2. In the event that it is impossible to reach agreement through direct negotiations referred to in paragraph 1, such a dispute shall be resolved through the diplomatic channel.

Article 12

This Agreement shall not affect the rights and obligations of the Contracting Parties under other international treaties to which they are parties.

Article 13

When engaging in cooperation within the framework of this Agreement, the Contracting Parties shall use the Russian language.

Article 14

Expenditures associated with the implementation of the provisions of this Agreement shall be borne by the Contracting Party in the territory in which said expenditures arose, unless the Contracting Parties decide otherwise for a specific case.

Article 15

1. This Agreement shall be adopted in accordance with the domestic law of the Contracting Parties, which shall be confirmed through an exchange of diplomatic notes. The Agreement shall enter into force 30 days after the receipt through the diplomatic channel of the last written notification from the Contracting Parties of fulfilment of the internal procedures necessary for its entry into force.

2. Amendments may be made to this Agreement, by mutual agreement between the Contracting Parties. Amendments shall enter into force in accordance with paragraph 1.

3. This Agreement has been concluded for an indefinite period. Either Contracting Party may terminate the Agreement by means of written notification to the other Contracting Party through the

diplomatic channel. In such case, the Agreement shall cease to have effect on the first day of the month following the expiration of three months from the date of receipt of such notification by the other Contracting Party.

DONE at Warsaw on 27 May 2003 in two original copies, in the Polish, Tajik and Russian languages, all texts being equally authentic. In case of disagreements about the interpretation of this Agreement, the Russian text shall prevail.

For the Government of the Republic of Poland
[ZBIGNIEW SOBOTKA]

For the Government of the Republic of Tajikistan
[KHOMIDDIN SHARIPOV]

[TRANSLATION IN FRENCH – TRADUCTION EN FRANÇAIS]

ACCORD ENTRE LE GOUVERNEMENT DE LA RÉPUBLIQUE DE POLOGNE ET LE GOUVERNEMENT DE LA RÉPUBLIQUE DU TADJIKISTAN RELATIF À LA COOPÉRATION DANS LA LUTTE CONTRE LA CRIMINALITÉ

Le Gouvernement de la République de Pologne et le Gouvernement de la République du Tadjikistan, ci-après dénommés les Parties contractantes,

Animés du désir d'élargir et de renforcer la coopération mutuelle et les relations amicales,

Préoccupés par la prolifération de la criminalité, notamment de la criminalité organisée,

Convaincus de l'importance de la coopération entre les autorités chargées de la protection de la sécurité et de l'ordre public pour lutter efficacement contre la criminalité, notamment la criminalité organisée,

Désireux d'établir des règles, des modalités et des méthodes optimales concernant les activités opérationnelles et préventives de ces autorités,

Sous réserve du respect des normes généralement admises du droit international et du droit interne,

Guidés par les principes d'égalité, de réciprocité et de bénéfice mutuel,

Sont convenus de ce qui suit :

Article premier

1. Les Parties contractantes s'engagent à assurer la coopération dans le domaine de la lutte contre la criminalité par l'entremise des autorités chargées de la protection de la sécurité et de l'ordre public, ci-après dénommées « autorités compétentes », en ce qui concerne la lutte contre la criminalité et l'identification des auteurs des infractions, notamment :

1) Les atteintes à la vie et à la santé ;
2) Les atteintes à l'ordre public et à la sécurité publique ;
3) Le vol de matières nucléaires et radioactives, leur transfert ou leur trafic illicites, ainsi que l'utilisation abusive ou les menaces d'utilisation abusive dans l'intention de nuire ;
4) La fabrication et le trafic illicites de biens, de technologies et de services revêtant une importance stratégique pour la sécurité de l'État ;
5) Les crimes contre l'environnement ;
6) Les infractions contre la liberté sexuelle et les atteintes aux bonnes mœurs ;
7) La traite des êtres humains et la privation illégale de liberté individuelle ;
8) Le vol et le trafic illégal d'armes à feu, de munitions, d'explosifs et d'autres matières dangereuses ainsi que leur fabrication illégale ;
9) Le transfert illégal au-delà des frontières étatiques ;
10) Le vol de tout objet, notamment de trésors culturels ou historiques, de véhicules utilisés à des fins de contrebande, ainsi que le trafic illégal de ces objets ;
11) La falsification de monnaie et de titres, ainsi que leur mise en circulation ;

12) La falsification et l'utilisation de documents d'identité et d'autres documents falsifiés ;

13) Le trafic illicite et le blanchiment des produits du crime et de la corruption ;

14) La culture illégale de plantes utilisées dans la fabrication de stupéfiants et de substances psychotropes, la production de ces drogues et de leurs précurseurs, la transformation illégale, le transport, la contrebande et le trafic, ainsi que le trafic de composants et de sous-composants nécessaires à leur fabrication.

2. Les Parties contractantes s'engagent également à coopérer dans les domaines suivants :

1) La recherche de personnes suspectées d'avoir commis les crimes énumérés au paragraphe 1 ou d'avoir essayé d'éviter l'exécution des sanctions infligées pour la commission de ces crimes ;

2) La recherche de personnes portées disparues et l'identification de personnes et de dépouilles non identifiées ;

3) La recherche d'objets et de documents provenant d'activités criminelles ou utilisés pour commettre des crimes.

Article 2

1. Les contacts effectués aux fins de la mise en œuvre du présent Accord sont établis directement entre les autorités compétentes dans les limites de leur juridiction ou entre leurs représentants autorisés. Les autorités compétentes sont :

1) Pour la République de Pologne :

a) Le Ministre de l'intérieur ;

b) Le ministre chargé des institutions financières ;

c) Le ministre chargé des finances publiques ;

d) L'Inspecteur général de l'information financière ;

e) Le responsable de l'Agence de sécurité intérieure ;

f) Le Commandant en chef de la police ;

g) Le Commandant en chef des garde-frontières ;

2) Pour la République du Tadjikistan :

a) Le Bureau du Procureur général ;

b) Le Ministère de l'intérieur ;

c) Le Ministère de la sécurité ;

d) Le Ministère des impôts et des recettes ;

e) L'Agence de contrôle des stupéfiants rattachée à la Présidence de la République du Tadjikistan ;

f) Le Comité pour la protection des frontières étatiques rattaché au Gouvernement de la République du Tadjikistan.

2. Les Parties contractantes s'informent mutuellement par la voie diplomatique de toute modification concernant les domaines de compétence ou les noms des autorités chargées de la mise en œuvre du présent Accord.

3. Les autorités compétentes des Parties contractantes peuvent procéder à des échanges de représentants et, sous réserve des formalités internes, signer des accords distincts de mise en œuvre du présent Accord qui définissent les règles spécifiques et les domaines de coopération. Le cas échéant, elles peuvent également mener des consultations en vue d'assurer une coopération efficace dans les domaines relatifs au présent Accord.

4. Les autorités compétentes des Parties contractantes échangent les listes des personnes qui doivent participer aux échanges d'experts au moins deux semaines avant la date de début prévue. Lorsque l'une des Parties contractantes établit que le séjour sur son territoire d'une personne désignée par l'autre Partie contractante peut menacer sa sécurité ou d'autres intérêts vitaux, les dispositions de l'article 10 du présent Accord s'appliquent.

Article 3

1. Les autorités compétentes des Parties contractantes protègent les informations confidentielles reçues l'une de l'autre à un niveau non inférieur à celui prévu par le droit interne de la Partie contractante qui les transmet.

2. Toute information ou tout équipement technique transmis par l'autorité compétente d'une Partie contractante à l'autorité compétente de l'autre Partie contractante peut être transmis à des organismes non énumérés au paragraphe 1 de l'article 2 du présent Accord, ainsi qu'à des organismes d'autres États compétents en matière de sécurité et de protection de l'ordre public, uniquement avec le consentement de l'autorité compétente de la Partie contractante qui fournit l'information ou l'équipement technique concerné.

3. En cas de divulgation d'informations confidentielles transmises à l'autorité compétente de l'une des Parties contractantes ou de menace d'une telle divulgation, l'autorité compétente de la Partie contractante notifie immédiatement l'autorité compétente de la Partie contractante ayant fourni ces informations et lui fait part des circonstances de l'incident et de ses répercussions, ainsi que des mesures prises pour prévenir de tels incidents à l'avenir.

Article 4

1. Afin de protéger les données à caractère personnel fournies, les Parties contractantes s'engagent à respecter les principes suivants :

1) Les données à caractère personnel sont utilisées exclusivement aux fins, ainsi que dans les conditions, déterminées par les autorités compétentes de la Partie contractante qui fournit ces données ;

2) L'autorité compétente d'une Partie contractante informe l'autorité compétente de l'autre Partie contractante, à sa demande, de l'utilisation des données à caractère personnel transférées ainsi que du résultat des enquêtes ;

3) Les autorités compétentes d'une Partie contractante transmettent les données à caractère personnel exclusivement aux autorités compétentes de l'autre Partie contractante ; la transmission de ces données à d'autres organismes peut se faire uniquement avec le consentement des autorités compétentes de la Partie contractante qui a fourni les données ;

4) Les autorités compétentes de la Partie contractante qui transmet les données sont responsables de l'exactitude de ces données ;

5) Lorsqu'il est établi que les données à caractère personnel reçues ne sont pas fiables ou que leur transmission n'a pas été autorisée, les autorités compétentes de la Partie contractante qui a reçu ces données en informent immédiatement les autorités compétentes de la Partie contractante qui les a fournies ; dans ce cas, les autorités compétentes de cette Partie contractante doivent rectifier ou détruire les données ;

6) Les autorités compétentes de la Partie contractante ayant fourni des données à caractère personnel décident du moment de leur retrait de la base de données ;

7) La transmission et la réception de données à caractère personnel sont soumises à l'enregistrement et au contrôle par les autorités compétentes désignées par chacune des Parties contractantes ;

8) Les autorités compétentes des Parties contractantes doivent prendre des mesures pour s'assurer que les données à caractère personnel fournies sont efficacement protégées contre tout accès par des personnes non autorisées et contre toute modification non autorisée, ainsi que contre la divulgation illégale.

2. Les dispositions du paragraphe 1 s'appliquent également aux données à caractère personnel reçues par les autorités compétentes d'une Partie contractante sur le territoire de l'autre Partie contractante lors de leur participation aux activités prévues par le présent Accord.

3. L'autorité compétente d'une Partie contractante participant à des activités sur le territoire de l'autre Partie contractante peut obtenir, sur demande, des données à caractère personnel, mais uniquement sous la surveillance des autorités compétentes de cette Partie contractante.

Article 5

Afin de mettre en pratique la coopération envisagée à l'article premier du présent Accord, les autorités compétentes des Parties contractantes :

1) Échangent, le cas échéant, des données à caractère personnel relatives aux auteurs d'infractions ainsi que des informations concernant :

a) Les instigateurs et les responsables d'actes criminels ;

b) Les liens entre les auteurs d'infractions ;

c) La structure et l'organisation des groupes criminels ainsi que leurs modes opératoires ;

d) Les modèles de comportement des criminels et des groupes criminels ;

e) Les circonstances essentielles des infractions, telles que la date, le lieu, les méthodes, les cibles et les spécificités ;

f) Les articles du droit pénal qui ont été violés ;

g) Les actions déjà entreprises et leurs résultats.

2) Prennent, à la demande de l'autre Partie contractante, les mesures opérationnelles appropriées et mènent conjointement, sans retard injustifié, les actions convenues précédemment, notamment les actions concernant la surveillance transfrontalière, les opérations d'infiltration ainsi que les livraisons sous surveillance secrète.

Article 6

Les autorités compétentes des Parties contractantes échangent des informations et partagent les résultats des enquêtes sur les atteintes à l'ordre public ou à la sécurité publique prévues ou commises, ainsi que des informations sur le mode opératoire des groupes criminels et terroristes qui prévoient ou commettent des infractions contre les intérêts vitaux de l'une des Parties contractantes, et entreprennent également des activités conjointes visant à prévenir ou à lutter contre le terrorisme.

Article 7

Les autorités compétentes des Parties contractantes se transmettent les renseignements nécessaires à la prévention et à la répression des mouvements illégaux à travers les frontières étatiques, ainsi qu'à la lutte contre ces infractions, notamment les renseignements sur leurs organisateurs, leurs méthodes et leurs modes d'action. À cette fin, les Parties contractantes peuvent échanger des copies des documents requis pour le franchissement des frontières étatiques, y compris des échantillons des sceaux et des cachets utilisés dans ces documents, ainsi que les types de visa et leurs désignations.

Article 8

Les autorités compétentes des Parties contractantes, indépendamment des renseignements indiqués à l'article 5 du présent Accord et dans le cadre des dispositions de l'alinéa 14 du paragraphe 1 de l'article premier du présent Accord :

1) Échangent des informations concernant :

   a) Le trafic de stupéfiants, de substances psychotropes et de leurs précurseurs ;

   b) Les lieux et les méthodes de fabrication et de stockage des stupéfiants, des substances psychotropes et de leurs précurseurs ainsi que les moyens de transport utilisés ;

   c) Les destinations des stupéfiants, des substances psychotropes et de leurs précurseurs transportés ;

2) Échangent des échantillons de nouveaux types de stupéfiants, de substances psychotropes et de leurs précurseurs ainsi que d'autres substances dangereuses d'origine végétale ou synthétique ;

3) Échangent des renseignements et des données d'expérience sur la législation et le contrôle de la circulation légale des stupéfiants, des substances psychotropes et de leurs précurseurs, ainsi que des composants nécessaires à leur fabrication.

Article 9

Dans le domaine de la formation et de la coopération scientifique et technique, les autorités compétentes des Parties contractantes échangent :

1) Des données d'expérience et des renseignements, notamment en ce qui concerne les méthodes de lutte contre la criminalité organisée et les nouvelles formes d'activité criminelle, ainsi que l'utilisation et le développement d'équipements spéciaux ;

2) Les résultats d'études scientifiques dans le domaine de la criminalistique et de la criminologie, ainsi que les dispositions du droit pénal liées au présent Accord ;

3) Des renseignements relatifs aux activités criminelles et aux équipements techniques utilisés pour lutter contre la criminalité ;

4) Sur une base financière distincte, des experts dans le domaine de la formation et du perfectionnement, notamment en ce qui concerne les technologies de la criminalistique et les méthodes opérationnelles de lutte contre la criminalité ;

5) Des ouvrages spécialisés et d'autres publications relatives à l'objet du présent Accord.

Article 10

Dans l'éventualité où l'une des Parties contractantes conclut que la transmission d'informations énumérées aux articles 5 à 9 du présent Accord ou que la conduite d'activités conjointes pourrait porter atteinte à ses droits souverains, menacer sa sécurité ou d'autres intérêts vitaux, ou violer les principes de son système juridique, elle peut renoncer à cette coopération en tout ou en partie ou la subordonner au respect de conditions spécifiques.

Article 11

1. Les différends concernant l'interprétation ou l'application du présent Accord sont résolus au moyen de négociations menées directement entre les autorités compétentes des Parties contractantes, dans les limites de leurs compétences.

2. Au cas où il n'est pas possible de parvenir à un accord par l'intermédiaire de négociations directes visées au paragraphe 1, ce différend est réglé par la voie diplomatique.

Article 12

Le présent Accord n'affecte en rien les droits et obligations des Parties contractantes découlant d'autres traités internationaux auxquels elles sont parties.

Article 13

Lorsqu'elles coopèrent dans le cadre du présent Accord, les Parties contractantes utilisent la langue russe.

Article 14

Les dépenses liées à la mise en œuvre des dispositions du présent Accord sont prises en charge par la Partie contractante sur le territoire de laquelle elles ont été occasionnées, sauf si les Parties contractantes en décident autrement dans un cas spécifique.

Article 15

1. Le présent Accord est adopté conformément au droit interne des Parties contractantes et confirmé par un échange de notes diplomatiques. L'Accord entre en vigueur 30 jours après la réception, par la voie diplomatique, de la dernière des notifications écrites confirmant l'accomplissement par les Parties contractantes des formalités internes requises à cet effet.

2. Des amendements peuvent être apportés au présent Accord sur consentement mutuel des Parties contractantes. Les amendements entrent en vigueur conformément au paragraphe 1.

3. Le présent Accord est conclu pour une durée indéterminée. Chaque Partie contractante peut dénoncer l'Accord au moyen d'une notification écrite adressée à l'autre Partie contractante par la voie diplomatique. Dans ce cas, l'Accord cesse de produire ses effets le premier jour du mois qui suit l'expiration d'une période de trois mois à compter de la date de réception de cette notification par l'autre Partie contractante.

FAIT à Varsovie, le 27 mai 2003, en deux exemplaires originaux, en langues polonaise, tadjike et russe, tous les textes faisant également foi. En cas de divergence d'interprétation du présent Accord, le texte russe prévaut.

Pour le Gouvernement de la République de Pologne :
[ZBIGNIEW SOBOTKA]

Pour le Gouvernement de la République du Tadjikistan :
[KHOMIDDHIN SHARIPOV]

No. 54792

Peru
and
Chile

Framework Agreement for the establishment of integrated control and cooperation systems to facilitate transit at official border crossings between the Republic of Peru and the Republic of Chile. Santiago, 19 January 2011

Entry into force: *6 December 2013 by notification, in accordance with chapter 15 (1)*

Authentic text: *Spanish*

Registration with the Secretariat of the United Nations: *Peru, 29 November 2017*

Pérou
et
Chili

Accord-cadre pour la mise en place de systèmes de contrôle intégré et de coopération en vue de faciliter le transit aux points de passage frontaliers aménagés entre la République du Pérou et la République du Chili. Santiago, 19 janvier 2011

Entrée en vigueur : *6 décembre 2013 par notification, conformément au paragraphe 1 du chapitre 15*

Texte authentique : *espagnol*

Enregistrement au Secrétariat de l'Organisation des Nations Unies : *Pérou, 29 novembre 2017*

[TEXT IN SPANISH – TEXTE EN ESPAGNOL]

ACUERDO MARCO PARA LA IMPLEMENTACIÓN DE SISTEMAS DE CONTROL INTEGRADO Y DE COOPERACIÓN PARA LA FACILITACIÓN DEL TRÁNSITO EN LOS PASOS DE FRONTERA HABILITADOS ENTRE LA REPÚBLICA DEL PERÚ Y LA REPÚBLICA DE CHILE

CONSIDERANDO:

Que, entre la República del Perú y la República de Chile, en adelante "las Partes", existe una amplia cooperación fronteriza, que se desea fortalecer con la finalidad de facilitar el tránsito de personas, mercancías y vehículos en beneficio de la integración fronteriza, el creciente flujo de turismo y el comercio internacional;

Que, ambas Partes vienen realizando acciones con sus respectivos países vecinos a fin de implementar sistemas de control integrado en sus pasos de frontera;

Que, en el marco de la V Reunión del Comité de Frontera Perú-Chile, ambos Estados establecieron un Grupo de Trabajo Binacional encargado de estudiar un futuro acuerdo para establecer un control integrado en el paso de frontera Concordia, entre los complejos Chacalluta y Santa Rosa.

Que, las Repúblicas del Perú y Chile son Parte de diversos convenios multilaterales y bilaterales en materia de cooperación fronteriza y transporte internacional;

A fin de profundizar la integración física y crear condiciones más favorables para el tránsito de personas, vehículos y bienes, y reconociendo que la facilitación fronteriza requiere de procedimientos ágiles, confiables y eficientes, ambas Partes convienen en la necesidad de suscribir el presente Acuerdo que regule los aspectos jurídicos, administrativos y operativos de un sistema de control integrado aplicable a los pasos de frontera que decidan de común acuerdo;

Que para cumplir dichos propósitos, las Partes acuerdan:

CAPÍTULO I
DEFINICIONES

Artículo 1°

Las definiciones a los efectos del presente Acuerdo Marco son las siguientes:

a) **Area de Control Integrado:** La parte del territorio del País Sede que comprende las instalaciones y la ruta entre éstas y el límite internacional, debidamente delimitada y cercada, donde se realizan las actividades de control integrado a cargo de los funcionarios nacionales competentes del País Limítrofe y del País Sede.

b) **Centro de Control Integrado en Frontera (CCIF):** Son las instalaciones físicas ubicadas en el área de control integrado del País Sede, emplazada en una zona debidamente delimitada y cercada, en la cual se realiza, la acción de control de salida del País Limítrofe y la acción de control de ingreso del País Sede, sobre la base del respeto de la jurisdicción de ambas Partes.

c) **Comité de Coordinación Bilateral (CCB) del CCIF:** Instancia bilateral presidida por los representantes de los Organismos Coordinadores e integrada por representantes de los Organismos de Control Fronterizo de ambos países cuyo objeto es analizar y coordinar aspectos prácticos, técnicos y operativos del control y tránsito de personas, equipajes, vehículos y mercancías por el CCIF. En el Comité de Frontera se aprobará el Reglamento de este Comité.

d) **Comité de Frontera:** Foro bilateral creado por el Acta de Constitución del Comité de Frontera entre la República del Perú y la República de Chile y regido por su Reglamento.

e) **Control:** La verificación, por parte de las autoridades competentes de la aplicación de cualesquiera disposiciones legales, reglamentarias y administrativas de los dos Estados, referentes al tránsito de personas, así como a la salida, entrada y tráfico de equipajes, mercancías, cargas, vehículos y otros bienes por los puntos habilitados como paso de frontera.

f) **Control Integrado:** Es el acto de verificación y supervisión del cumplimiento de los requisitos legales de salida y entrada de personas, equipajes, mercancías y vehículos que realizan los funcionarios nacionales competentes de ambos Estados en un mismo recinto.

g) **Funcionario Nacional Competente**: Persona, cualquiera sea su rango, designado y acreditado por las instituciones competentes de las Partes para ejercer funciones en el CCIF.

h) **Instalaciones:** Los bienes muebles e inmuebles que se encuentran ubicados en las Áreas de Control Integrado destinados al uso de los funcionarios de los organismos de frontera y eventualmente a los usuarios del CCIF.

i) **Libramiento / levante:** Acto por el cual los funcionarios nacionales competentes autorizan a los usuarios, de acuerdo a la legislación de su país, a disponer de los documentos, vehículos, mercancías o cualquier otro objeto sujeto a su control, a efecto de continuar su trayecto. Esta autorización se hará por medios electrónicos y/o mediante el estampado del sello oficial en el documento que corresponda.

j) **Modelo secuencial:** Es un modelo de aplicación del sistema de control integrado que se realiza dentro de las áreas de control integrado del CCIF en el que se efectúa el control de salida por parte del conjunto de los organismos de frontera del País Limítrofe, antes de que los organismos de frontera del País Sede inicien el control de ingreso.

k) **Modelo yuxtapuesto:** Es un modelo de aplicación del sistema de control integrado que se realiza dentro de las áreas del control integrado del CCIF, que consiste en acciones de control por pares de organismos de frontera con funciones análogas que, en forma sucesiva y, allí donde sea posible, en forma simultánea, desarrollan los procedimientos que corresponden al país limítrofe y continúan con los procedimientos del País Sede, de manera alternada hasta su culminación con el último control del País Sede.

l) **Organismo Coordinador:** Organismo nacional acreditado por el País Sede que tendrá a su cargo la coordinación administrativa y operativa de las instalaciones ubicadas en su territorio.

m) **Organismos de Frontera:** Las entidades o instituciones nacionales que de acuerdo a las disposiciones legales vigentes en cada Estado, tienen a su cargo responsabilidades de control y seguridad en el Centro de Control Integrado de Frontera (CCIF).

n) **País Sede**: El Estado en cuyo territorio se sitúa el Centro de Control Integrado.

o) **País Limítrofe**: El otro Estado.

p) **Paso de Frontera**: Es el lugar de la frontera común habilitado por las Partes para efectuar el control de entrada y salida de personas, equipajes, mercancías y vehículos.

q) **Ruta**: Vía terrestre que articula el paso de frontera, comprendida entre las instalaciones de ambos Estados y el límite internacional. Forma parte de las Áreas de Control Integrado.

r) **Servicios Complementarios**: Los ofrecidos a las personas, tripulantes, vehículos, equipajes y mercancías durante su permanencia en el CCIF y que no constituyen requisito para su tránsito del país limítrofe al País Sede. Cuando sea posible, dichos servicios serán mecanizados y automatizados.

s) **Usuario**: Persona que realiza el cruce de frontera por el CCIF.

CAPÍTULO II
OBJETO

Artículo 2°

El presente Acuerdo tiene por objeto establecer las normas que regulen el funcionamiento de los centros de control integrado de frontera (CCIF) en los pasos fronterizos que las Partes determinen, así como las disposiciones relativas a los aspectos jurídicos, incluyendo los de jurisdicción y competencia, administrativos, operacionales y otros necesarios para su funcionamiento, no establecidos en otros acuerdos o convenios vigentes para ambas Partes.

CAPÍTULO III
DISPOSICIONES GENERALES

Artículo 3°

Con el objeto de agilizar y simplificar los procedimientos de control fronterizo, el tránsito internacional de personas, equipajes, vehículos y mercancías será controlado únicamente al ingresar al territorio del País Sede, en la respectiva área de control integrado del CCIF, por las autoridades competentes de ambos Estados.

El control integrado implicará la detención por una sola vez de personas, equipajes, mercancías y vehículos, procurando utilizar procedimientos de control que eviten de manera progresiva la duplicidad de trámites y registros, y en lo posible, implementar revisiones no intrusivas.

En ambas áreas de control integrado, el control se efectuará de manera secuencial o yuxtapuesta por pares de entidades nacionales con responsabilidades análogas, iniciándose en ambos casos, con los procedimientos que correspondan al País Limítrofe y culminando con los procedimientos del País Sede. La modalidad del control integrado será acordada por la vía diplomática. El orden del proceso de control será determinado por las Partes en el marco del Comité de Coordinación Bilateral del CCIF.

El ingreso al territorio del País Sede quedará autorizado cuando todos los organismos de frontera del País Limítrofe y del País Sede presentes en el área de control integrado hayan autorizado su respectiva salida/ingreso o libramiento/levante.

Artículo 4°

Para efectos del presente Acuerdo:

1. Las funciones de control, orden y seguridad que se ejercerán en el CCIF estarán a cargo, entre otros, de los siguientes organismos nacionales competentes:

a) Por la República del Perú:

(i) Superintendencia Nacional de Administración Tributaria - SUNAT
(ii) Dirección General de Migraciones y Naturalización - DIGEMIN, del Ministerio del Interior.
(iii) Servicio Nacional de Sanidad Agropecuaria - SENASA
(iv) Policía Nacional del Perú - PNP
(v) Ministerio de Salud - MINSA
(vi) Dirección General Forestal y de Fauna Silvestre - DGFFS del Ministerio de Agricultura.

(vii) Instituto Tecnológico Pesquero – ITP

b) Por la República de Chile:

(i) Servicio Nacional de Aduanas.
(ii) Policía de Investigaciones de Chile – PDI
(iii) Servicio Agrícola y Ganadero – SAG
(iv) Carabineros de Chile.
(v) Ministerio de Salud.
(vi) Servicio Nacional de Pesca.

2. Los organismos de frontera de ambos Estados que operarán bajo el sistema de control integrado, en cualquiera de las modalidades definidas en el presente Acuerdo, serán los siguientes:

a) Por la República del Perú:

(i) Dirección General de Migraciones y Naturalización – DIGEMIN, del Ministerio del Interior.
(ii) Superintendencia Nacional de Administración Tributaria – SUNAT

b) Por la República de Chile:

(i) Policía de Investigaciones de Chile – PDI
(ii) Servicio Nacional de Aduanas.

3. Las funciones de los organismos de frontera responsables del control sanitario y fitozoosanitario serán realizadas en el CCIF de su respectivo Estado.

4. El orden del proceso de control integrado será establecido en el Comité de Coordinación Bilateral del CCIF.

Artículo 5°

Para facilitar y garantizar el adecuado funcionamiento del control integrado, las Partes establecerán un Comité de Coordinación Bilateral del CCIF, de naturaleza permanente, dotado de las competencias necesarias para proponer y resolver aspectos operativos de la gestión del control integrado.

Artículo 6°

El CCIF funcionará en forma permanente durante todos los días del año. El CCB podrá adoptar medidas para su mejor funcionamiento y, en particular, respecto del horario de apertura y cierre.

Artículo 7°

Los organismos nacionales competentes podrán concertar acuerdos operativos por pares o en el marco del CCB a fin de adoptar sistemas y procedimientos simplificados y similares que permitan la fluidez de los controles fronterizos en sus respectivos ámbitos de competencia.

Artículo 8°

La propuestas y resoluciones del CCB deberán ser oportunamente informadas, por los coordinadores designados, a sus autoridades superiores por los canales correspondientes en cada Estado.

Artículo 9°

Los procedimientos de control integrado que correspondan a la salida y al ingreso de personas, equipajes, vehículos y mercancías, se aplicarán de tal forma que las disposiciones legales, reglamentarias y administrativas del País Limítrofe y del País Sede, relativas al control fronterizo, tendrán plena vigencia en las áreas de control integrado. A este efecto, se entiende que la jurisdicción y competencia de los organismos y de los funcionarios del País Limítrofe se considerarán extendidas al área de control integrado del País Sede, con excepción de la Policía Nacional del Perú – PNP y de los Carabineros de Chile.

Artículo 10°

Los funcionarios de los organismos de frontera de una Parte, que cumplan labores en el CCIF en el territorio de la otra Parte, se sujetarán al régimen laboral, de remuneraciones y de seguridad social de su respectivo Estado.

Artículo 11°

Los funcionarios de ambos Estados se prestarán ayuda mutua para el ejercicio de sus funciones en el CCIF, a fin de prevenir e investigar delitos o infracciones a las disposiciones vigentes, debiendo comunicarse de manera oportuna, de oficio o a solicitud de parte, toda información que pueda ser de interés para el control.

Articulo 12°

De aplicarse la modalidad secuencial, para los efectos de las actividades de control en el CCIF se entenderá que:

a) Las acciones de control establecidas en el Articulo 3° se iniciarán en cada caso con el control de salida a cargo de los funcionarios competentes del País Limítrofe. Las disposiciones legales, reglamentarias y administrativas de dicho país en lo relativo al control fronterizo serán aplicables, sin injerencia de ninguna índole por parte de funcionarios o autoridades del País Sede hasta tanto los funcionarios del País Limítrofe otorguen la autorización formal de salida o libramiento/levante.

b) A partir de ese momento serán aplicables las disposiciones legales, reglamentarias y administrativas del País Sede sin que los funcionarios del País Limítrofe puedan interferir o pretender reanudar el control previamente cumplido.

c) Las actividades de control del País Sede no podrán iniciarse antes de que concluyan las del País Limítrofe.

d) En caso de que algún funcionario competente del País Limítrofe no autorice la salida de personas, equipajes, vehículos o mercancías, éstos deberán retirarse del CCIF y retornar al territorio del País Limítrofe, contando para el efecto con la colaboración necesaria de los organismos de frontera del País Sede.

e) Los funcionarios del País Limítrofe no podrán impedir el regreso a su país de las personas, equipajes, vehículos o mercancías cuyo ingreso no haya sido autorizado por los organismos de frontera del País Sede.

Artículo 13°

De aplicarse la modalidad yuxtapuesta, para los efectos de las actividades de control en el CCIF se entenderá que:

a) Las acciones de control establecidas en el Artículo 3° organizadas por pares de organismos con competencias análogas de ambos Estados, se iniciarán en cada par con el control de salida a cargo de los funcionarios competentes del País Limítrofe. Las disposiciones legales, reglamentarias y administrativas de dicho país en lo relativo al control fronterizo serán aplicables, sin interferencia de ninguna índole por parte de funcionarios o autoridades del País Sede, hasta tanto los funcionarios del País Limítrofe otorguen la autorización formal de salida o libramiento/levante, para proseguir el control fronterizo con los funcionarios competentes del País Sede. El proceso continuará con el control a cargo del siguiente par de organismos afines.

b) A partir de la autorización formal de salida o libramiento/levante, serán aplicables las disposiciones legales, reglamentarias y administrativas del País Sede sin que los funcionarios del País Limítrofe puedan interferir o pretender reanudar el control previamente cumplido.

c) Las actividades de control del País Sede no podrán iniciarse antes de que concluyan las del País Limítrofe, en la secuencia de cada par de organismos afines.

d) En caso de que algún funcionario competente del País Limítrofe o País Sede no autorice la salida o ingreso de personas, equipajes, vehículos o mercancías, éstos deberán retirarse del área de control integrado y retornar al territorio del País Limítrofe o País Sede. En lo que corresponda, deberán dejarse sin efecto las autorizaciones previamente otorgadas. Los organismos de frontera del País Sede deben dar la necesaria colaboración para su traslado hacia el País Limítrofe.

e) Los funcionarios del País Limítrofe no podrán impedir el regreso a su país de las personas, equipajes, vehículos o mercancías cuyo ingreso no haya sido autorizado por los funcionarios del País Sede.

f) En el caso que las normas del País Sede requieran la participación en el control de organismos de frontera que no cuenten con un par afín, o equivalente del otro país, el Organismo Coordinador determinará el emplazamiento y el orden de su participación en el proceso de control con plena sujeción a lo dispuesto en los Artículos 4° y 9°.

Artículo 14°

El País Sede se obliga a prestar su colaboración para el ejercicio pleno de todas las atribuciones legales, reglamentarias y administrativas de los funcionarios del País Limítrofe relacionadas con las actividades del control fronterizo, en especial las referidas al traslado, en lo posible inmediato y sin más trámite, de personas, equipajes, vehículos y mercancías hasta el límite internacional, a los fines de su sometimiento a las autoridades y tribunales competentes de este último Estado, en cuanto fuere procedente.

Artículo 15°

Ambas Partes se comprometen a perfeccionar y/o desarrollar nuevas acciones orientadas a evitar la salida e ingreso ilegal de personas, equipajes, vehículos y mercancías procedentes del territorio de una parte hacia el territorio de la otra Parte.

CAPÍTULO IV
PERCEPCIÓN DE TRIBUTOS, TASAS Y OTROS GRAVÁMENES

Artículo 16°

Los organismos competentes de control fronterizo de cada Estado están facultados para recaudar en el CCIF los importes correspondientes a los tributos, tasas y otros gravámenes establecidos en sus legislaciones nacionales respectivas. Los montos recaudados serán trasladados o transferidos libremente por dichos organismos al Estado del cual dependen.

CAPÍTULO V
DELITOS E INFRACCIONES EN LAS ÁREAS DE CONTROL INTEGRADO

Artículo 17°

Los funcionarios que cometan delitos o infracciones en el área de control integrado, vinculados al ejercicio de o con motivo de sus funciones, serán sometidos a los tribunales de su propio Estado y juzgados por las leyes de éste.

Artículo 18°

De otra parte, los delitos e infracciones de los usuarios vinculados a las actividades de control fronterizo, detectados por los funcionarios nacionales competentes en el área de control integrado, quedarán sujetos a la jurisdicción del Estado que se encuentra efectuando el control o a la del que le corresponde efectuarlo, si éste no se ha iniciado.

Artículo 19°

Los delitos o infracciones no relacionados directamente con las actividades de control que tengan lugar en el área de control integrado, estarán sujetos a las reglas generales de jurisdicción vigentes en el País Sede.

CAPÍTULO VI
DISPOSICIONES RELATIVAS A LAS FUNCIONES POLICIALES Y DE LOS MINISTERIOS PÚBLICOS

Artículo 20°

Policía Nacional del Perú – PNP y Carabineros de Chile cumplirán en el CCIF las atribuciones que les confiere el ordenamiento jurídico de sus respectivos Estados relativos al restablecimiento del orden público, la conservación del patrimonio público y privado, la seguridad y detención de las personas y cualquier otra acción represiva o de fuerza, en el Área de Control Integrado que corresponda a su Estado, de conformidad a la legislación del País Sede y en el marco de lo dispuesto en el presente Acuerdo.

Las instituciones policiales de un Estado, no podrán ejercer las acciones descritas en el inciso anterior en el Área de Control Integrado del otro Estado.

Artículo 21°

En cumplimiento de sus normas nacionales y en atención a lo dispuesto en el presente Acuerdo, en especial al Artículo 9°, los funcionarios de Carabineros de Chile y de la PNP podrán desplazarse dentro del área de control integrado, pero solo podrán portar armas dentro del área correspondiente a su propio Estado.

Artículo 22°

La Policía Nacional del Perú, Carabineros de Chile y la Policía de Investigaciones de Chile mantendrán una cooperación y coordinación permanente, lo que incluye la plena asistencia a los organismos de frontera del País Limítrofe, según lo dispuesto en el Artículo 12°, así como también cuando se trate de investigar delitos e infracciones en las áreas de control integrado conforme lo establecido en el Capítulo V.

Artículo 23°

Los Ministerios Públicos del Perú y Chile mantendrán también una cooperación permanente con la finalidad de investigar y perseguir los ilícitos que se cometan en las áreas de control integrado, así como aquéllos detectados con ocasión de las actividades de control fronterizo, conforme a su propia legislación y a lo dispuesto en el presente Acuerdo.

CAPÍTULO VII
DEL COMITÉ DE COORDINACIÓN BILATERAL DEL CCIF

Artículo 24°

El CCB podrá establecer los mecanismos necesarios para compatibilizar los procedimientos de trabajo de los organismos de frontera, así como convenir fórmulas que garanticen la plena operatividad del CCIF. En el cumplimiento de estas funciones, el CCB recabará la información y directivas de los organismos de frontera y responderá a sus consultas, así como a las de los usuarios y de los operadores de los servicios complementarios.

Artículo 25°

La instalación de servicios complementarios se regirá conforme a las leyes del país sede. El CCB intercambiará información oportuna sobre la materia.

Artículo 26°

Cada Estado extenderá una credencial que identifique a sus funcionarios a fin de que los mismos puedan ejercer sus competencias al interior del CCIF. En el marco del CCB, se intercambiaran oportunamente las nóminas de los funcionarios y de los vehículos autorizados para permanecer o circular libremente en las áreas de control integrado y se comunicarán prontamente los cambios y reemplazos que se verifiquen.

Los funcionarios del País Limítrofe deberán vestir sus respectivos uniformes dentro de las áreas de control integrado. Utilizarán, asimismo, un signo distintivo de identificación personal, de la nacionalidad y del organismo de frontera del cual dependen.

Artículo 27°

Para el ejercicio de sus funciones, las autoridades del País Sede concederán a los funcionarios nacionales competentes del País Limítrofe la misma protección y ayuda que otorgan a los suyos.

CAPÍTULO VIII
INSTALACIONES, MATERIALES, EQUIPOS Y BIENES PARA EL EJERCICIO DEL CONTROL INTEGRADO

Artículo 28°

El País Sede pondrá a disposición de los organismos de frontera del País Limítrofe las instalaciones donde éstos llevarán a cabo sus actividades de control.

Artículo 29°

El País Sede autorizará, a título gratuito, la instalación y conservación por los organismos de frontera del País Limítrofe de los equipos de telecomunicación necesarios para el cumplimiento de sus funciones. El País Sede facilitará a dichos organismos su conexión directa con el área de control integrado del País Limítrofe, así como la comunicación en forma directa con los organismos de frontera del País Sede y del País Limítrofe.

Las Partes desplegarán esfuerzos ante los operadores de servicios de telecomunicaciones de sus respectivos Estados para concretar el propósito antes indicado.

Artículo 30°

Los materiales de trabajo necesarios para el desempeño de las funciones de los organismos de frontera del País Limítrofe en el País Sede, serán de dos categorías:

a) Los que se consumen por el uso, y

b) Los que no se consumen por el uso.

Los materiales de la categoría a), estarán exentos de todo tipo de restricciones de carácter económico, de derechos, tasas, impuestos y gravámenes de cualquier naturaleza a la importación del País Sede. Su importación será formalizada por la Aduana del País Sede, ante la presentación de una lista simple de bienes suscrita y aprobada por la Aduana del País Limítrofe. Para el efecto las aduanas de ambos Estados acordarán la utilización de formularios similares.

A los materiales de la categoria b), que por su naturaleza pueden ser reexportados, se les aplicará el régimen especial de admisión temporal. Dicho régimen especial será formalizado por una lista suscrita y aprobada por la Aduana del País Limítrofe y por la Aduana del País Sede. La reexportación de los materiales será autorizada por la Aduana del Pais Sede, en cualquier momento y a solicitud de los organismos de frontera del País Limítrofe.

La Aduana del País Sede denegará el ingreso de los materiales que constituyan bienes prohibidos o restringidos de acuerdo a su legislación nacional.

CAPÍTULO IX
DISPOSICIONES RELATIVAS AL CONTROL MIGRATORIO

Artículo 31°

La administración, coordinación y control del movimiento migratorio de personas en el CCIF será efectuado por funcionarios de la Dirección General de Migraciones y Naturalización del Perú y la Policía de Investigaciones de Chile, de acuerdo con los Convenios Internacionales, la legislación aplicable y los procedimientos administrativos acordados por los referidos organismos de frontera, según corresponda.

Artículo 32°

Los funcionarios de ambos Estados que realicen controles migratorios exigirán, según corresponda, la documentación idónea de viaje aplicable a la nacionalidad de la persona que se trate, según las normas del Estado que esté efectuando el control, conforme a los Convenios Internacionales de los que ambos Estados forman parte o a la legislación vigente del Perú o Chile, según el caso.

Artículo 33°

A los efectos de la realización del control integrado migratorio, deberá entenderse que:

a) El organismo de frontera del País Sede entregará al usuario la Tarjeta de Migración correspondiente que le autorice el ingreso a su país de conformidad con el inciso (b) del Artículo 12° o de conformidad con el inciso (b) del Artículo 13°.

b) En caso que los funcionarios nacionales competentes de control migratorio del País Limítrofe hayan autorizado la salida de personas y otros organismos de frontera del País Sede no autorizasen el ingreso de las mismas, dichos funcionarios procederán a dejar sin efecto la autorización de salida y dispondrán el retorno de las referidas personas al territorio del País Limítrofe.

Artículo 34°

Los organismos de frontera deberán armonizar el contenido de la Tarjeta Migratoria a fin de operar con un formato único y reducir el número de copias. Deberán tender, igualmente, a la homologación del sistema de registro y procesamiento de información.

CAPÍTULO X
DISPOSICIONES RELATIVAS AL CONTROL ADUANERO

Artículo 35°

De conformidad con los Acuerdos Internacionales en los que ambos Estados bilateral y multilateralmente sean parte y la legislación nacional del Perú y Chile, según sea el caso, la Superintendencia Nacional de Administración

Tributaria del Perú y el Servicio Nacional de Aduanas de Chile realizarán el control integrado aduanero en el CCIF a efectos de que se pueda autorizar, de corresponder el régimen, la operación o destino especial aduanero a que se someterán los equipajes, vehículos y mercancías.

Artículo 36°

En cuanto al ingreso y salida de vehículos particulares de turistas, vehículos de transporte público de pasajeros y de carga, se establece que:

a) El registro y control aduanero de salida e ingreso se ejercerá en el área de control integrado por parte de los funcionarios nacionales competentes de aduanas, en el orden y secuencia de país de salida y país de entrada.

b) A los fines del registro aduanero, se utilizarán los documentos o formularios establecidos para tal efecto en los procedimientos aduaneros del Perú y Chile, en los acuerdos internacionales vigentes para las Partes, o en los procedimientos y/o sistemas de registros sustitutivos que se implementen.

c) Los funcionarios nacionales competentes del País Limítrofe no podrán impedir el regreso a su país de las personas, equipajes, vehículos o mercancías cuyo ingreso no haya sido autorizado por los funcionarios correspondientes del País Sede.

Artículo 37°

Ambos Estados intercambiarán permanentemente relaciones actualizadas de mercancías cuya importación esté prohibida, a fin de evitar que el País Limítrofe dé trámite a dichas solicitudes.

CAPÍTULO XI
DISPOSICIONES RELATIVAS A LOS CONTROLES DE SANIDAD AGROPECUARIA, FORESTAL E INOCUIDAD ALIMENTARIA

Artículo 38°

El comercio internacional de productos e insumos silvoagropecuarios se regirá por las normas internacionales referidas a estos temas, incluyendo los Acuerdos sobre la Aplicación de Medidas Sanitarias y Fitosanitarias de la OMC, Convención Internacional de Protección Fitosanitaria, la Organización Mundial de Sanidad Animal y el CODEX Alimentario FAO – OMS, y el Acuerdo de

Cooperación y Coordinación en materia de Sanidad Agropecuaria, entre el Servicio de Sanidad Agraria del Perú y el Servicio Agrícola y Ganadero de Chile y por otros acuerdos sobre la materia, bilaterales y multilaterales, en que ambos Estados sean parte.

Artículo 39°

Los controles fito y zoosanitarios relativos a la salida o ingreso de productos e insumos silvoagropecuarios al Perú o Chile, serán realizados por los funcionarios nacionales competentes designados por el Servicio Nacional de Sanidad Agraria – SENASA - y por el Servicio Agrícola y Ganadero – SAG -, en la forma y secuencia que corresponda al modelo de control integrado que se implemente en el paso de frontera, en virtud de la normativa fito o zoosanitaria respectiva.

Artículo 40°

El ingreso de productos e insumos silvoagropecuarios, cualquiera que sea su régimen o destino aduanero, será amparado por el respectivo Permiso o Autorización o Documento Fito o Zoosanitario para Ingreso o Importación, cuando corresponda, y por el Certificado Fito o Zoosanitario de Exportación, en el cual se debe dejar constancia del cumplimiento de los requisitos establecidos por el país importador. Para autorizar la salida de dichos productos e insumos, las autoridades competentes del país exportador verificarán el cumplimiento de estos requisitos.

Artículo 41°

Se rechazará el ingreso y deberán retornar al País Limítrofe los productos e insumos silvoagropecuarios que no cuenten con los respectivos permisos, autorizaciones, documentos de ingreso / importación, así como con las certificaciones oficiales requeridas por el País Sede.

Artículo 42°

Los productos e insumos silvoagropecuarios de importación, serán sometidos a una verificación documentaria y luego a una inspección física por parte del funcionario nacional competente, quien dictaminará las medidas o acciones a seguir de acuerdo a la legislación vigente del País Sede.

Artículo 43°

Los Estados efectuarán acciones de vigilancia y control sobre los medios de transporte, las cargas y equipaje acompañante de pasajeros y tripulantes, a fin de evitar que ingresen al País Sede productos o insumos silvoagropecuarios que no cumplen los requisitos establecidos por el País Sede.

Artículo 44°

Los productos e insumos silvoagropecuarios, en tránsito internacional deberán contar con la documentación oficial de respaldo exigida por el Estado cuyo territorio transitará la mercancía. Aquellos que ingresen en contenedores o camiones plataforma debidamente encarpados y precintados, serán objeto de una verificación de las condiciones del sellado y precintado; luego de lo cual, una vez comprobadas las condiciones establecidas de las mismas, se entregará la Autorización de Tránsito Internacional o el Certificado de Destinación Aduanera (CDA), según corresponda, el cual se deberá presentar en el punto de salida del país en tránsito; caso contrario, se someterá a las acciones legales pertinentes.

Artículo 45°

El movimiento transfronterizo de residuos sólidos, peligrosos o no, estará sujeto a las normativas nacionales y al Convenio de Basilea sobre el Movimiento Transfronterizo de Desechos Peligrosos y su Eliminación, vigente en ambos países, que establece condiciones para su exportación/importación. Igual principio se aplicará en el caso del Convenio sobre Comercio Internacional de Especies Amenazadas de Fauna y Flora Silvestres, CITES.

CAPÍTULO XII
DISPOSICIONES RELATIVAS A LOS CONTROLES DE FLORA Y FAUNA SILVESTRE

Artículo 46°

El movimiento transfronterizo de especímenes de flora y fauna silvestre, vivos o muertos, así como cualquier parte o derivado fácilmente identificable, estará sujeto a las normativas nacionales y al Convenio sobre el Comercio Internacional de Especies Amenazadas de Fauna y Flora Silvestres, CITES, vigente en ambos Estados. Asimismo, cualquiera sea su régimen o destino aduanero, debe estar amparado por el respectivo Permiso de Exportación CITES que garantice el control de las especies de flora y fauna silvestre, emitido por la Dirección General Forestal y de Fauna Silvestre DGFFS del Ministerio de Agricultura del Perú o el Servicio Agrícola y Ganadero (SAG) de Chile, para su ingreso o exportación según corresponda.

CAPÍTULO XIII
DISPOSICIONES ESPECIALES

Articulo 47°

El País Sede asumirá los costos de mantenimiento de la infraestructura y de los servicios generales (luz, agua y asco) del área de control integrado ubicado en su territorio.

Los funcionarios autorizados del País Limítrofe que se encuentren laborando en el CCIF, podrán hacer uso de los servicios de expendio de alimentos que se ofrezcan, bajo su costo.

Articulo 48°

Las Partes han acordado por intercambio de Notas poner en práctica el control integrado bajo la modalidad yuxtapuesta por pares de entidades nacionales con responsabilidades análogas en el paso de frontera Santa Rosa-Chacalluta, una vez que entre en vigor el presente Acuerdo Marco.

Articulo 49°

Las disposiciones del presente Acuerdo podrán aplicarse en los pasos de frontera que se habiliten entre las Partes bajo la modalidad de control que se acuerde por la vía diplomática.

CAPÍTULO XIV
DISPOSICION TRANSITORIA

Articulo 50°

Las autoridades competentes homólogas de los Organismos de Frontera procurarán adoptar procedimientos únicos de control integrado. En tanto lo consigan deberán aplicar procedimientos similares o compatibles.

CAPÍTULO XV
DISPOSICIONES FINALES

PRIMERA.- El presente Acuerdo entrará en vigor en la fecha de la última Nota por la que una de las Partes comunique a la otra el cumplimiento de los requisitos exigidos por sus respectivos ordenamientos jurídicos internos para su entrada en vigencia.

SEGUNDA.- El presente Acuerdo tendrá una duración indefinida. Podrá ser denunciado por cualquiera de las Partes, comunicando su decisión a la otra Parte con ciento ochenta días (180) días de anticipación, a partir de la entrega del respectivo instrumento de denuncia.

TERCERA.- El presente Acuerdo no deroga, ni modifica lo establecido por tratados internacionales vigentes entre las Partes, especialmente aplicables al tránsito de personas, equipajes, mercancías y vehículos entre las ciudades de Tacna y Arica.

CUARTA.- Toda propuesta de modificación de las disposiciones del presente Acuerdo será sometida previamente a consideración del Comité de Frontera Perú-Chile para su evaluación y a los Ministerios de Relaciones Exteriores del Perú y Chile. Las modificaciones acordadas por las Partes entrarán en vigor siguiendo el procedimiento establecido en la Disposición **PRIMERA.**

Suscrito a los 19 días del mes de enero de dos mil once, en la ciudad de Santiago, República de Chile, en dos ejemplares originales en idioma castellano, siendo ambos igualmente auténticos.

POR LA REPÚBLICA DEL PERÚ	POR LA REPÚBLICA DE CHILE

[TRANSLATION IN ENGLISH – TRADUCTION EN ANGLAIS]

FRAMEWORK AGREEMENT FOR THE ESTABLISHMENT OF INTEGRATED CONTROL AND COOPERATION SYSTEMS TO FACILITATE TRANSIT AT OFFICIAL BORDER CROSSINGS BETWEEN THE REPUBLIC OF PERU AND THE REPUBLIC OF CHILE

Considering:

That between the Republic of Peru and the Republic of Chile, hereinafter referred to as "the Parties", there is broad border cooperation which the Parties desire to strengthen in order to facilitate the transit of persons, goods and vehicles in the interests of border integration, increased flow of tourism and international trade,

That both Parties are carrying out actions with their respective neighbouring countries to establish integrated control systems at their border crossings,

That, at the fifth meeting of the Peru-Chile Border Committee, both States established a binational working group to study a future agreement for the establishment of integrated border control at the Concordia border crossing, between the Chacalluta and Santa Rosa complexes,

That the Republic of Peru and the Republic of Chile are parties to various multilateral and bilateral agreements on border cooperation and international transport,

That in order to deepen physical integration and create more favourable conditions for the transit of persons, vehicles and goods, and recognizing that border facilitation requires agile, reliable and efficient procedures, and both Parties having agreed on the need to sign this Agreement regulating the legal, administrative and operational aspects of an integrated control system applicable to jointly agreed upon border crossings,

The two Parties have agreed as follows.

CHAPTER I. DEFINITIONS

Article 1

For the purposes of this Framework Agreement:

(a) "Integrated control area" means the part of the territory of the Host Country comprising the facilities together with the road between said facilities and the international boundary, duly delimited and fenced off, where integrated control activities are carried out by the competent national officials of the Neighbouring Country and the Host Country;

(b) "Integrated Border Control Centre" (CCIF) means the physical facilities located in the integrated control area of the receiving country, in a duly delimited and closed-off area, in which exit from the neighbouring country and entry into the receiving country are controlled on the basis of respect for the jurisdiction of both Parties;

(c) "Bilateral Coordination Committee (CCB) of the CCIF" means the bilateral authority, chaired by the representatives of the coordinating agencies and made up of representatives of the border control agencies of both countries, whose purpose is to analyse and coordinate the practical, technical and operational aspects of the control and transit of persons, baggage, vehicles and goods by the CCIF. The Border Committee's rules of procedure shall be adopted by that Committee;

(d) "Border Committee" means the bilateral forum established under the statute of the Border Committee between the Republic of Peru and the Republic of Chile and governed by its rules of procedure;

(e) "Control" means the verification by the competent authorities of the application of any legal, regulatory and administrative provisions of the two States with respect to the transit of persons, as well as the exit, entry and passage of baggage, goods, cargo, vehicles and other items at official border crossings;

(f) "Integrated control" means the act of verifying and supervising the fulfilment of the legal requirements for the exit and entry of people, baggage, goods and vehicles carried out by the competent national officials of the two States in the same compound;

(g) "Competent national official" means a person, regardless of rank, who is designated and accredited by the competent institutions of the Parties to work in the CCIF;

(h) "Facilities" means the movable and immovable property located in the integrated control areas intended for use by border agency officials and possibly by CCIF users;

(i) "Clearance" means the act by which the competent national officials, in accordance with the laws of their country, grant authorization to users to collect their documents, vehicles, goods or any other object subject to their control, in order to continue their journey. The authorization shall be given electronically and/or by affixing a seal to the relevant document;

(j) "Sequential model" means the model for implementing a system of integrated control carried out in the integrated control areas of the CCIF, where the Neighbouring Country's border agencies carry out exit control before the Host Country's border agencies initiate entry control;

(k) "Juxtaposed model" means the model for implementing a system of integrated control carried out in the integrated control areas of the CCIF, which consists of control actions undertaken by pairs of border agencies with similar functions, which, successively and, wherever possible, simultaneously, follow the procedures of the Neighbouring Country and then continue with the procedures of the Host Country, alternately until the last control carried out by the Host Country;

(l) "Coordinating agency" means the national agency accredited by the Host Country that will be in charge of the administrative and operational coordination of the facilities located in its territory;

(m) "Border agencies" means the national entities or institutions that, according to the legal provisions in force in each State, are responsible for control and security at the CCIF;

(n) "Host Country" means the State in whose territory the Integrated Border Control Centre is located;

(o) "Neighbouring Country" means the other State;

(p) "Border crossing" means the place at the common border that has been approved by the Parties for the control of the entry and exit of people, baggage, goods and vehicles;

(q) "Road" means the land route connecting the border crossing, located between the facilities of the two States, and the international boundary. It is part of the integrated control areas;

(r) "Complementary services" means services offered in respect of persons, crew members, vehicles, baggage and goods while they are at the CCIF and that do not constitute a requirement for their transit from the neighbouring country to the receiving country. Where possible, such services shall be computerized and automated;

(s) "User" means a person who crosses the border through the CCIF.

CHAPTER II. PURPOSE

Article 2

The purpose of this Agreement is to establish the rules governing the operation of the Integrated Border Control Centres (CCIF) at the border crossings determined by the Parties, as well as the provisions relating to legal matters, including jurisdiction and competence, and administrative, operational and other matters necessary for their operation that are not set out in other agreements or arrangements in force for both Parties.

CHAPTER III. GENERAL PROVISIONS

Article 3

To streamline and simplify border control procedures, the international transit of persons, baggage, vehicles and goods shall be controlled only upon entry into the territory of the Host Country, in the respective integrated control areas of the CCIF, by the competent authorities of the two States.

Integrated control shall involve a single stop of persons, baggage, goods and vehicles, making every effort to use control procedures that gradually eliminate the duplication of procedures and records, and where possible, to carry out non-intrusive inspections.

In both integrated control areas, controls shall be carried out sequentially or in juxtaposition by pairs of national agencies with similar responsibilities, starting in both cases with the procedures of the Neighbouring Country and ending with the procedures of the Host Country. The integrated control model shall be agreed through the diplomatic channel. The order of the control process shall be determined by the Parties in the Bilateral Coordination Committee of the CCIF.

Entry into the territory of the Host Country shall be authorized when all border agencies of the Neighbouring Country and the Host Country that are present in the integrated control area have authorized their respective exits/entries or clearances.

Article 4

For the purposes of this Agreement:

1. The control, order and security functions at the CCIF shall be performed by the following national bodies, among others:

(a) For the Republic of Peru:

(i) National Tax and Customs Administration;

(ii) Migration and Naturalization Directorate - DIGEMIN, under the Ministry of the Interior;

(iii) National Agrarian Health Service;

(iv) National Police of Peru;

(v) Ministry of Health;

(vi) Forestry and Wildlife Directorate - DGFFS, Ministry of Agriculture;

(vii) Institute of Fish Technology – ITP;

(b) For the Republic of Chile:

(i) National Customs Department;

(ii) Criminal Investigation Department of Chile;

(iii) Crop Farming and Livestock Service;

(iv) Carabineros (police);

(v) Ministry of Health;

(vi) National Fisheries Service.

2. The border agencies of both States operating under the integrated control system, in any of the models defined in this Agreement, shall be as follows:

(a) For the Republic of Peru:

(i) Migration and Naturalization Directorate, Ministry of the Interior;

(ii) National Tax and Customs Administration;

(b) For the Republic of Chile:

(i) Criminal Investigation Department of Chile;

(ii) National Customs Department.

3. The duties of the border agencies responsible for health checks and plant and animal control shall be performed at the CCIF of their respective State.

4. The order of the integrated control process shall be established by the Bilateral Coordination Committee of the CCIF.

Article 5

To facilitate and ensure the proper functioning of integrated control, the Parties shall establish a permanent Bilateral Coordination Committee (CBB) of the CCIF, endowed with the necessary powers to formulate proposals and resolve operational matters of integrated control management.

Article 6

The CCIF shall operate permanently every day of the year. The CBB may take measures to improve its operation, in particular with regard to opening and closing times.

Article 7

The competent national agencies may conclude operational agreements in pairs or within the framework of the CBB in order to adopt simplified and similar systems and procedures to ensure smooth border control operations in their areas of responsibility.

Article 8

The CBB's proposals and resolutions should be reported by the designated coordinators to their higher authorities through the appropriate channels in each State in a timely manner.

Article 9

The integrated control procedures for the exit and entry of persons, baggage, vehicles and goods shall be applied in such a way that the legal, regulatory and administrative provisions of the Neighbouring Country and the Host Country related to border control are fully in force in the integrated control areas. In that context, it is understood that the jurisdiction and competence of the agencies and officials of the Neighbouring Country will be considered extended to the integrated control area of the Host Country, with the exception of the National Police of Peru and the Carabineros of Chile.

Article 10

The border agency officials of one Party who work in the CCIF in the territory of the other Party shall be subject to the labour, remuneration and social security regime of their respective States.

Article 11

The officials of both States shall assist each other in the performance of their functions at the CCIF for the purposes of preventing and investigating crimes or breaches of the provisions in force, ensuring to communicate in a timely manner, either on their own initiative or at the request of one of the Parties, any information that may be of interest for control purposes.

Article 12

Where the sequential model is used, for the purposes of control activities at the CIFF, it is understood that:

(a) The control actions established in article 3 shall begin in each case with exit control by the competent officials of the Neighbouring Country. The legal, regulatory and administrative provisions of that country regarding border control shall be applicable, without interference of any kind by the officials or authorities of the Host Country, until such time as the officials of the Neighbouring Country grant the formal exit authorization or clearance;

(b) From that moment on, the legal, regulatory and administrative provisions of the Host Country shall apply, and the officials of the Neighbouring Country shall not be able to interfere or attempt to resume a control process that has already been undertaken;

(c) The control activities of the Host Country may not begin before those of the Neighbouring Country are completed;

(d) If any competent official of the Neighbouring Country does not authorize the exit of persons, baggage, vehicles or goods, they shall be removed from the CCIF and returned to the territory of the Neighbouring Country, with the necessary collaboration of the border agencies of the Host Country;

(e) The officials of the Neighbouring Country may not prevent the return to their country of persons, baggage, vehicles or goods whose entry is not authorized by the border agencies of the Host Country.

Article 13

Where the juxtaposed model is used, for the purpose of control activities at the CCIF, it is understood that:

(a) The control actions established in article 3, organized by pairs of agencies with analogous competences of the two States, shall begin in each case with exit controls by the competent officials of the Neighbouring Country. The legal, regulatory and administrative provisions of that country regarding border control shall be applicable, without interference of any kind by the officials or authorities of the Host Country, until such time as officials of the Neighbouring Country grant formal exit authorization or clearance for the competent officials of the Host Country to continue the border control process. The process shall continue with control performed by the next pair of counterpart agencies;

(b) Once formal authorization for exit or clearance is given, the legal, regulatory and administrative provisions of the Host Country shall be applicable, and the officials of the Neighbouring Country shall not be able to interfere or attempt to resume a control process that has already been undertaken;

(c) The control activities of the Host Country may not begin before those of the Neighbouring Country are completed, in the sequence of each pair of counterpart agencies;

(d) In the event that a competent official of the Neighbouring Country or Host Country does not authorize the exit or entry of persons, baggage, vehicles or merchandise, these must be removed from the integrated control area and returned to the territory of the Neighbouring Country or the Host Country. Where appropriate, previously granted authorizations shall be rendered null and void. The border agencies of the Host Country shall collaborate as required for their transfer to the Neighbouring Country;

(e) The officials of the Neighbouring Country may not prevent the return to their country of persons, baggage, vehicles or goods whose entry has not been authorized by the officials of the Host Country;

(f) In the event that the rules of the Host Country require participation in the control process of border agencies that do not have a counterpart or equivalent in the other country, the coordinating agency shall determine the location and the order of their participation in the control process in accordance with articles 4 and 9.

Article 14

The Host Country undertakes to cooperate to ensure the full exercise of all legal, regulatory and administrative powers of the officials of the Neighbouring Country related to border control activities, especially those linked to the transfer, as soon as possible and without further formalities, of persons, baggage, vehicles and goods up to the international boundary, for submission to the competent authorities and courts of the latter State, where appropriate.

Article 15

Both Parties undertake to finalize and/or develop new actions to prevent the illegal exit and entry of persons, baggage, vehicles and goods from the territory of one Party into the territory of the other Party.

CHAPTER IV. COLLECTION OF TAXES, FEES AND OTHER CHARGES

Article 16

The competent border control agencies of each State shall be responsible for collecting the corresponding amounts of taxes, fees and other charges in the CCIF as set out in their respective national laws. The amounts collected shall be freely transferred by such agencies to their State.

CHAPTER V. CRIMES AND OFFENCES IN INTEGRATED CONTROL AREAS

Article 17

Officials who commit crimes or offences in the integrated control area linked to the performance of, or in connection with, their duties shall be brought before the courts of their State and prosecuted in accordance with its laws.

Article 18

The crimes and offences of users connected with border control activities detected by the competent national officials in the integrated control area shall be subject to the jurisdiction of the State carrying out the control or responsible for carrying it out, if the control has not started.

Article 19

Crimes and offences not directly related to control activities that are committed in the integrated control area shall be subject to the general rules of jurisdiction applicable in the Receiving Country.

CHAPTER VI. PROVISIONS RELATING TO THE FUNCTIONS OF THE POLICE AND OF PUBLIC PROSECUTORS

Article 20

The National Police of Peru and the Carabineros shall exercise in the CCIF the powers conferred on them by the legal system of their respective States relating to the maintenance of law and order, the conservation of public and private property, the security and detention of persons, and any other repressive or forcible action in the integrated control area of their State, in accordance with the laws of the Host Country and within the framework of this Agreement.

The police institutions of one State may not undertake the actions described in the preceding paragraph in the integrated control area of the other State.

Article 21

In compliance with their national regulations and in accordance with the provisions of this Agreement, in particular article 9, officers of the Carabineros and of the National Police of Peru may move around within the integrated control area, but may only carry weapons within the area of their own State.

Article 22

The National Police of Peru, the Carabineros and the Criminal Investigation Department of Chile shall maintain a relationship of ongoing cooperation and coordination, including by providing full assistance to the border agencies of the Neighbouring Country, as provided for in article 12, and investigating crimes and offences in the integrated control areas, as set out in Chapter V.

Article 23

The Offices of the Public Prosecutor of Peru and Chile shall also maintain a relationship of ongoing cooperation for the purpose of investigating and prosecuting illicit acts committed in the integrated control areas, as well as those detected during border control activities, in accordance with their laws and the provisions of this Agreement.

CHAPTER VII. BILATERAL COORDINATION COMMITTEE (CBB) OF THE CCIF

Article 24

The CBB shall be able to establish the necessary mechanisms to harmonize the working procedures of the border agencies, as well as to agree on formulas for the full operation of the CCIF. In carrying out those tasks, the CBB shall collect information and directives from border agencies and respond to their queries, as well as to those of users and operators of complementary services.

Article 25

The provision of complementary services shall be governed by the laws of the Host Country. The CBB shall share timely information on the matter.

Article 26

Each State shall issue credentials identifying its officials to enable them to fulfil their responsibilities within the CCIF. For the work of the CBB, the list of officials and vehicles authorized to remain or circulate freely in the integrated control areas shall be exchanged in a timely manner and any changes and replacements thereto shall be promptly communicated.

The officials of the Neighbouring Country shall wear their respective uniforms within the integrated control areas. They shall also use a distinctive emblem identifying them, their nationality and their border agency.

Article 27

For the performance of their functions, the authorities of the Host Country shall grant to the competent national officials of the Neighbouring Country the same level of protection and assistance as they grant to their own.

CHAPTER VIII. FACILITIES, MATERIALS, EQUIPMENT AND GOODS FOR THE PERFORMANCE OF INTEGRATED. CONTROL

Article 28

The Host Country shall make available to the Neighbouring Country's border agencies the facilities in which they will carry out their control activities.

Article 29

The Host Country shall authorize, free of charge, the installation and maintenance of the telecommunications equipment required by the Neighbouring Country's border agencies to carry out their duties. The Host Country shall provide such agencies with direct connection to the Neighbouring Country's integrated control area, as well as direct communication with the border agencies of the Host and Neighbouring Countries.

The Parties shall make efforts to ensure that the telecommunications service operators of their respective States fulfil the above-mentioned purpose.

Article 30

The work materials necessary for the Neighbouring Country's border agencies to perform their duties shall fall into two categories:

(a) Those that are consumed upon use, and

(b) Those that are not consumed upon use.

The materials in category (a) shall be exempt from any type of economic restriction, duties, fees, taxes and charges of any kind on import into the Host Country. Their import shall be formalized by the customs authority of the Host Country upon presentation of a simple list of goods signed and approved by the customs service of the Neighbouring Country. For this purpose, the customs authorities of both States shall agree on the use of similar forms.

The special regime for temporary entry shall be applicable to materials in category (b), which, by their nature, may be re-exported. Such special regime shall be formalized by a list signed and approved by the customs authority of the Neighbouring Country and by the customs authority of the Host Country. The re-export of the materials shall be authorized by the customs authority of the Host Country at any time and at the request of the border agencies of the Neighbouring Country.

The customs authority of the receiving country shall refuse the entry of materials constituting prohibited or restricted goods in accordance with its national laws.

CHAPTER IX. PROVISIONS CONCERNING MIGRATION CONTROL

Article 31

The administration, coordination and control of the migratory movement of persons at the CCIF shall be carried out by officials of the Migration and Naturalization Directorate of Peru and the Criminal Investigation Department of Chile, in accordance with international conventions, applicable laws and administrative procedures agreed upon by the above-mentioned border agencies, as appropriate.

Article 32

Officials of the two States carrying out migration controls shall request, as necessary, the appropriate travel documents according to the nationality of the person concerned, in accordance with the rules of the State carrying out the control, in accordance with the international conventions to which both States are parties or the laws in force in Peru or Chile, as the case may be.

Article 33

For the purposes of carrying out integrated migration control, it is understood that:

(a) The border agency of the Host Country shall give users a migration card that authorizes entry into their country in accordance with article 12 (b) or article 13 (b);

(b) In the event that the Neighbouring Country's national officials in charge of migratory control authorize the exit of persons, and the border agencies of the Host Country do not authorize their entry, those officials shall annul the exit authorization and arrange for the return of those persons to the territory of the Neighbouring Country.

Article 34

The border agencies shall harmonize the content of the migratory card in order to operate with a single format and reduce the number of cards needed. They shall also aim to standardize the system for registering and processing information.

CHAPTER X. PROVISIONS CONCERNING CUSTOMS CONTROL

Article 35

In accordance with the international bilateral and multilateral agreements to which the two States are parties and the national laws of Peru and Chile, as the case may be, the National Tax and Customs Administration of Peru and the National Customs Department of Chile shall carry out integrated customs control at the CCIF for the purpose of authorizing, if applicable, the special customs operation or destination in respect of baggage, vehicles and goods.

Article 36

With regard to the entry and exit of privately owned vehicles of tourists and public vehicles for transporting passengers and cargo, it is established that:

(a) Customs registration and exit and entry control shall be carried out in the integrated control area by the competent national customs officials, in the order and sequence of the country of exit and country of entry;

(b) For customs registration purposes, the relevant documents or forms prescribed in the customs procedures of Peru and Chile, in the international agreements in force for the Parties or in substitute registration procedures and/or systems shall be used;

(c) The competent national officials of the Neighbouring Country may not prevent the return to their country of persons, baggage, vehicles or goods whose entry has not been authorized by the corresponding officials of the Host Country.

Article 37

The two States shall permanently exchange updated lists of goods that are prohibited for import, in order to prevent the Neighbouring Country from processing such applications.

CHAPTER XI. PROVISIONS CONCERNING AGRICULTURAL, AND FORESTRY HEALTH AND FOOD SAFETY CONTROLS

Article 38

International trade in agroforestry products and inputs shall be governed by the international standards relating to these matters, including the World Trade Organization Agreement on the Application of Sanitary and Phytosanitary Measures, the International Plant Protection Convention, the World Organization for Animal Health, the Food and Agriculture Organization of the United Nations -World Health Organization Codex Alimentarius and the agreement on cooperation and coordination in agricultural health between the National Agrarian Health Service of Peru and the Crop Farming and Livestock Service of Chile, and by other bilateral and multilateral agreements on the subject to which the two States are parties.

Article 39

The phytosanitary and animal health controls relating to the exit or entry of agroforestry products and inputs to Peru or Chile shall be carried out by the competent national officials designated by the National Agrarian Health Service and by the Crop Farming and Livestock Service in the form and sequence of the integrated control model implemented at the border crossing, under the respective plant and animal health regulations.

Article 40

The entry of agroforestry products and inputs, regardless of their customs regime or destination, shall be covered by the respective permits or authorizations or phytosanitary or animal health entry or import documents, when applicable, and by the phytosanitary or animal health export certificate, which shall record attest to compliance with the requirements established by the importing country. To authorize the exit of such products and inputs, the competent authorities of the exporting country shall verify compliance with those requirements.

Article 41

Entry of agroforestry products and inputs that do not have the respective permits, authorizations, entry/import documents and the official certifications required by the Host Country shall be refused and said products and inputs shall be returned to the Neighbouring Country.

Article 42

The imported agroforestry products and inputs shall be subject to documentary verification and then to a physical inspection by a competent national official, who shall determine the measures or actions to be taken in accordance with the laws in force in the Host Country.

Article 43

The States shall carry out surveillance and control actions on the means of transport, cargo and accompanying baggage of passengers and crew in order to prevent the entry into the Host Country of agroforestry products or inputs that do not meet the requirements established by the Host Country.

Article 44

Agroforestry products and inputs in international transit shall have the official supporting documentation required by the State through which the goods will be transported. Those that enter in containers or flatbed trucks that are properly covered and sealed shall have their cover or sealing verified. Once their condition has been verified, an international transit authorization or customs destination certificate, as the case may be, shall be issued and it shall be presented at the exit point of the transit country; otherwise, the products and inputs shall be subject to the applicable legal actions.

Article 45

The transboundary movement of solid waste, whether hazardous or not, shall be subject to national regulations and to the Basel Convention on the Control of Transboundary Movements of Hazardous Wastes and their Disposal, in force in both countries, which establishes conditions for its export/import. The same principle shall apply in the case of the Convention on International Trade in Endangered Species of Wild Fauna and Flora.

CHAPTER XII. PROVISIONS CONCERNING WILD FLORA AND FAUNA CONTROLS

Article 46

The cross-border movement of specimens of wild flora and fauna, alive or dead, as well as any easily identifiable part or derivative, shall be subject to national regulations and to the Convention on International Trade in Endangered Species of Wild Fauna and Flora (CITES), which is in force in the two States. Similarly, regardless of its customs regime or destination, such movement shall be covered by the appropriate export permit under CITES, issued by the Forestry and Wildlife Directorate of the Ministry of Agriculture of Peru or the Crop Farming and Livestock Service of Chile for entry or export, as appropriate.

CHAPTER XIII. SPECIAL PROVISIONS

Article 47

The Host Country shall cover the costs of maintaining the infrastructure and general services (electricity, water and sanitation) of the integrated control area located in its territory.

The authorized officials of the Neighbouring Country who are working at the CCIF may use the food services offered, at their own cost.

Article 48

The Parties have agreed through an exchange of notes to implement integrated control using the juxtaposed model with pairs of national entities having similar responsibilities at the Santa Rosa-Chacalluta border crossing, once this Framework Agreement enters into force.

Article 49

The provisions of this Agreement may be applied at border crossings approved by the Parties under the control model agreed through the diplomatic channel.

CHAPTER XIV. TRANSITIONAL PROVISION

Article 50

The counterparts of the competent authorities of the border agencies shall endeavour to adopt single integrated control procedures. In that respect, they shall apply similar or compatible procedures.

CHAPTER XV. FINAL PROVISIONS

First. This Agreement shall enter into force on the date of the last Note by which one of the Parties notifies the other Party that they have fulfilled the conditions required by its respective national laws for its entry into force.

Second. This Agreement shall remain in force indefinitely. It may be terminated by either of the Parties by communicating their decision to the other Party one hundred and eighty (180) days prior to the delivery of the instrument of termination.

Third. This Agreement does not repeal or modify the provisions of international treaties in force between the Parties, especially those concerning the transit of persons, baggage, goods and vehicles between the cities of Tacna and Arica.

Fourth. Any proposal to amend the provisions of this Agreement shall first be submitted to the Peru-Chile Border Committee for evaluation and to the Ministries of Foreign Affairs of Peru and Chile. The amendments agreed shall enter into force on the basis of the procedure set out in the first paragraph.

DONE at Santiago, Republic of Chile, on 19 January 2011, in two original copies in the Spanish language, both texts being equally authentic.

For the Republic of Peru:
[JOSÉ ANTONIO GARCÍA BELAÚNDE]

For the Republic of Chile:
[ALFREDO GERMÁN MORENO CHARME]

[TRANSLATION IN FRENCH – TRADUCTION EN FRANÇAIS]

ACCORD-CADRE POUR LA MISE EN PLACE DE SYSTÈMES DE CONTRÔLE INTÉGRÉ ET DE COOPÉRATION EN VUE DE FACILITER LE TRANSIT AUX POINTS DE PASSAGE FRONTALIERS AMENAGES ENTRE LA RÉPUBLIQUE DU PÉROU ET LA RÉPUBLIQUE DU CHILI

Considérant qu'il existe entre la République du Pérou et la République du Chili, ci-après dénommées « Parties », une large coopération frontalière, qu'il est nécessaire de renforcer dans l'optique de faciliter le transit des personnes, des marchandises et des véhicules dans l'intérêt de l'intégration frontalière, de l'augmentation du flux touristique et du commerce international,

Considérant que les deux Parties prennent avec leurs pays limitrophes respectifs des mesures pour mettre en place des systèmes de contrôle intégré à leurs points de passage frontaliers,

Considérant que, lors de la cinquième réunion de la Commission frontalière Pérou-Chili, les deux États ont créé un groupe de travail binational chargé d'étudier un futur accord pour l'établissement d'un contrôle intégré au point de passage frontalier de Concordia, entre les complexes de Chacalluta et Santa Rosa,

Considérant que les Républiques du Pérou et du Chili sont parties à divers accords multilatéraux et bilatéraux relatifs à la coopération frontalière et au transport international,

Dans le but d'approfondir l'intégration physique et de créer des conditions plus favorables au transit des personnes, des véhicules et des marchandises, et reconnaissant que la facilitation du passage des frontières requiert des procédures flexibles, fiables et efficaces, les deux Parties conviennent de la nécessité de signer le présent Accord réglementant les aspects juridiques, administratifs et opérationnels d'un système de contrôle intégré applicable aux points de passage frontaliers qu'elles déterminent d'un commun accord,

Pour réaliser ces objectifs, les Parties sont convenues de ce qui suit :

CHAPITRE PREMIER. DEFINITIONS

Article premier

Aux fins du présent Accord-cadre :

a) L'expression « zone de contrôle intégré » désigne la partie du territoire du pays hôte comprenant les installations et la route qui relie ces installations à la frontière internationale, dûment délimitée et fermée, où des activités de contrôle intégré sont menées par les fonctionnaires nationaux compétents du pays limitrophe et du pays hôte ;

b) L'expression « centre de contrôle intégré des frontières » désigne les installations physiques situées dans la zone de contrôle intégré du pays hôte, implantée dans une zone dûment délimitée et fermée, dans laquelle s'effectue le contrôle de la sortie du pays limitrophe et de l'entrée dans le pays hôte sur la base du respect de la juridiction des deux Parties ;

c) L'expression « Comité bilatéral de coordination du centre de contrôle intégré des frontières » désigne l'autorité bilatérale présidée par les représentants des organismes de coordination et composée de représentants des organismes de contrôle aux frontières des deux pays dont l'objectif est d'analyser et de coordonner les aspects pratiques, techniques et opérationnels du contrôle et du transit des personnes, des bagages, des véhicules et des marchandises par le centre de contrôle intégré des frontières. La Commission frontalière approuve le règlement intérieur de ce Comité ;

d) L'expression « Commission frontalière » désigne le forum bilatéral établi en vertu du Statut de la Commission frontalière entre la République du Pérou et la République du Chili et régi par son règlement intérieur ;

e) Le terme « contrôle » désigne la vérification, par les autorités compétentes, de l'application des dispositions législatives, réglementaires et administratives des deux États en ce qui concerne le transit des personnes ainsi que la sortie, l'entrée et la circulation des bagages, des marchandises, du fret, des véhicules et d'autres biens aux points aménagés comme points de passage frontaliers ;

f) L'expression « contrôle intégré » désigne la vérification et la surveillance du respect des exigences législatives en matière de sortie et d'entrée des personnes, des bagages, des marchandises et des véhicules effectuées par les fonctionnaires nationaux compétents des deux États dans une même enceinte ;

g) L'expression « fonctionnaire national compétent » désigne toute personne, quel que soit son rang, désignée et accréditée par les institutions compétentes des Parties pour travailler au centre de contrôle intégré des frontières ;

h) Le terme « installations » désigne les biens mobiliers et immobiliers situés dans les zones de contrôle intégré et destinés à être utilisés par les fonctionnaires des services de contrôle aux frontières et, éventuellement, par les usagers du centre de contrôle intégré des frontières ;

i) Le terme « mainlevée » désigne l'acte par lequel les fonctionnaires nationaux compétents autorisent les usagers, conformément à la législation de leur pays, à récupérer les documents, les véhicules, les marchandises ou tout autre objet placé sous leur contrôle afin de poursuivre leur voyage. Cette autorisation est donnée par voie électronique et/ou par l'apposition d'un sceau sur le document concerné ;

j) L'expression « modèle séquentiel » désigne un modèle de mise en œuvre du système de contrôle intégré dans les zones de contrôle intégré du centre de contrôle intégré des frontières dans lequel le contrôle de sortie est effectué par l'ensemble des services de contrôle aux frontières du pays limitrophe, avant que les services de contrôle aux frontières du pays hôte n'entament le contrôle d'entrée ;

k) L'expression « modèle juxtaposé » désigne un modèle d'application du système de contrôle intégré réalisé dans les zones de contrôle intégré du centre de contrôle intégré des frontières, qui consiste en des actions de contrôle entreprises par des tandems de services de contrôle aux frontières exerçant des fonctions similaires et qui, successivement et, dans la mesure du possible, simultanément, suivent les procédures du pays limitrophe, puis celles du pays hôte, alternativement jusqu'au dernier contrôle effectué par le pays hôte ;

l) L'expression « organisme de coordination » désigne l'organisme national accrédité par le pays hôte qui sera chargé de la coordination administrative et opérationnelle des installations situées sur son territoire ;

m) L'expression « services de contrôle aux frontières » désigne les entités ou institutions nationales qui, conformément aux dispositions législatives en vigueur dans chaque État, sont chargées du contrôle et de la sécurité au sein du centre de contrôle intégré des frontières ;

n) L'expression « pays hôte » désigne l'État dans lequel est établi le centre de contrôle intégré des frontières ;

o) L'expression « pays limitrophe » désigne l'autre État ;

p) L'expression « point de passage frontalier » désigne le point de la frontière commune qui a été approuvé par les Parties pour le contrôle de l'entrée et de la sortie des personnes, des bagages, des marchandises et des véhicules ;

q) Le terme « route » désigne la voie terrestre reliant le point de passage frontalier, situé entre les installations des deux États et la frontière internationale. La route fait partie des zones de contrôle intégré ;

r) L'expression « services complémentaires » désigne les services proposés aux personnes, aux membres d'équipage, et pour les véhicules, les bagages et les marchandises pendant qu'ils se trouvent au centre de contrôle intégré des frontières, et qui ne constituent pas une exigence pour leur transit du pays limitrophe vers le pays hôte. Dans la mesure du possible, ces services sont informatisés et automatisés ;

s) Le terme « usager » désigne toute personne qui franchit la frontière en passant par le centre de contrôle intégré des frontières.

CHAPITRE II. OBJET

Article 2

Le présent Accord a pour objet d'établir les règles régissant le fonctionnement des centres de contrôle intégré des frontières aux points de passage frontaliers déterminés par les Parties, ainsi que les dispositions relatives aux questions juridiques, y compris les questions de juridiction et de compétence, et aux questions administratives, opérationnelles et autres nécessaires au fonctionnement de ces centres qui ne sont pas énoncées dans d'autres accords ou conventions applicables aux deux Parties.

CHAPITRE III. DISPOSITIONS GENERALES

Article 3

En vue de rationaliser et de simplifier les procédures de contrôle aux frontières, le transit international des personnes, des bagages, des véhicules et des marchandises n'est contrôlé qu'à l'entrée du territoire du pays hôte, dans la zone de contrôle intégré concernée du centre de contrôle intégré des frontières, par les autorités compétentes des deux États.

Le contrôle intégré consiste à retenir une seule fois les personnes, les bagages, les marchandises et les véhicules, en s'efforçant de recourir à des procédures de contrôle qui éliminent progressivement la duplication des procédures et des enregistrements et, dans la mesure du possible, de procéder à des inspections non intrusives.

Dans les deux zones de contrôle intégré, les contrôles sont effectués de manière séquentielle ou juxtaposée par des tandems de services nationaux exerçant des responsabilités similaires, en commençant dans les deux cas par les procédures du pays limitrophe et en terminant par celles du pays hôte. Les méthodes employées pour le contrôle intégré sont convenues par la voie diplomatique. L'ordre du processus de contrôle est déterminé par les Parties au sein du Comité bilatéral de coordination du centre de contrôle intégré des frontières.

L'entrée sur le territoire du pays hôte est autorisée lorsque tous les services de contrôle aux frontières du pays limitrophe et du pays hôte présents dans la zone de contrôle intégrée ont autorisé la sortie/l'entrée ou la mainlevée en question.

Article 4

Aux fins du présent Accord :

1. Les fonctions de contrôle, de maintien de l'ordre et de sécurité au sein du centre de contrôle intégré des frontières sont assurées, entre autres, par les organismes nationaux compétents suivants :

a) Pour la République du Pérou :

i) La Surintendance nationale de l'administration fiscale ;

ii) La Direction générale des migrations et de la naturalisation du Ministère de l'intérieur ;

iii) Le Service national de l'agriculture et de l'élevage ;

iv) La police nationale du Pérou ;

v) Le Ministère de la santé ;

vi) La Direction générale des forêts et des espèces sauvages du Ministère de l'agriculture ;

vii) L'Institut technologique de la pêche ;

b) Pour la République du Chili :

i) L'Administration générale des douanes ;

ii) La police d'investigation du Chili ;

iii) Le Service agricole et d'élevage ;

iv) Les Carabiniers du Chili ;

v) Le Ministère de la santé ;

vi) Le Service national de la pêche.

2. Les services de contrôle aux frontières des deux États opérant dans le cadre du système de contrôle intégré, dans l'un des modèles définis dans le présent Accord, sont les suivants :

a) Pour la République du Pérou :

i) La Direction générale des migrations et de la naturalisation du Ministère de l'intérieur ;

ii) La Surintendance nationale de l'administration fiscale ;

b) Pour la République du Chili :

i) La police d'investigation du Chili ;

ii) L'Administration générale des douanes.

3. Les services de contrôle aux frontières chargés du contrôle sanitaire et phytosanitaire exercent leurs fonctions au sein des centres de contrôle intégré des frontières de leurs États respectifs.

4. L'ordre du processus de contrôle intégré est déterminé par le Comité bilatéral de coordination du centre de contrôle intégré des frontières.

Article 5

En vue de faciliter le contrôle intégré et d'en assurer le bon fonctionnement, les Parties établissent un Comité bilatéral de coordination permanent au sein du centre de contrôle intégré des frontières, doté des pouvoirs nécessaires pour proposer et résoudre les aspects opérationnels de la gestion du contrôle intégré.

Article 6

Le centre de contrôle intégré des frontières fonctionne en permanence, tous les jours de l'année. Le Comité bilatéral de coordination peut prendre des mesures pour améliorer son fonctionnement, notamment en ce qui concerne les horaires d'ouverture et de fermeture.

Article 7

Les services nationaux compétents peuvent conclure des accords opérationnels à deux ou dans le cadre du Comité bilatéral de coordination afin d'adopter des systèmes et des procédures simplifiés et similaires pour assurer le bon déroulement des opérations de contrôle aux frontières dans leurs domaines de compétence respectifs.

Article 8

Les propositions et résolutions du Comité bilatéral de coordination sont communiquées en temps utile par les coordinateurs désignés à ses autorités supérieures, par les voies appropriées dans chaque État.

Article 9

Les procédures de contrôle intégré pour la sortie et l'entrée des personnes, des bagages, des véhicules et des marchandises sont appliquées de telle sorte que les dispositions législatives, réglementaires et administratives du pays limitrophe et du pays hôte relatives au contrôle aux frontières soient pleinement respectées dans les zones de contrôle intégré. Dans ce contexte, il est entendu que la juridiction et la compétence des services et des fonctionnaires du pays limitrophe sont considérées comme étendues à la zone de contrôle intégré du pays hôte, excepté celles de la police nationale du Pérou et des Carabiniers du Chili.

Article 10

Les fonctionnaires des services de contrôle aux frontières d'une Partie qui travaillent dans le centre de contrôle intégré des frontières sur le territoire de l'autre Partie sont soumis aux régimes de travail, de rémunération et de sécurité sociale de leurs États respectifs.

Article 11

Les fonctionnaires des deux États se prêtent assistance pour mener à bien leurs fonctions au sein du centre de contrôle intégré des frontières, en vue de prévenir les délits ou les violations des dispositions en vigueur et d'enquêter à ce sujet, en veillant à se communiquer en temps utile, d'office ou à la demande de l'une ou l'autre Partie, toute information qui pourrait avoir un intérêt aux fins du contrôle.

Article 12

En cas d'utilisation du modèle séquentiel, aux fins des activités de contrôle réalisées au centre de contrôle intégré des frontières, il est entendu que :

a) Les activités de contrôle prévues à l'article 3 commencent dans chaque cas par un contrôle de sortie réalisé par les fonctionnaires compétents du pays limitrophe. Les dispositions législatives, réglementaires et administratives de ce pays en matière de contrôle aux frontières sont applicables, sans ingérence d'aucune sorte de la part des fonctionnaires ou des autorités du pays hôte, jusqu'à ce que les fonctionnaires du pays limitrophe accordent l'autorisation formelle de sortie ou la mainlevée.

b) À partir de ce moment, les dispositions législatives, réglementaires et administratives du pays hôte s'appliquent sans que les fonctionnaires du pays limitrophe puissent interférer avec le processus de contrôle déjà effectué ou tenter de le reprendre.

c) Les activités de contrôle du pays hôte ne commencent pas avant l'achèvement de celles du pays limitrophe.

d) Si un fonctionnaire compétent du pays limitrophe n'autorise pas la sortie de personnes, de bagages, de véhicules ou de marchandises, ceux-ci sont sortis du centre de contrôle intégré des frontières et renvoyés sur le territoire du pays limitrophe, avec la collaboration nécessaire des services de contrôle aux frontières du pays hôte.

e) Les fonctionnaires du pays limitrophe n'empêchent pas le renvoi dans leur pays des personnes, bagages, véhicules ou marchandises dont l'entrée n'est pas autorisée par les services de contrôle aux frontières du pays hôte.

Article 13

En cas d'utilisation du modèle juxtaposé, aux fins des activités de contrôle réalisées au centre de contrôle intégré des frontières, il est entendu que :

a) Les actions de contrôle prévues à l'article 3, organisées par des tandems de services des deux États ayant des compétences analogues, commencent dans chaque cas par un contrôle de sortie effectué par les fonctionnaires compétents du pays limitrophe. Les dispositions législatives, réglementaires et administratives de ce pays en matière de contrôle aux frontières sont applicables, sans ingérence d'aucune sorte de la part des fonctionnaires ou des autorités du pays hôte, jusqu'à ce que les fonctionnaires du pays limitrophe accordent l'autorisation formelle de sortie ou la mainlevée, pour la poursuite du contrôle aux frontières par les fonctionnaires compétents du pays hôte. Le processus se poursuit par un contrôle réalisé par le prochain tandem de services homologues.

b) Une fois que l'autorisation formelle de sortie ou la mainlevée est accordée, les dispositions législatives, réglementaires et administratives du pays hôte sont applicables sans que les fonctionnaires du pays limitrophe puissent interférer ou tenter de reprendre en main le processus de contrôle déjà effectué.

c) Les activités de contrôle du pays hôte ne commencent pas avant l'achèvement de celles du pays limitrophe, dans l'ordre prévu pour chaque tandem de services homologues.

d) Si un fonctionnaire compétent du pays limitrophe ou du pays hôte n'autorise pas la sortie ou l'entrée de personnes, de bagages, de véhicules ou de marchandises, ceux-ci doivent être sortis de la zone de contrôle intégré et renvoyés sur le territoire du pays limitrophe ou du pays hôte. Le cas échéant, les autorisations accordées antérieurement sont annulées. Les services de contrôle aux frontières du pays hôte participent, si nécessaire, à leur transfert vers le pays limitrophe.

e) Les fonctionnaires du pays limitrophe ne peuvent pas empêcher le renvoi dans leur pays des personnes, bagages, véhicules ou marchandises dont l'entrée n'a pas été autorisée par les fonctionnaires du pays hôte.

f) Si les règles du pays hôte exigent la participation au processus de contrôle de services de contrôle aux frontières qui n'ont pas d'homologue ou d'équivalent dans l'autre pays, l'organisme de coordination détermine le lieu et l'ordre de leur participation au processus de contrôle conformément aux articles 4 et 9.

Article 14

Le pays hôte s'engage à coopérer pour garantir le plein exercice de tous les pouvoirs législatifs, réglementaires et administratifs des fonctionnaires du pays limitrophe liés aux activités de contrôle aux frontières, notamment les activités relatives au transfert, dans les meilleurs délais et sans formalités supplémentaires, des personnes, bagages, véhicules et marchandises jusqu'à la frontière internationale, en vue de leur remise aux autorités et juridictions compétentes du pays limitrophe, le cas échéant.

Article 15

Les deux Parties s'engagent à mener à bien et/ou à concevoir de nouvelles actions pour empêcher la sortie et l'entrée illégales de personnes, de bagages, de véhicules et de marchandises du territoire d'une Partie vers le territoire de l'autre Partie.

CHAPITRE IV. PERCEPTION DES IMPOTS, TAXES ET AUTRES REDEVANCES

Article 16

Les services compétents de contrôle aux frontières de chaque État sont chargés de percevoir auprès du centre de contrôle intégré des frontières les montants correspondants des impôts, taxes et autres redevances prévus par leurs législations nationales respectives. Les montants perçus sont librement transférés par ces services à l'État dont ils relèvent.

CHAPITRE V. CRIMES ET INFRACTIONS COMMIS DANS LES ZONES DE CONTROLE INTEGRE

Article 17

Les fonctionnaires qui commettent, dans la zone de contrôle intégré, des crimes ou des infractions dans l'exercice de leurs fonctions ou en relation avec leurs fonctions sont traduits devant les juridictions de leur État et jugés selon le droit de celui-ci.

Article 18

Par ailleurs, les crimes et infractions des usagers liés aux activités de contrôle aux frontières, détectés par les fonctionnaires nationaux compétents dans la zone de contrôle intégré, restent soumis à la juridiction de l'État qui effectue le contrôle ou à qui il appartient de l'effectuer, si ce contrôle n'a pas été engagé.

Article 19

Les crimes ou infractions qui ne sont pas directement liés aux activités de contrôle et qui sont commis dans la zone de contrôle intégré sont soumis aux règles générales en matière de compétence en vigueur dans le pays hôte.

CHAPITRE VI. DISPOSITIONS RELATIVES AUX FONCTIONS DE LA POLICE ET DES MINISTÈRES PUBLICS

Article 20

La police nationale du Pérou et les Carabiniers du Chili exercent au sein du centre de contrôle intégré des frontières les pouvoirs qui leur sont conférés par le système juridique de leurs États respectifs en ce qui concerne le maintien de l'ordre public, la conservation du patrimoine public et privé, la sécurité et la détention des personnes, ainsi que toute autre action répressive ou coercitive dans la zone de contrôle intégré de leur État, conformément à la législation du pays hôte et aux dispositions du présent Accord.

Les institutions policières d'un État n'entreprennent pas les actions décrites au paragraphe précédent dans la zone de contrôle intégré de l'autre État.

Article 21

Conformément à leur réglementation nationale et aux dispositions du présent Accord, notamment l'article 9, les fonctionnaires des Carabiniers du Chili et de la police nationale du Pérou peuvent se déplacer dans la zone de contrôle intégré, mais ne portent des armes que dans la zone de leur propre État.

Article 22

La police nationale du Pérou, les Carabiniers du Chili et la police d'investigation du Chili maintiennent une coopération et une coordination permanentes, qui prévoient la pleine assistance aux services de contrôle aux frontières du pays limitrophe, conformément aux dispositions de l'article 12, ainsi que dans le cadre d'enquêtes sur les crimes et infractions commis dans les zones de contrôle intégré, conformément aux dispositions du chapitre V.

Article 23

Les ministères publics du Pérou et du Chili entretiennent aussi une relation de coopération permanente aux fins des enquêtes et des poursuites concernant les actes illicites commis dans les zones de contrôle intégré, ainsi que ceux détectés lors des activités de contrôle aux frontières, conformément à leurs propres législations et aux dispositions du présent Accord.

CHAPITRE VII. COMITÉ BILATÉRAL DE COORDINATION DU CENTRE DE CONTRÔLE INTÉGRÉ DES FRONTIÈRES

Article 24

Le Comité bilatéral de coordination peut mettre en place les mécanismes nécessaires pour harmoniser les procédures de travail des services de contrôle aux frontières, ainsi que convenir de règles pour assurer le plein fonctionnement du centre de contrôle intégré des frontières. Lors de l'accomplissement de ces tâches, le Comité bilatéral de coordination recueille des informations et des directives auprès des services de contrôle aux frontières et répond à leurs demandes ainsi qu'à celles des usagers et des prestataires de services complémentaires.

Article 25

La prestation de services complémentaires est régie par la législation du pays hôte. Le Comité bilatéral de coordination partage en temps utile des informations à ce sujet.

Article 26

Chaque État délivre des badges d'identification de ses fonctionnaires afin qu'ils puissent exercer leurs compétences au centre de contrôle intégré des frontières. Au sein du Comité bilatéral de coordination, les listes des fonctionnaires et des véhicules autorisés à rester ou à circuler librement dans les zones de contrôle intégré sont échangées en temps utile et les modifications et les remplacements sont communiqués sans délai.

Les fonctionnaires du pays limitrophe portent leurs uniformes respectifs au sein des zones de contrôle intégré. Ils portent également un emblème distinctif qui les identifie et qui indique leur nationalité et le service de contrôle aux frontières auquel ils sont rattachés.

Article 27

Les autorités du pays hôte accordent aux fonctionnaires nationaux compétents du pays limitrophe, pour l'exercice de leurs fonctions, le même niveau de protection et d'assistance qu'elles accordent à leurs propres fonctionnaires.

CHAPITRE VIII. INSTALLATIONS, MATÉRIELS, ÉQUIPEMENTS ET BIENS DESTINÉS À LA RÉALISATION DU CONTRÔLE INTÉGRÉ

Article 28

Le pays hôte met à la disposition des services de contrôle aux frontières du pays limitrophe les installations dans lesquelles ils réaliseront leurs activités de contrôle.

Article 29

Le pays hôte autorise à titre gratuit l'installation et la maintenance par les services de contrôle aux frontières du pays limitrophe des équipements de télécommunications nécessaires pour exercer leurs fonctions. Le pays hôte fournit à ces services une connexion directe avec la zone de contrôle intégré du pays limitrophe ainsi qu'une communication directe avec les services de contrôle aux frontières du pays hôte et du pays limitrophe.

Les Parties s'efforcent de veiller à ce que les opérateurs des services de télécommunications de leurs États respectifs réalisent l'objectif susmentionné.

Article 30

Le matériel de travail nécessaire pour l'exécution des fonctions des services de contrôle aux frontières du pays limitrophe se divise en deux catégories :

a) Les consommables ; et

b) Les non-consommables.

Le matériel de catégorie a) est exempt de toutes les restrictions d'ordre économique, de droits, de taxes, d'impôts et de redevances de toute nature à l'importation du pays hôte. Son importation est formalisée par l'autorité douanière concernée du pays hôte sur présentation d'une simple liste de marchandises signée et approuvée par l'autorité douanière du pays limitrophe. À cette fin, les autorités douanières des deux États s'accordent sur l'utilisation de formulaires similaires.

Le matériel de catégorie b) qui, par sa nature, peut être réexporté, est soumis au régime spécial d'admission temporaire. Ces dispositions particulières sont formalisées par une liste signée et approuvée par l'autorité douanière du pays limitrophe et par l'autorité douanière du pays hôte. La réexportation de ce matériel est autorisée par l'autorité douanière du pays hôte à tout moment et à la demande des services de contrôle aux frontières du pays limitrophe.

L'autorité douanière du pays hôte refuse l'entrée du matériel composé de marchandises interdites ou soumises à des restrictions conformément à sa législation nationale.

CHAPITRE IX. DISPOSITIONS RELATIVES AUX CONTRÔLES MIGRATOIRES

Article 31

L'administration, la coordination et le contrôle du mouvement migratoire des personnes au centre de contrôle intégré des frontières sont assurés par des fonctionnaires de la Direction générale des migrations et de la naturalisation du Pérou et de la police d'investigation du Chili, conformément aux conventions internationales, à la législation applicable et aux procédures administratives convenues par les services de contrôle aux frontières susmentionnés, selon le cas.

Article 32

Les fonctionnaires des deux États qui effectuent les contrôles migratoires demandent, le cas échéant, les documents de voyage appropriés en fonction de la nationalité de la personne concernée, conformément aux règles de l'État qui procède au contrôle, aux conventions internationales auxquelles les deux États sont parties ou à la législation en vigueur au Pérou ou au Chili, selon le cas.

Article 33

Aux fins de l'exécution du contrôle intégré des migrations, il est entendu que :

a) Le service de contrôle aux frontières du pays hôte remet à l'usager une carte de migration qui l'autorise à entrer dans le pays hôte conformément au point b) de l'article 12 ou au point b) de l'article 13 ;

b) Lorsque les fonctionnaires nationaux compétents du pays limitrophe chargés du contrôle migratoire autorisent la sortie des personnes et que d'autres services de contrôle aux frontières du pays hôte n'autorisent pas leur entrée, lesdits fonctionnaires annulent l'autorisation de sortie et organisent le retour de ces personnes sur le territoire du pays limitrophe.

Article 34

Les services de contrôle aux frontières harmonisent le contenu de la carte migratoire afin de travailler avec un format unique et de réduire le nombre de cartes nécessaires. Ils s'emploient également à uniformiser le système d'enregistrement et de traitement des informations.

CHAPITRE X. DISPOSITIONS RELATIVES AUX CONTROLES DOUANIERS

Article 35

Conformément aux accords internationaux bilatéraux et multilatéraux auxquels les deux États sont parties ainsi qu'aux législations nationales du Pérou et du Chili, selon le cas, la Surintendance nationale de l'administration fiscale du Pérou et l'Administration générale des douanes du Chili effectuent un contrôle douanier intégré au centre de contrôle intégré des frontières afin d'autoriser, le cas échéant, le régime douanier, l'opération douanière ou la destination spéciale auxquels sont soumis les bagages, les véhicules et les marchandises.

Article 36

En ce qui concerne l'entrée et la sortie des véhicules personnels des touristes et des véhicules publics de transport de passagers et de marchandises, il est établi que :

a) L'enregistrement et le contrôle douanier de la sortie et de l'entrée sont effectués dans la zone de contrôle intégré par les douaniers nationaux compétents, dans l'ordre et la séquence du pays de sortie et du pays d'entrée ;

b) Aux fins de l'enregistrement douanier, les documents ou formulaires établis à cet effet dans les régimes douaniers du Pérou et du Chili, dans les accords internationaux applicables aux Parties ou dans les procédures et/ou systèmes d'enregistrement de substitution sont utilisés ;

c) Les fonctionnaires nationaux compétents du pays limitrophe ne peuvent pas empêcher le retour dans leur pays des personnes, bagages, véhicules ou marchandises dont l'entrée n'a pas été autorisée par leurs homologues du pays hôte.

Article 37

Les deux États échangent en permanence des listes actualisées de marchandises interdites à l'importation, afin d'éviter que des demandes y afférentes soient traitées par le pays limitrophe.

CHAPITRE XI. DISPOSITIONS RELATIVES AUX CONTRÔLES AGRICOLES, FORESTIERS ET DE LA SÉCURITÉ SANITAIRE

Article 38

Le commerce international des produits et intrants agroforestiers est régi par les normes internationales relatives à ce domaine, notamment celles de l'Accord sur l'application des mesures sanitaires et phytosanitaires de l'Organisation mondiale du commerce, celles de la Convention internationale pour la protection des végétaux, celles de l'Organisation mondiale de la santé animale, du Codex Alimentarius de l'Organisation des Nations Unies pour l'alimentation et l'agriculture et de l'Organisation mondiale de la Santé, et celles de l'Accord de coopération et de coordination en matière de santé agricole conclu entre le Service de la santé agricole du Pérou et le Service agricole et d'élevage du Chili, ainsi que par d'autres accords bilatéraux et multilatéraux en la matière auxquels les deux États sont parties.

Article 39

Les contrôles phytosanitaires et zoosanitaires relatifs à la sortie ou à l'entrée de produits et d'intrants agroforestiers au Pérou ou au Chili sont effectués par les fonctionnaires nationaux compétents désignés par le Service de la santé agricole et par le Service agricole et d'élevage, sous la forme et dans l'ordre du modèle de contrôle intégré mis en œuvre au point de passage frontalier, dans le respect du règlement phytosanitaire ou zoosanitaire concerné.

Article 40

L'entrée de produits et d'intrants agroforestiers, indépendamment de leur régime douanier ou de leur destination, est couverte par les permis ou autorisations ou par les documents d'entrée ou d'importation phytosanitaires ou zoosanitaires respectifs, le cas échéant, ainsi que par le certificat d'exportation phytosanitaire ou zoosanitaire, qui atteste du respect des exigences établies par le pays importateur. Pour autoriser la sortie de ces produits et intrants, les autorités compétentes du pays exportateur vérifient le respect de ces exigences.

Article 41

L'entrée de produits et d'intrants agroforestiers qui ne disposent pas des permis, des autorisations, des documents d'entrée/d'importation, ainsi que des certifications officielles exigées par le pays hôte, est refusée et ces produits et intrants sont renvoyés dans le pays limitrophe.

Article 42

Les produits et intrants agroforestiers importés sont soumis à une vérification des documents, puis à une inspection physique par le fonctionnaire national compétent, qui détermine les mesures ou actions à prendre conformément à la législation en vigueur du pays hôte.

Article 43

Les États mènent des actions de surveillance et de contrôle des moyens de transport, des marchandises et des bagages accompagnant les passagers et les équipages afin d'empêcher l'entrée dans le pays hôte de produits ou d'intrants agroforestiers qui ne répondent pas aux exigences établies par le pays hôte.

Article 44

Les produits et intrants agroforestiers en transit international sont accompagnés des documents officiels à l'appui requis par l'État à travers le territoire duquel transiteront les marchandises. Ceux qui entrent dans des conteneurs ou des camions à plateforme dûment couverts et scellés sont soumis à une vérification des conditions de couverture et de scellage. Une fois que les conditions de couverture et de scellage établies ont été vérifiées, l'autorisation de transit international ou le certificat douanier de destination, selon le cas, est délivré et doit être présenté au point de sortie du pays de transit. Dans le cas contraire, des poursuites judiciaires appropriées sont entamées.

Article 45

Les mouvements transfrontières de déchets solides, dangereux ou non, sont soumis aux réglementations nationales ainsi qu'à la Convention de Bâle sur le contrôle des mouvements transfrontières de déchets dangereux et de leur élimination, en vigueur dans les deux pays, qui fixe les conditions de l'exportation et de l'importation de tels déchets. Il en va de même pour ce qui est de la Convention sur le commerce international des espèces de faune et de flore sauvages menacées d'extinction (CITES).

CHAPITRE XII. DISPOSITIONS RELATIVES AU CONTRÔLE DE LA FLORE ET DE LA FAUNE SAUVAGES

Article 46

Le mouvement transfrontière des spécimens d'animaux et de plantes sauvages, vivants ou morts, ainsi que de toute partie ou de tout dérivé facilement identifiable, est soumis aux réglementations nationales ainsi qu'à la Convention sur le commerce international des espèces de faune et de flore sauvages menacées d'extinction en vigueur dans les deux États. De même, quel que soit son régime douanier ou sa destination, ce mouvement est couvert par le permis d'exportation CITES approprié garantissant le contrôle des espèces de faune et de flore sauvages, délivré par la Direction générale des forêts et des espèces sauvages du Ministère de l'agriculture du Pérou ou par le Service agricole et d'élevage du Chili pour l'entrée ou l'exportation, selon le cas.

CHAPITRE XIII. DISPOSITIONS SPÉCIALES

Article 47

Le pays hôte couvre les coûts d'entretien des infrastructures et des services généraux (électricité, eau et assainissement) de la zone de contrôle intégré située sur son territoire.

Les fonctionnaires autorisés du pays limitrophe qui travaillent au centre de contrôle intégré des frontières peuvent utiliser, à leurs propres frais, les services de restauration qui y sont proposés.

Article 48

Les Parties ont convenu par un échange de notes de mettre en place, à l'entrée en vigueur du présent Accord-cadre, un contrôle intégré basé sur le modèle juxtaposé par des tandems d'entités nationales exerçant des responsabilités similaires au point de passage frontalier Santa Rosa-Chacalluta.

Article 49

Les dispositions du présent Accord peuvent s'appliquer aux points de passage frontaliers approuvés par les Parties dans le cadre du modèle de contrôle convenu par la voie diplomatique.

CHAPITRE XIV. DISPOSITION TRANSITOIRE

Article 50

Les autorités compétentes homologues des services de contrôle aux frontières s'efforcent d'adopter des procédures de contrôle intégré uniques. À cet égard, elles appliquent des procédures similaires ou compatibles.

CHAPITRE XV. DISPOSITIONS FINALES

1. Le présent Accord entre en vigueur à la date de la dernière des notes par lesquelles les Parties se notifient l'accomplissement des conditions requises par leurs systèmes juridiques internes respectifs pour son entrée en vigueur.

2. Le présent Accord est conclu pour une durée indéterminée. Il peut être dénoncé par l'une des Parties, qui communique sa décision à l'autre Partie 180 jours à l'avance, à compter de la remise de l'instrument de dénonciation en question.

3. Le présent Accord n'abroge ni ne modifie aucunement les dispositions des traités internationaux en vigueur entre les Parties, notamment les dispositions concernant le transit des personnes, des bagages, des marchandises et des véhicules entre les villes de Tacna et d'Arica.

4. Toute proposition de modification des dispositions du présent Accord est d'abord soumise à la Commission frontalière Pérou-Chili pour évaluation et aux ministères des affaires étrangères du Pérou et du Chili. Les modifications convenues par les Parties entrent en vigueur selon la procédure établie au paragraphe 1 du présent chapitre.

FAIT à Santiago, en République du Chili, le 19 janvier 2011, en deux exemplaires originaux, en langue espagnole, les deux textes faisant également foi.

Pour la République du Pérou :
[JOSÉ ANTONIO GARCÍA BELAÚNDE]

Pour la République du Chili :
[ALFREDO GERMÁN MORENO CHARME]

No. 54793

Peru
and
Organisation for the Prohibition of Chemical Weapons

Agreement between the Republic of Peru and the Organisation for the Prohibition of Chemical Weapons concerning the procurement of assistance (with annexes). The Hague, 5 December 2011

Entry into force: *30 October 2013 by notification, in accordance with article 6*

Authentic texts: *English and Spanish*

Registration with the Secretariat of the United Nations: *Peru, 29 November 2017*

Pérou
et
Organisation pour l'interdiction des armes chimiques

Accord entre la République du Pérou et l'Organisation pour l'interdiction des armes chimiques concernant la fourniture d'assistance (avec annexes). La Haye, 5 décembre 2011

Entrée en vigueur : *30 octobre 2013 par notification, conformément à l'article 6*

Textes authentiques : *anglais et espagnol*

Enregistrement au Secrétariat de l'Organisation des Nations Unies : *Pérou, 29 novembre 2017*

[TEXT IN ENGLISH – TEXTE EN ANGLAIS]

AGREEMENT

BETWEEN

THE REPUBLIC OF PERU

AND

THE ORGANISATION FOR THE PROHIBITION OF CHEMICAL WEAPONS

CONCERNING

THE PROCUREMENT OF ASSISTANCE

Recalling the undertaking of States Parties to the Convention on the Prohibition of the Development, Production, Stockpiling and Use of Chemical Weapons and on their Destruction to provide assistance through the Organisation for the Prohibition of Chemical Weapons as stipulated in Article X of the Convention;

Considering that, it is desirable to conclude an agreement concerning the procurement, upon demand, of assistance in accordance with Article VIII, paragraph 34(b), and Article X, paragraph 7(b), of the aforementioned Convention;

Agree as follows:

ARTICLE 1
DEFINITIONS

For the purpose of this Agreement:

(a) "Convention" means the Convention on the Prohibition of the Development, Production, Stockpiling and Use of Chemical Weapons and on their Destruction (Chemical Weapons Convention) which entered into force on 29 April 1997;

(b) "Organisation" means the Organisation for the Prohibition of Chemical Weapons;

(c) "Assisting State Party" means the Republic of Peru;

(d) "Assistance" means assistance as defined in Article X, paragraph 1, of the Convention on the Prohibition of the Development, Production, Stockpiling and Use of Chemical Weapons and on their Destruction;

(e) "Director-General" means the Director-General of the Technical Secretariat of the Organisation for the Prohibition of Chemical Weapons; and

(f) "Parties" means the Assisting State Party and the Organisation for the Prohibition of Chemical Weapons.

ARTICLE 2
OBLIGATIONS

1. The Assisting State Party undertakes to provide, upon request from the Director-General, assistance as contained in Annexes A, B, C and D of this Agreement.

2. The Assisting State Party shall immediately acknowledge the receipt of such a request.

3. Assistance shall be dispatched promptly to the State Party concerned. The dispatch of assistance designated as emergency or humanitarian assistance by the Assisting State Party shall be in accordance with the relevant provisions of Article X of the Convention and should be initiated not later than twelve (12) hours after receipt of the request by the Assisting State Party for such assistance from the Director-General.

4. The Organisation shall provide cooperation to the Assisting State Party in fulfilling its obligations as specified in Annexes A, B, C and D.

ARTICLE 3
CONTACT POINTS

1. All communications and messages between the Parties concerning the obligations stipulated in Article 2 of this Agreement shall be addressed to the following persons in authority:

   for the Assisting State Party:

   Simultaneously to the Permanent Representative of the Republic of Peru to the Organisation for the Prohibition of Chemical Weapons, the National Authority of Peru and the National Contact Points.

   for the Organisation:

   The Director-General of the Technical Secretariat of the Organisation for the Prohibition of Chemical Weapons

2. By the date of signature of this Agreement, the Parties shall exchange notes indicating the contact information of the persons in authority of both Parties to be notified, and, undertake, during the duration of the Agreement, to keep the other Party informed about any changes of the contact information. All related communication shall be done in writing.

ARTICLE 4
SETTLEMENT OF DISPUTES

1. Any dispute arising under this Agreement shall be settled in accordance with Article XIV of the Convention.

2. Notwithstanding any such dispute, the undertaking of the Assisting State Party to provide assistance shall be fulfilled to the extent possible in accordance with the requirements of Article 2 of this Agreement.

ARTICLE 5
ANNEXES

1. Annexes A, B, C and D to this Agreement form an integral part thereof.

ARTICLE 6
ENTRY INTO FORCE, DURATION, AMENDMENTS, AND TERMINATION

1. This Agreement shall enter into force upon approval by the Executive Council and signature by the two Parties. If the Assisting State Party has additional domestic legal requirements, it shall so notify the Organisation in writing by the date of signature. In such case, the Agreement shall enter into force on the date the Assisting State Party gives the Organisation written notification that its domestic legal requirements for entry into force have been met.

2. This Agreement shall be valid for an indefinite period until terminated by one or both Parties in accordance with paragraph (5) of Article 6 of this Agreement.

3. This Agreement may be amended by mutual consent of the Parties. Any amendment shall enter into force under the same conditions provided for the Agreement under paragraph 1 above. The Party submitting the request for amendment shall allow the other Party ninety (90) days to consider the request. The consent to the amendment shall be effected through an Exchange of Notes.

4. The Annexes to this Agreement can be amended unilaterally by the Assisting State Party, which undertakes to amend the Annexes whenever any change occurs in the information contained therein and to inform the Director-General of the change no less than thirty (30) days prior to the change taking effect. Any amendment to the Annexes of this Agreement shall enter into force upon completion of the exchange of notes containing the consent with the amendment. The Director-General shall inform the Executive Council about any such modification.

5. This Agreement may be terminated at any time by either Party. A Party wishing to terminate this Agreement shall give a notice to that effect in writing to the other Party through diplomatic channels, and the termination shall come into effect one-hundred eighty (180) days after the acknowledgement of receipt of the notice by the other Party. The termination of this Agreement shall not affect ongoing assistance projects conducted under this Agreement, unless otherwise agreed by the Parties.

Done in The Hague in duplicate on 5 Deecember 2011, in the English and the Spanish languages, each text being equally authentic.

For the Republic of Peru,

H.E. Ambassador Edward Allan Wagner Tizón,
Permanent Representative of Peru to the OPCW

For the Organisation for the Prohibition of Chemical Weapons,

H.E. Mr Ahmet Üzümcü,
Director-General

ANNEX A

PROVISION OF A SEARCH, RESCUE AND HAZMAT TEAM (FIRE-FIGHTING BRIGADE)

ARTICLE I

The purpose of this Annex is to define the conditions for the provision by the Assisting State Party of a search, rescue and hazmat team of fire-fighting brigade (hereinafter referred to as "the SRH team") for the support of mandate of the Organisation in the delivery of assistance in accordance with Article X of the Convention.

ARTICLE II

For the purpose of this Annex:

(a) "Point of entry" means the international airport Jorge Chavez, Lima, Peru.

(b) "Operational location" means the location which the Director-General indicates in his request as an operational location of the SRH team.

ARTICLE III

The Assisting State Party shall:

1. Maintain preparedness of the SRH team and cover all the expenses arising thereof.

2. Notify the Director-General in writing the answer to the Note containing the request by the Director-General about the dispatch of the SRH team.

3. To make available the SRH team upon written request from the Director-General at the designated point of entry as soon as possible.

   The composition of the SRH team and the specification of its equipment shall be in accordance with the national requirements/specifications.

4. Ensure the health insurance, visa (in cooperation with the Technical Secretariat of the OPCW), and recommended vaccination for the members of the SRH team relevant for the selected operational location.

ARTICLE IV

The Assisting State Party can reject the assistance under the Article III, when one or more of the following conditions exist:

1. A major direct threat to the health or life of the members of the SRH team.

2. A serious threat to the health or life of the population of the Assisting State Party requiring that the SRH team remains and provides support on its own territory.

3. Conditions beyond the control of the Parties have intervened.

ARTICLE V

The Organisation shall:

1. Cover the cost of the transportation of the SRH team from the point of entry to a selected operational location and back to the point of entry after completion of its operations, and ensure and cover its necessary material and technical support at the operational location.

2. Be responsible for the safety and well-being of the SRH team and their equipment from the moment of departure of the team from the designated point of entry until the moment of its return to the designated point of entry.

3. Ensure safety for the members of the SRH team, and provide insurance cover for their equipment against theft, loss or damage.

4. Cover health insurance and facilitate the provision of visa for the members of the SRH team for the selected operational location.

5. Manage the SRH team at the operational location; keep permanent contact with it and share the information regarding its operations and needs at the operational location with the Assisting State Party.

6. Any unforeseen expenses related to the assistance activities that may arise during the operations shall be covered by the Organisation unless otherwise agreed.

ANNEX B

PROVISION OF THE TEAM OF THE PERUVIAN NATIONAL POLICE

ARTICLE I

The purpose of this Annex is to define the conditions for the provision by the Assisting State Party of the Peruvian National Police team with forensics investigations and explosive ordnance expertise, chemical decontamination and detection capacities (hereinafter referred to as "the PNP team") for the support of mandate of the Organisation in the delivery of assistance in accordance with Article X of the Convention.

ARTICLE II

For the purpose of this Annex:

(a) "Point of entry" means the international airport Jorge Chavez, Lima, Peru.

(b) "Operational location" means the location which the Director-General indicates in his request as an operational location of the PNP team.

ARTICLE III

The Assisting State Party shall:

1. Maintain preparedness of the PNP team and cover all the expenses arising thereof.

2. Notify the Director-General in writing the answer to the Note containing the request by the Director-General about the dispatch of the PNP team.

3. To make available the PNP team upon written request from the Director-General at the designated point of entry as soon as possible.

4. The composition of the PNP team and the specification of its equipment shall be in accordance with the national requirements/specifications.

5. Ensure the health insurance, visa (in cooperation with the Technical Secretariat of the OPCW), and recommended vaccination for the members of the PNP team relevant for the selected operational location.

ARTICLE IV

The Assisting State Party can reject the assistance under the Article III, when one or more of the following conditions exist:

1. A major direct threat to the health or life of the members of the PNP team.

2. A serious threat to the health or life of the population of the Assisting State Party requiring that the PNP team remains and provides support on its own territory.

3. Conditions beyond the control of the Parties have intervened.

ARTICLE V

The Organisation shall:

1. Cover the cost of the transportation of the PNP team from the point of entry to a selected operational location and back to the point of entry after completion of its operations, and ensure and cover its necessary material and technical support at the operational location.

2. Be responsible for the safety and wellbeing of the PNP team and their equipment from the moment of departure of the team from the designated point of entry until the moment of its return to the designated point of entry.

3. Ensure safety for the members of the PNP team, and provide insurance cover for their equipment against theft, loss or damage.

4. Cover health insurance and facilitate the provision of visa for the members of the PNP team for the selected operational location.

5. Manage the PNP team at the operational location; keep permanent contact with it and share the information regarding its operations and needs at the operational location with the Assisting State Party.

6. Any unforeseen expenses related to the assistance activities that may arise during the operations shall be covered by the Organisation unless otherwise agreed.

ANNEX C

PROVISION OF THE TEAM OF THE NATIONAL INSTITUTE OF HEALTH

ARTICLE I

The purpose of this Annex is to define the conditions for the provision by the Assisting State Party of the National Institute of Health team with toxicological investigations, chemical risk evaluation, chemical emergencies and health response expertise (hereinafter referred to as "the INS team") for the support of mandate of the Organisation in the delivery of assistance in accordance with Article X of the Convention.

ARTICLE II

For the purpose of this Annex:

(a) "Point of entry" means the Jorge Chavez International Airport, Lima, Peru.

(b) "Operational location" means the location which the Director-General indicates in his request as an operational location of the INS team.

ARTICLE III

The Assisting State Party shall:

1. Maintain preparedness of the INS team and cover all the expenses arising thereof.

2. Notify the Director-General in writing the answer to the Note containing the request by the Director-General about the dispatch of the INS team.

3. To make available the INS team upon written request from the Director-General at the designated point of entry as soon as possible.

4. The composition of the INS team and the specification of its equipment shall be in accordance with the national requirements/specifications.

5. Ensure the health insurance, visa (in cooperation with the Technical Secretariat of the OPCW), and recommended vaccination for the members of the INS team relevant for the selected operational location.

ARTICLE IV

The Assisting State Party can reject the assistance under the Article III, when one or more of the following conditions exist:

1. A major direct threat to the health or life of the members of the INS team.

2. A serious threat to the health or life of the population of the Assisting State Party requiring that the INS team remains and provides support on its own territory.

3. Conditions beyond the control of the Parties have intervened.

ARTICLE V

The Organisation shall:

1. Cover the cost of the transportation of the INS team from the point of entry to a selected operational location and back to the point of entry after completion of its operations, and ensure and cover its necessary material and technical support at the operational location.

2. Be responsible for the safety and well-being of the INS team and their equipment from the moment of departure of the team from the designated point of entry until the moment of its return to the designated point of entry.

3. Ensure safety for the members of the INS team, and provide insurance cover for their equipment against theft, loss or damage.

4. Cover health insurance and facilitate the provision of visa for the members of the INS team for the selected operational location.

5. Manage the INS team at the operational location; keep permanent contact with it and share the information regarding its operations and needs at the operational location with the Assisting State Party.

6. Any unforeseen expenses related to the assistance activities that may arise during the operations shall be covered by the Organisation unless otherwise agreed.

ANNEX D

PROVISION OF THE ADDITIONAL KIND OF ASSISTANCE

ARTICLE I

The purpose of this Annex is to define the conditions for the provision by the Assisting State Party of the additional kind of assistance for the support of the Organisation in accordance with Article X of the Convention.

ARTICLE II

The Assisting State Party shall:

1. At the request of the Director-General supply the additional kind of assistance in the following areas as specified in the offer of assistance under Article X of the Convention:

   Training course on emergency response in case of attack with use of chemical weapons or toxic industrial chemicals for up to 20 persons from States Parties in duration of five (5) days.

2. Cooperate with the Organisation in the preparation of a programme of the training course, in material and technical support of this activity.

ARTICLE III

The Organisation shall:

1. Cooperate with the Assisting State Party in the preparation of a programme of the training course, in material and technical support of this activity.

2. Share necessary burden for training course with the Assisting State Party.

ARTICLE IV

Distribution of cost, programme and duration of the training course will be discussed and agreed upon by the Assisting State Party and the Organisation on a case to case basis.

[TEXT IN SPANISH – TEXTE EN ESPAGNOL]

ACUERDO

ENTRE

LA REPÚBLICA DEL PERÚ

Y

LA ORGANIZACIÓN PARA LA PROHIBICIÓN DE LAS ARMAS QUÍMICAS

SOBRE

LA PRESTACIÓN DE ASISTENCIA

Recordando el compromiso de los Estados Partes en la Convención sobre la Prohibición del Desarrollo, la Producción, el Almacenamiento y el Empleo de Armas Químicas y sobre su Destrucción para la prestación de asistencia en el marco de la Organización para la Prohibición de las Armas Químicas, conforme a lo estipulado en el artículo X de la Convención;

Considerando que es conveniente concertar un acuerdo con respecto a la prestación, previa petición, de asistencia, de conformidad con el apartado b) del párrafo 34 del artículo VIII y con el apartado b) del párrafo 7 del artículo X de dicha Convención;

Han acordado lo siguiente:

ARTÍCULO 1
DEFINICIONES

En este Acuerdo:

a) Por "Convención" se entenderá la Convención sobre la Prohibición del Desarrollo, la Producción, el Almacenamiento y el Empleo de Armas Químicas y sobre su Destrucción (Convención sobre las Armas Químicas), que entró en vigor el 29 de abril de 1997;

b) Por "Organización" se entenderá la Organización para la Prohibición de las Armas Químicas;

c) El término "Estado Parte asistente" designará a la República del Perú;

d) El término "asistencia" designará el concepto de asistencia definido en el párrafo 1 del artículo X de la Convención sobre la Prohibición del Desarrollo, la Producción, el Almacenamiento y el Empleo de Armas Químicas y sobre su Destrucción;

e) El término "Director General" hará referencia al Director General de la Secretaría Técnica de la Organización para la Prohibición de las Armas Químicas;

f) El término "Partes" designará al Estado Parte asistente y a la Organización para la Prohibición de las Armas Químicas.

ARTÍCULO 2
OBLIGACIONES

1. Previa petición del Director General, el Estado Parte asistente se compromete a prestar asistencia conforme a lo señalado en los anexos A, B, C y D del presente Acuerdo.

2. El Estado Parte asistente deberá acusar recibo de dicha petición inmediatamente.

3. La prestación de asistencia al Estado Parte de que se trate se efectuará con prontitud. La prestación de la asistencia designada como asistencia de emergencia o humanitaria por el Estado Parte asistente deberá realizarse de conformidad con las disposiciones pertinentes del artículo X de la Convención y deberá iniciarse a más tardar doce (12) horas después que el Estado Parte asistente reciba del Director General la petición para dicha asistencia.

4. La Organización brindará su cooperación al Estado Parte asistente en el cumplimiento de sus obligaciones, tal como se especifica en los anexos A, B, C y D.

ARTÍCULO 3
PUNTOS DE CONTACTO

1. Todas las comunicaciones y mensajes entre las Partes con respecto a las obligaciones estipuladas en el artículo 2 del presente Acuerdo deberán dirigirse a las siguientes personas autorizadas:

   para el Estado Parte asistente:

   al Representante Permanente de la República del Perú ante la Organización para la Prohibición de las Armas Químicas, a la Autoridad Nacional del Perú y a los Puntos de Contacto Nacionales, simultáneamente;

   para la Organización:

   al Director General de la Secretaría Técnica de la Organización para la Prohibición de las Armas Químicas;

2. Antes de la firma del presente Acuerdo, las Partes en el presente Acuerdo intercambiarán notas verbales indicando la información de contacto de las personas autorizadas de ambas Partes y, durante la vigencia del Acuerdo, mantendrán actualizada a la otra Parte sobre los eventuales cambios de la información de contacto. Toda comunicación se hará por escrito.

ARTÍCULO 4
RESOLUCIÓN DE CONTROVERSIAS

1. Toda controversia surgida en relación con el presente Acuerdo se resolverá con arreglo al artículo XIV de la Convención.

2. Pese a cualquier controversia, el Estado Parte asistente cumplirá el compromiso de prestar asistencia en la medida posible de conformidad con los requisitos del artículo 2 del presente Acuerdo.

ARTÍCULO 5
ANEXOS

1. Los anexos A, B, C y D del presente Acuerdo constituyen parte integrante del mismo.

ARTÍCULO 6
ENTRADA EN VIGOR, DURACIÓN, ENMIENDAS Y RESCISIÓN

1. El presente Acuerdo entrará en vigor una vez sea aprobado por el Consejo Ejecutivo y tenga la firma de las dos Partes. Si el Estado Parte asistente está sujeto a algún requisito jurídico nacional adicional, deberá notificarlo por escrito a la Organización antes del día de la firma. En tal caso, el Acuerdo entrará en vigor en la fecha en que el Estado Parte asistente notifique por escrito a la Organización que los requisitos jurídicos nacionales para la entrada en vigor se han cumplido.

2. El presente Acuerdo será válido por un periodo indefinido hasta su rescisión por una o ambas Partes de conformidad con el párrafo 5 del artículo 6 del presente Acuerdo.

3. El presente Acuerdo podrá ser enmendado por mutuo consentimiento de las Partes. Las enmiendas entrarán en vigor en las mismas condiciones que las establecidas en el párrafo 1 para el presente Acuerdo. La Parte que presente la petición de enmienda otorgará a la otra Parte un plazo de noventa (90) días para considerar la petición. El consentimiento a las enmiendas se hará efectivo mediante un intercambio de notas.

4. Los anexos a este Acuerdo podrán ser enmendados unilateralmente por el Estado Parte asistente, que se compromete a enmendar los anexos cuando se produzca cualquier cambio en la información contenida en ellos y a informar al Director General del cambio treinta (30) días como mínimo antes de que el cambio surta efecto. Las enmiendas a los anexos del presente Acuerdo entrarán en vigor al concluir el intercambio de notas con el consentimiento a las enmiendas. El Director General informará al Consejo Ejecutivo de la modificación correspondiente.

5. Cualquiera de las dos Partes podrá rescindir el presente Acuerdo en cualquier momento. Cuando alguna de las dos Partes desee rescindir el presente Acuerdo, notificará por escrito a la otra Parte su decisión por vía diplomática y la rescisión tendrá lugar ciento ochenta (180) días después de que la otra Parte acuse recibo de dicha notificación. La rescisión del presente Acuerdo no afectará a los proyectos de asistencia en curso que se lleven a cabo en virtud del presente Acuerdo, a menos que las Partes convengan en lo contrario.

Hecho en La Haya por duplicado, el día 5 de diciembre de 2011, en los idiomas inglés y español, siendo igualmente auténtico el texto en cada uno de estos idiomas.

Por la República del Perú,

S.E. Embajador Edward Allan Wagner Tizón,
Representante Permanente del Perú ante la OPAQ

Por la Organización para la Prohibición de las Armas Químicas,

S.E. Sr Ahmet Üzümcü,
Director General

ANEXO A

APORTACIÓN DE UN GRUPO DE BÚSQUEDA, SALVAMENTO Y MATERIALES PELIGROSOS (BRIGADA DE LUCHA CONTRA INCENDIOS)

ARTÍCULO I

El propósito de este anexo es definir las condiciones en que el Estado Parte asistente aportará la ayuda de un grupo de búsqueda, salvamento y materiales peligrosos de la brigada de lucha contra incendios (en lo sucesivo, el "Grupo SRH") en apoyo al mandato de la Organización para prestar asistencia, de conformidad con el artículo X de la Convención.

ARTÍCULO II

A los efectos del presente anexo:

a) El "punto de entrada" significa el aeropuerto internacional Jorge Chávez, de Lima (Perú).

b) El "lugar de las operaciones" significa el lugar que el Director General indica en su petición como el lugar de trabajo del Grupo SRH.

ARTÍCULO III

El Estado Parte asistente deberá:

1. Mantener el estado de preparación del Grupo SRH y cubrir todos los gastos derivados del mismo.

2. Notificar al Director General por escrito la respuesta a la nota que contiene la petición del Director General sobre el envío del Grupo SRH.

3. Poner al Grupo SRH a disposición, previa petición por escrito del Director General, en el punto de entrada designado tan pronto como sea posible.

   La composición del Grupo SRH y la especificación de su equipamiento se harán de conformidad con los requisitos y/o especificaciones nacionales.

4. Asegurarse de tener el seguro médico, el visado (en cooperación con la Secretaría Técnica de la OPAQ) y las vacunas recomendadas para los miembros del Grupo SRH que se precisen para el lugar de las operaciones seleccionado.

ARTÍCULO IV

El Estado Parte asistente podrá rechazar la asistencia prevista en el artículo III cuando se den una o más de las siguientes condiciones:

1. Un gran riesgo directo para la salud o la vida de los miembros del Grupo SRH.

2. Una amenaza grave para la salud o la vida de la población del Estado Parte asistente que requiera que el Grupo SRH se quede y preste apoyo en su propio territorio.

3. Que hayan ocurrido circunstancias que escapen al control de las Partes.

ARTÍCULO V

La Organización:

1. Cubrirá el costo de transporte del Grupo SRH desde el punto de entrada al lugar de las operaciones seleccionado y de regreso al punto de entrada después de la finalización de sus operaciones, y garantizará y cubrirá los materiales y el apoyo técnico necesarios en el lugar de las operaciones.

2. Será responsable de la seguridad y el bienestar del Grupo SRH y de su equipamiento desde el momento de la salida del Grupo SRH desde el punto de entrada designado hasta el momento de su regreso al punto de entrada designado.

3. Garantizará la seguridad de los miembros del Grupo SRH y les ofrecerá un seguro contra robo, pérdida o daño para su equipamiento.

4. Brindará el seguro médico y facilitará la expedición del visado de los miembros del Grupo SRH para el lugar de las operaciones seleccionado.

5. Dirigirá el Grupo SRH en el lugar de las operaciones, mantendrá con él un contacto permanente y compartirá la información relativa a sus operaciones y necesidades en el lugar de las operaciones con el Estado Parte asistente.

6. Los gastos imprevistos relacionados con las actividades de asistencia que puedan surgir durante las operaciones serán cubiertos por la Organización a menos que se acuerde lo contrario.

ANEXO B

APORTACIÓN DE UN GRUPO DE LA POLICÍA NACIONAL DEL PERÚ

ARTÍCULO I

El propósito de este anexo es definir las condiciones en que el Estado Parte asistente aportará la ayuda de un grupo de la Policía Nacional del Perú, con técnicas en investigaciones forenses y artefactos explosivos, descontaminación química y capacidad de detección (en lo sucesivo, el "Grupo de la PNP") en apoyo al mandato de la Organización para prestar asistencia, de conformidad con el artículo X de la Convención.

ARTÍCULO II

A los efectos del presente anexo:

a) El "punto de entrada" significa el aeropuerto internacional Jorge Chávez, de Lima (Perú).

b) El "lugar de las operaciones" significa el lugar que el Director General indica en su petición como el lugar de trabajo del Grupo de la PNP.

ARTÍCULO III

El Estado Parte asistente deberá:

1. Mantener el estado de preparación del Grupo de la PNP y cubrir todos los gastos derivados del mismo.

2. Notificar al Director General por escrito la respuesta a la nota que contiene la petición del Director General sobre el envío del Grupo de la PNP.

3. Poner al Grupo de la PNP a disposición, previa petición por escrito del Director General, en el punto de entrada designado tan pronto como sea posible.

4. La composición del Grupo de la PNP y la especificación de su equipamiento se harán de conformidad con los requisitos y/o especificaciones nacionales.

5. Asegurarse de tener el seguro médico, el visado (en cooperación con la Secretaría Técnica de la OPAQ) y las vacunas recomendadas para los miembros del Grupo de la PNP que se precisen para el lugar de las operaciones seleccionado.

ARTÍCULO IV

El Estado Parte asistente podrá rechazar la asistencia prevista en el artículo III cuando se den una o más de las siguientes condiciones:

1. Un gran riesgo directo para la salud o la vida de los miembros del Grupo de la PNP.

2. Una amenaza grave para la salud o la vida de la población del Estado Parte asistente que requiera que el Grupo de la PNP se quede y preste apoyo en su propio territorio.

3. Que hayan ocurrido circunstancias que escapen al control de las Partes.

ARTÍCULO V

La Organización:

1. Cubrirá el costo de transporte del Grupo de la PNP desde el punto de entrada al lugar de las operaciones seleccionado y de regreso al punto de entrada después de la finalización de sus operaciones, y garantizará y cubrirá los materiales y el apoyo técnico necesarios en el lugar de las operaciones.

2. Será responsable de la seguridad y el bienestar del Grupo de la PNP y de su equipamiento desde el momento de la salida del Grupo de la PNP desde el punto de entrada designado hasta el momento de su regreso al punto de entrada designado.

3. Garantizará la seguridad de los miembros del Grupo de la PNP y les ofrecerá un seguro contra robo, pérdida o daño para su equipamiento.

4. Brindará el seguro médico y facilitará la expedición del visado de los miembros del Grupo de la PNP para el lugar de las operaciones seleccionado.

5. Dirigirá el Grupo de la PNP en el lugar de las operaciones, mantendrá con él un contacto permanente y compartirá la información relativa a sus operaciones y necesidades en el lugar de las operaciones con el Estado Parte asistente.

6. Los gastos imprevistos relacionados con las actividades de asistencia que puedan surgir durante las operaciones serán cubiertos por la Organización a menos que se acuerde lo contrario.

ANEXO C

APORTACIÓN DE UN GRUPO DEL INSTITUTO NACIONAL DE SALUD

ARTÍCULO I

El propósito de este anexo es definir las condiciones en que el Estado Parte asistente aportará la ayuda de un grupo del Instituto Nacional de Salud, con técnicas en investigaciones toxicológicas, evaluación de riesgos químicos, gestión de emergencias químicas y capacidad de respuesta sanitaria (en lo sucesivo, el "Grupo del INS") en apoyo al mandato de la Organización para prestar asistencia, de conformidad con el artículo X de la Convención.

ARTÍCULO II

A los efectos del presente anexo:

a) Por "punto de entrada" se entenderá el aeropuerto internacional Jorge Chávez, de Lima (Perú).

b) Por "lugar de las operaciones" se entenderá el lugar que indique el Director General en su solicitud como lugar de las operaciones del grupo del INS.

ARTÍCULO III

El Estado Parte asistente deberá:

1. Mantener el estado de preparación del Grupo del INS y cubrir todos los gastos derivados del mismo.

2. Notificar al Director General por escrito la respuesta a la nota que contiene la petición del Director General sobre el envío del Grupo del INS.

3. Poner al Grupo del INS a disposición, previa petición por escrito del Director General, en el punto de entrada designado tan pronto como sea posible.

4. La composición del Grupo del INS y la especificación de su equipamiento se harán de conformidad con los requisitos y/o especificaciones nacionales.

5. Asegurarse de tener el seguro médico, el visado (en cooperación con la Secretaría Técnica de la OPAQ) y las vacunas recomendadas para los

miembros del Grupo del INS que se precisen para el lugar de las operaciones seleccionado.

ARTÍCULO IV

El Estado Parte asistente podrá rechazar la asistencia prevista en el artículo III cuando se den una o más de las siguientes condiciones:

1. Un gran riesgo directo para la salud o la vida de los miembros del Grupo del INS.

2. Una amenaza grave para la salud o la vida de la población del Estado Parte asistente que requiera que el Grupo del INS se quede y preste apoyo en su propio territorio.

3. Que hayan ocurrido circunstancias que escapen al control de las Partes.

ARTÍCULO V

La Organización:

1. Cubrirá el costo de transporte del Grupo del INS desde el punto de entrada al lugar de las operaciones seleccionado y de regreso al punto de entrada después de la finalización de sus operaciones, y garantizará y cubrirá los materiales y el apoyo técnico necesarios en el lugar de las operaciones.

2. Será responsable de la seguridad y el bienestar del Grupo del INS y de su equipamiento desde el momento de la salida del Grupo del INS desde el punto de entrada designado hasta el momento de su regreso al punto de entrada designado.

3. Garantizará la seguridad de los miembros del Grupo del INS y les ofrecerá un seguro contra robo, pérdida o daño para su equipamiento.

4. Brindará el seguro médico y facilitará la expedición del visado de los miembros del Grupo del INS para el lugar de las operaciones seleccionado.

5. Dirigirá el Grupo del INS en el lugar de las operaciones, mantendrá con él un contacto permanente y compartirá la información relativa a sus operaciones y necesidades en el lugar de las operaciones con el Estado Parte asistente.

6. Los gastos imprevistos relacionados con las actividades de asistencia que puedan surgir durante las operaciones serán cubiertos por la Organización a menos que se acuerde lo contrario.

ANEXO D

APORTACIÓN DE OTROS TIPOS DE ASISTENCIA

ARTÍCULO I

El propósito de este anexo es definir las condiciones en que el Estado Parte asistente aportará otros tipos de asistencia en apoyo a la Organización de conformidad con el artículo X de la Convención.

ARTÍCULO II

El Estado Parte asistente deberá:

1. A petición del Director General, proporcionar otros tipos de asistencia en las esferas siguientes como se especifica en los ofrecimientos de asistencia en virtud del artículo X de la Convención:

   Curso de capacitación sobre respuesta de emergencia en caso de ataque con el uso de armas químicas o sustancias químicas tóxicas de la industrial dirigido a un máximo de 20 personas de los Estados Partes de cinco (5) días de duración.

2. Cooperar con la Organización en la preparación del programa del curso de capacitación, con apoyo material y técnico para esta actividad.

ARTÍCULO III

La Organización:

1. Cooperará con el Estado Parte asistente en la preparación del programa del curso de capacitación, con apoyo material y técnico para esta actividad.

2. Compartirá con el Estado Parte asistente la carga necesaria para el curso de capacitación.

ARTÍCULO IV

La distribución de los costos, el programa y la duración del curso serán tratados y acordados por el Estado Parte asistente y la Organización, caso por caso.

[TRANSLATION IN FRENCH – TRADUCTION EN FRANÇAIS]

ACCORD ENTRE LA RÉPUBLIQUE DU PÉROU ET L'ORGANISATION POUR L'INTERDICTION DES ARMES CHIMIQUES CONCERNANT LA FOURNITURE D'ASSISTANCE

La République du Pérou et l'Organisation pour l'interdiction des armes chimiques,

Rappelant l'engagement des États Parties à la Convention sur l'interdiction de la mise au point, de la fabrication, du stockage et de l'emploi des armes chimiques et sur leur destruction de fournir une assistance par l'intermédiaire de l'Organisation pour l'interdiction des armes chimiques, comme le prévoit l'article X de la Convention,

Considérant qu'il est souhaitable de conclure un accord concernant la fourniture, sur demande, d'une assistance conformément à l'alinéa b) du paragraphe 34 de l'article VIII et à l'alinéa b) du paragraphe 7 de l'article X de la Convention susmentionnée,

Sont convenues de ce qui suit :

Article premier. Définitions

Aux fins du présent Accord :

a) Le terme « Convention » désigne la Convention sur l'interdiction de la mise au point, de la fabrication, du stockage et de l'emploi des armes chimiques et sur leur destruction (« Convention sur les armes chimiques ») entrée en vigueur le 29 avril 1997 ;

b) Le terme « Organisation » désigne l'Organisation pour l'interdiction des armes chimiques ;

c) L'expression « État Partie prêtant assistance » désigne la République du Pérou ;

d) Le terme « assistance » désigne l'assistance telle que définie au paragraphe 1 de l'article X de la Convention sur l'interdiction de la mise au point, de la fabrication, du stockage et de l'emploi des armes chimiques et sur leur destruction ;

e) L'expression « Directeur général » désigne le Directeur général du Secrétariat technique de l'Organisation pour l'interdiction des armes chimiques ; et

f) Le terme « Parties » désigne l'État Partie prêtant assistance et l'Organisation pour l'interdiction des armes chimiques.

Article 2. Obligations

1. L'État Partie prêtant assistance s'engage à fournir, à la demande du Directeur général, l'assistance prévue aux annexes A, B, C et D du présent Accord.

2. L'État Partie prêtant assistance accuse immédiatement réception d'une telle demande.

3. L'assistance est fournie rapidement à l'État Partie concerné. La fourniture de l'assistance désignée comme aide d'urgence ou humanitaire par l'État Partie prêtant assistance est conforme aux dispositions pertinentes de l'article X de la Convention et doit être initiée au plus tard 12 heures après la réception par l'État Partie prêtant assistance de la demande d'assistance transmise par le Directeur général.

4. L'Organisation coopère avec l'État Partie prêtant assistance dans l'accomplissement de ses obligations telles que spécifiées dans les annexes A, B, C et D.

Article 3. Points de contact

1. Toutes les communications et tous les messages échangés entre les Parties concernant les obligations visées à l'article 2 du présent Accord sont adressés aux personnes habilitées suivantes :

- Pour l'État Partie prêtant assistance : simultanément au Représentant permanent de la République du Pérou auprès de l'Organisation pour l'interdiction des armes chimiques, à l'autorité nationale du Pérou et aux points de contact nationaux ;
- Pour l'Organisation : au Directeur général du Secrétariat technique de l'Organisation pour l'interdiction des armes chimiques.

2. Avant la date de signature du présent Accord, les Parties s'échangent des notes indiquant les coordonnées des personnes habilitées des deux Parties à notifier, et s'engagent, pendant la durée de l'Accord, à tenir l'autre Partie informée de tout changement de ces personnes habilitées. Toutes les communications y afférentes sont formulées par écrit.

Article 4. Règlement des différends

1. Tout différend découlant du présent Accord est réglé conformément à l'article XIV de la Convention.

2. Nonobstant tout différend de ce genre, l'engagement de l'État Partie prêtant assistance de fournir une assistance est respecté dans la mesure du possible conformément aux exigences de l'article 2 du présent Accord.

Article 5. Annexes

1. Les annexes A, B, C et D au présent Accord font partie intégrante de l'Accord.

Article 6. Entrée en vigueur, durée, amendements et dénonciation

1. Le présent Accord entre en vigueur dès son approbation par le Conseil exécutif et sa signature par les deux Parties. Si l'État Partie prêtant assistance a d'autres obligations juridiques internes, il en informe l'Organisation par écrit avant la date de signature. Dans ce cas, l'Accord entre en vigueur à la date à laquelle l'État Partie prêtant assistance envoie à l'Organisation une notification écrite attestant de l'accomplissement de ses obligations juridiques internes requises à cet effet.

2. Le présent Accord est conclu pour une durée indéterminée jusqu'à sa dénonciation par une Partie ou par les deux Parties conformément au paragraphe 5 de l'article 6 du présent Accord.

3. Le présent Accord peut être amendé par consentement mutuel des Parties. Tout amendement entre en vigueur dans les mêmes conditions que celles prévues pour l'Accord au paragraphe 1 ci-dessus. La Partie qui soumet la demande d'amendement accorde à l'autre Partie 90 jours pour examiner la demande. Le consentement à l'amendement est communiqué par échange de notes.

4. Les annexes au présent Accord peuvent être amendées unilatéralement par l'État Partie prêtant assistance, qui s'engage à amender les annexes chaque fois qu'un changement intervient dans les informations qu'elles contiennent et à en informer le Directeur général au moins 30 jours avant que le changement ne prenne effet. Tout amendement aux annexes du présent Accord entre en vigueur dès la fin de l'échange des notes contenant le consentement aux amendements. Le Directeur général informe le Conseil exécutif de toute modification de ce type.

5. Le présent Accord peut être dénoncé à tout moment par l'une ou l'autre Partie. La Partie qui souhaite dénoncer le présent Accord le notifie par écrit à l'autre Partie par la voie diplomatique, et la dénonciation prend effet 180 jours après que l'autre Partie a accusé réception de la notification. La dénonciation du présent Accord n'a aucun effet sur les projets d'assistance en cours menés dans le cadre du présent Accord, sauf accord contraire des Parties.

FAIT à La Haye, le 5 décembre 2011, en double exemplaire, en langues anglaise et espagnole, les deux textes faisant également foi.

Pour la République du Pérou :

EDWARD ALLAN WAGNER TIZÓN
Ambassadeur
Représentant permanent du Pérou auprès de l'Organisation
pour l'interdiction des armes chimiques

Pour l'Organisation pour l'interdiction des armes chimiques :

AHMET ÜZÜMCÜ
Directeur général

ANNEXE A. MISE À DISPOSITION D'UNE ÉQUIPE DE RECHERCHE, DE SAUVETAGE ET DE DECONTAMINATION (BRIGADE DE SAPEURS-POMPIERS)

Article premier

La présente annexe a pour objet de définir les conditions de la mise à disposition par l'État Partie prêtant assistance d'une équipe de recherche, de sauvetage et de décontamination de la brigade de sapeurs-pompiers (ci-après dénommée « équipe de secours ») pour soutenir l'Organisation dans sa mission d'assistance conformément à l'article X de la Convention.

Article II

Aux fins de la présente annexe :

a) L'expression « point d'entrée » désigne l'aéroport international Jorge Chavez situé à Lima (Pérou) ;

b) L'expression « lieu des opérations » désigne le lieu que le Directeur général indique dans sa demande comme lieu des opérations de l'équipe de secours.

Article III

L'État Partie prêtant assistance :

1. Assure la préparation de l'équipe de secours et couvre toutes les dépenses qui en découlent ;

2. Notifie par écrit au Directeur général la réponse apportée à la note contenant la demande du Directeur général concernant l'envoi de l'équipe de secours ;

3. Met à disposition l'équipe de secours, sur demande écrite du Directeur général, au point d'entrée désigné dès que possible ;

La composition de l'équipe des secours et les spécifications de son équipement sont conformes aux exigences/spécifications nationales.

4. S'assure que les membres de l'équipe de secours possèdent une assurance maladie, des visas (en coopération avec le Secrétariat technique de l'Organisation pour l'interdiction des armes chimiques) et ont reçu les vaccins recommandés pour le lieu des opérations désigné.

Article IV

L'État Partie prêtant assistance peut rejeter l'assistance en vertu de l'article III, lorsqu'une ou plusieurs des conditions suivantes sont remplies :

1. Une menace directe majeure pour la santé ou la vie des membres de l'équipe de secours ;

2. Une menace grave pour la santé ou la vie de la population de l'État Partie prêtant assistance, qui nécessite que l'équipe de secours reste et apporte son aide sur son propre territoire ;

3. La présence de conditions indépendantes de la volonté des Parties.

Article V

L'Organisation :

1. Prend en charge le coût du transport de l'équipe de secours depuis le point d'entrée vers le lieu des opérations désigné et le retour au point d'entrée une fois les opérations terminées, et assure et finance le soutien matériel et technique nécessaire à l'équipe sur le lieu des opérations ;

2. Est responsable de la sécurité et du bien-être de l'équipe de secours et de son équipement à partir du moment où l'équipe part du point d'entrée désigné jusqu'au moment de son retour à ce point d'entrée désigné ;

3. Assure la sécurité des membres de l'équipe de secours, et fournit une couverture d'assurance de leur équipement contre le vol, la perte ou les dommages ;

4. Prend en charge l'assurance maladie et facilite l'obtention d'un visa pour les membres de l'équipe de secours pour qu'ils puissent se rendre sur le lieu des opérations désigné ;

5. Gère l'équipe de secours sur le lieu des opérations ; garde un contact permanent avec elle et partage avec l'État Partie prêtant assistance les informations concernant ses opérations et ses besoins sur le lieu des opérations ;

6. Prend en charge toute dépense imprévue liée aux activités d'assistance qui pourrait survenir au cours des opérations, sauf accord contraire.

ANNEXE B. MISE À DISPOSITION DE L'ÉQUIPE DE LA POLICE NATIONALE PÉRUVIENNE

Article premier

La présente annexe a pour objet de définir les conditions de la mise à disposition par l'État Partie prêtant assistance de l'équipe de la police nationale péruvienne dotée d'une expertise en matière d'enquêtes médico-légales et d'engins explosifs, ainsi que de compétences en matière de décontamination chimique et de détection (ci-après dénommée « équipe PNP ») pour soutenir l'Organisation dans sa mission d'assistance conformément à l'article X de la Convention.

Article II

Aux fins de la présente annexe :

a) L'expression « point d'entrée » désigne l'aéroport international Jorge Chavez situé à Lima (Pérou) ;

b) L'expression « lieu des opérations » désigne le lieu que le Directeur général indique dans sa demande comme lieu des opérations de l'équipe PNP.

Article III

L'État Partie prêtant assistance :

1. Assure la préparation de l'équipe PNP et couvre toutes les dépenses qui en découlent ;

2. Informe par écrit le Directeur général de la réponse apportée à la note contenant la demande du Directeur général concernant l'envoi de l'équipe PNP ;

3. Met à disposition l'équipe PNP, sur demande écrite du Directeur général, au point d'entrée désigné dès que possible ;

4. S'assure que la composition de l'équipe PNP et les spécifications de son équipement sont conformes aux exigences/spécifications nationales ;

5. S'assure que les membres de l'équipe PNP possèdent une assurance maladie, des visas (en coopération avec le Secrétariat technique de l'Organisation pour l'interdiction des armes chimiques) et ont reçu les vaccins recommandés pour le lieu des opérations désigné.

Article IV

L'État Partie prêtant assistance peut rejeter l'assistance en vertu de l'article III, lorsqu'une ou plusieurs des conditions suivantes sont remplies :

1. Une menace directe majeure pour la santé ou la vie des membres de l'équipe PNP ;

2. Une menace grave pour la santé ou la vie de la population de l'État Partie prêtant assistance, qui nécessite que l'équipe PNP reste et apporte son aide sur son propre territoire ;

3. La présence de conditions indépendantes de la volonté des Parties.

Article V

L'Organisation :

1. Prend en charge le coût du transport de l'équipe PNP depuis le point d'entrée vers le lieu des opérations désigné et le retour au point d'entrée une fois les opérations terminées, et assure et finance le soutien matériel et technique nécessaire à l'équipe sur le lieu des opérations ;

2. Est responsable de la sécurité et du bien-être de l'équipe PNP et de son équipement à partir du moment où l'équipe part du point d'entrée désigné jusqu'au moment de son retour à ce point d'entrée désigné ;

3. Assure la sécurité des membres de l'équipe PNP, et fournit une couverture d'assurance de leur équipement contre le vol, la perte ou les dommages ;

4. Prend en charge l'assurance maladie et facilite l'obtention de visas pour les membres de l'équipe PNP pour qu'ils puissent se rendre sur le lieu des opérations désigné ;

5. Gère l'équipe PNP sur le lieu des opérations ; garde un contact permanent avec elle et partage avec l'État Partie prêtant assistance les informations concernant ses opérations et ses besoins sur le lieu des opérations ;

6. Prend en charge toute dépense imprévue liée aux activités d'assistance qui pourrait survenir au cours des opérations, sauf accord contraire.

ANNEXE C. MISE À DISPOSITION DE L'ÉQUIPE DE L'INSTITUT NATIONAL DE LA SANTÉ

Article premier

La présente annexe a pour objet de définir les conditions de la mise à disposition par l'État Partie prêtant assistance de l'équipe de l'Institut national de la santé dotée d'une expertise en matière d'enquêtes toxicologiques, d'évaluation des risques chimiques et de riposte en cas d'urgences chimiques et sanitaires (ci-après dénommée « équipe INS ») pour soutenir l'Organisation dans sa mission d'assistance conformément à l'article X de la Convention.

Article II

Aux fins de la présente annexe :

a) L'expression « point d'entrée » désigne l'aéroport international Jorge Chavez situé à Lima (Pérou) ;

b) L'expression « lieu des opérations » désigne le lieu que le Directeur général indique dans sa demande comme le lieu des opérations de l'équipe INS.

Article III

L'État Partie prêtant assistance :

1. Assure la préparation de l'équipe INS et couvre toutes les dépenses qui en découlent ;
2. Notifie par écrit au Directeur général la réponse apportée à la note contenant la demande du Directeur général concernant l'envoi de l'équipe INS ;
3. Met à disposition l'équipe INS, sur demande écrite du Directeur général, au point d'entrée désigné dès que possible ;
4. S'assure que la composition de l'équipe INS et les spécifications de son équipement sont conformes aux exigences/spécifications nationales ;
5. S'assure que les membres de l'équipe INS possèdent une assurance maladie, des visas (en coopération avec le Secrétariat technique de l'Organisation pour l'interdiction des armes chimiques) et ont reçu les vaccins recommandés pour le lieu des opérations désigné.

Article IV

L'État Partie prêtant assistance peut rejeter l'assistance en vertu de l'article III, lorsqu'une ou plusieurs des conditions suivantes sont remplies :

1. Une menace directe majeure pour la santé ou la vie des membres de l'équipe INS ;
2. Une menace grave pour la santé ou la vie de la population de l'État Partie prêtant assistance, qui nécessite que l'équipe INS reste et apporte son soutien sur son propre territoire ;
3. La présence de conditions indépendantes de la volonté des Parties.

Article V

L'Organisation :

1. Prend en charge le coût du transport de l'équipe INS depuis le point d'entrée vers le lieu des opérations désigné et le retour au point d'entrée une fois les opérations terminées, et assure et finance le soutien matériel et technique nécessaire à l'équipe sur le lieu des opérations ;

2. Est responsable de la sécurité et du bien-être de l'équipe INS et de son équipement à partir du moment où l'équipe part du point d'entrée désigné jusqu'au moment de son retour à ce point d'entrée désigné ;

3. Assure la sécurité des membres de l'équipe INS, et fournit une couverture d'assurance de leur équipement contre le vol, la perte ou les dommages ;

4. Prend en charge l'assurance maladie et facilite l'obtention de visas pour les membres de l'équipe INS pour qu'ils puissent se rendre sur le lieu des opérations ;

5. Gère l'équipe INS sur le lieu des opérations ; garde un contact permanent avec elle et partage avec l'État Partie prêtant assistance les informations concernant ses opérations et ses besoins sur le lieu des opérations ;

6. Prend en charge toute dépense imprévue liée aux activités d'assistance qui pourrait survenir au cours des opérations, sauf accord contraire.

ANNEXE D. FOURNITURE D'UN AUTRE TYPE D'ASSISTANCE

Article premier

La présente annexe a pour objet de définir les conditions de la fourniture par l'État Partie prêtant assistance d'un autre type d'assistance pour soutenir l'Organisation, conformément à l'article X de la Convention.

Article II

L'État Partie prêtant assistance :

1. Fournit, à la demande du Directeur général, tout autre type d'assistance dans les domaines suivants, tels que spécifiés dans l'offre d'assistance au titre de l'article X de la Convention : des cours de formation sur l'intervention d'urgence en cas d'attaque avec utilisation d'armes chimiques ou de produits chimiques industriels toxiques pour un maximum de 20 personnes issues des États Parties, d'une durée de cinq jours ;

2. Coopère avec l'Organisation à la préparation d'un programme de cours de formation, et au soutien matériel et technique de cette activité.

Article III

L'Organisation :

1. Coopère avec l'État Partie prêtant assistance à la préparation d'un programme de cours de formation, et au soutien matériel et technique de cette activité ;

2. Partage la charge nécessaire pour le cours de formation avec l'État Partie prêtant assistance.

Article IV

La répartition des coûts, le programme et la durée du cours de formation feront l'objet de discussions et seront convenus par l'État Partie prêtant assistance et l'Organisation au cas par cas.

No. 54794

Peru
and
France

Convention on mutual legal assistance in criminal matters between the Government of the Republic of Peru and the Government of the French Republic. Paris, 15 November 2012

Entry into force: *1 July 2016, in accordance with article 39*

Authentic texts: *French and Spanish*

Registration with the Secretariat of the United Nations: *Peru, 29 November 2017*

Pérou
et
France

Convention d'entraide judiciaire en matière pénale entre le Gouvernement de la République du Pérou et le Gouvernement de la République française. Paris, 15 novembre 2012

Entrée en vigueur : *1er juillet 2016, conformément à l'article 39*

Textes authentiques : *français et espagnol*

Enregistrement au Secrétariat de l'Organisation des Nations Unies : *Pérou, 29 novembre 2017*

[Text in French – Texte en français]

CONVENTION D'ENTRAIDE JUDICIAIRE
EN MATIERE PENALE
ENTRE
LE GOUVERNEMENT DE LA REPUBLIQUE DU PEROU
ET
LE GOUVERNENEMENT DE LA REPUBLIQUE FRANÇAISE

Le Gouvernement de la République du Pérou et le Gouvernement de la République française, ci-après dénommés les Parties, désireux de signer une Convention d'entraide judiciaire en matière pénale et de coopérer ainsi plus efficacement dans la poursuite, le jugement et la répression des infractions, sont convenus des dispositions suivantes :

Article 1
Obligation d'entraide mutuelle

1. Les Parties s'engagent, conformément aux dispositions de la présente Convention, à s'accorder mutuellement l'entraide judiciaire la plus large possible dans toute procédure pénale relevant, au moment où l'entraide est demandée, de la compétence des autorités judiciaires de la Partie requérante.

2. L'entraide judiciaire comprend notamment :

a) Le recueil de témoignages ou autres déclarations ;

b) La présentation de documents, y compris de documents bancaires, dossiers ou éléments de preuves ;

c) L'échange d'informations ;

d) La fouille de personnes, la perquisition de domiciles et autres ;

e) Les mesures coercitives, y compris la levée du secret bancaire ;

f) Les mesures provisoires ;

g) La communication d'actes de procédure ;

h) Le transfèrement temporaire de personnes détenues pour des audiences ou des comparutions ;

i) La réalisation d'auditions par vidéoconférence ;

j) La saisie et l'immobilisation de biens ; et

k) Toute autre forme d'entraide permise par la législation de la Partie requise.

3. L'entraide judiciaire est également accordée :

a) Dans des procédures pénales pour des faits ou des infractions pouvant impliquer une personne morale dans la Partie requérante ;

b) Dans les actions civiles jointes aux actions pénales, tant que la juridiction répressive n'a pas encore définitivement statué sur l'action pénale ;

c) Pour la notification de communications judiciaires relatives à l'exécution d'une peine ou mesure de sûreté, du recouvrement d'une amende ou du paiement de frais de procédure.

Article 2
Faits donnant lieu à l'entraide

L'entraide judiciaire est accordée même lorsque les faits pour lesquels elle est demandée dans la Partie requérante ne sont pas considérés comme une infraction dans la Partie requise, sous réserve des dispositions de l'article 6.

Article 3
Inapplicabilité

La présente Convention ne s'applique pas :

a) A l'exécution des décisions d'arrestation et d'extradition ;

b) A l'exécution des condamnations pénales, y compris le transfèrement de personnes condamnées, sous réserve des mesures de confiscation ;

c) Aux procédures relatives à des infractions militaires qui ne constituent pas des infractions de droit commun.

Article 4
Motifs pour refuser ou différer l'entraide

1. L'entraide judiciaire peut être refusée :

a) Si la demande se réfère à des infractions considérées par la Partie requise comme des infractions politiques ou connexes à des infractions politiques ;

b) Si la Partie requise estime que l'exécution de la demande est susceptible de porter atteinte à la souveraineté, à la sécurité, à l'ordre public ou à d'autres intérêts essentiels de son pays.

2. L'entraide judiciaire ne peut être rejetée au seul motif que la demande se rapporte à une infraction que la Partie requise qualifie d'infraction fiscale ou au seul motif que la législation de la Partie requise n'impose pas le même type de taxes ou d'impôts, de douane et de change ou ne contient pas le même type de réglementation en matière de taxes et d'impôts, de douane et de change que la législation de la Partie requérante.

3. La Partie requise n'invoque pas le secret bancaire comme motif pour rejeter toute coopération concernant une demande d'entraide judiciaire.

4. La Partie requise peut différer l'entraide judiciaire si l'exécution de la demande est susceptible de porter préjudice à une procédure pénale en cours sur son territoire.

5. Avant de refuser ou de différer l'entraide judiciaire conformément au présent article, la Partie requise :

a) Communique le plus rapidement possible à la Partie requérante le motif pour lequel elle envisage de refuser ou de différer l'entraide judiciaire ; et

b) Consulte la Partie requérante pour décider si l'entraide judiciaire peut être accordée aux conditions qu'elle juge nécessaires. Si la Partie requérante accepte ces conditions, elle doit s'y conformer.

Article 5
Droit applicable

1. La demande d'entraide est exécutée conformément au droit de la Partie requise.

2. Si la Partie requérante souhaite que soit appliquée une procédure particulière dans l'exécution de la demande d'entraide, elle le sollicite de manière expresse et la Partie requise traite la demande conformément à cette procédure si elle n'est pas contraire aux principes fondamentaux de son droit.

Article 6
Mesures coercitives

L'exécution d'une demande qui implique des mesures coercitives peut être refusée si les faits décrits dans la demande ne correspondent pas aux éléments constitutifs d'une infraction sanctionnée par le droit de la Partie requise, en supposant qu'elle ait été commise sur son territoire.

Article 7
Mesures provisoires

A la demande expresse de la Partie requérante et si l'affaire à laquelle se rapporte la demande n'est pas manifestement irrecevable ou non fondée selon le droit de la Partie requise, les autorités compétentes de cette Partie prennent des mesures provisoires aux fins de maintenir une situation existante, de protéger des intérêts juridiques menacés ou de préserver des éléments de preuve.

Article 8
Confidentialité et spécialité

1. La Partie requise s'efforce, dans toute la mesure du possible, de préserver le caractère confidentiel de la demande d'entraide judiciaire et de son contenu en conformité avec son ordre juridique. Si la demande ne peut être exécutée sans qu'il soit porté atteinte au principe de confidentialité, la Partie requise en informe la Partie requérante, qui décide s'il faut néanmoins donner suite à l'exécution. A cette fin, la Partie requérante doit préciser quelles sont les atteintes à la confidentialité.

2. La Partie requise peut demander que l'information ou l'élément de preuve communiqué conformément à la présente Convention reste confidentiel ou ne soit divulgué ou utilisé que selon les conditions qu'elle aura spécifiées. Lorsqu'elle entend faire usage de ces dispositions, la Partie requise en informe préalablement la Partie requérante. Si la Partie requérante accepte ces conditions, elle est tenue de les respecter. Dans le cas contraire, la Partie requise peut refuser l'entraide judiciaire.

3. La Partie requérante ne peut divulguer ou utiliser une information ou un élément de preuve communiqué à des fins autres que celles qui auront été stipulées dans la demande sans l'accord préalable de la Partie requise.

Article 9
Présence de personnes qui participent à la procédure

1. Si la Partie requérante le demande expressément, l'Autorité centrale de la Partie requise lui communique la date et le lieu de l'exécution de la demande. Les autorités de la Partie requérante ou les personnes mentionnées dans la demande peuvent assister à la réalisation de l'acte de procédure si la Partie requise l'autorise.

2. Lorsqu'elles ont assisté à l'exécution de la demande, les autorités de la Partie requérante ou les personnes mentionnées dans la demande, peuvent se voir remettre directement une copie certifiée conforme des pièces d'exécution.

Article 10
Déclarations de témoins dans la Partie requise

Les témoins apportent leur témoignage conformément à la législation de la Partie requise. Ils peuvent cependant invoquer le droit de ne pas déposer qui leur serait reconnu par la loi, soit de la Partie requise, soit de la Partie requérante.

Article 11
Remise de documents, dossiers ou éléments de preuve

1. La Partie requise peut adresser des copies des documents, dossiers ou éléments de preuve demandés. Si la Partie requérante demande expressément la remise des originaux, la Partie requise les communique dans la mesure du possible.

2. Les droits revendiqués par des tiers sur des documents, des dossiers ou des éléments de preuve dans la Partie requise n'empêchent pas leur remise à la Partie requérante.

3. La Partie requérante a l'obligation de retourner les originaux de ces pièces le plus rapidement possible et, au plus tard, à la fin de la procédure, si la Partie requise le demande expressément.

Article 12
Dossiers de procédure ou d'enquête

La Partie requise met à la disposition des autorités de la Partie requérante ses dossiers de procédure ou d'enquête – y compris les jugements ou décisions – dans les mêmes conditions et dans la même mesure qu'en ce qui concerne ses propres autorités, à condition que ces instruments soient importants pour la procédure judiciaire suivie sur le territoire de la Partie requérante.

Article 13
Antécédents pénaux et échanges de communications sur les condamnations

1. La Partie requise communique, conformément à sa législation et dans la mesure où ses propres autorités judiciaires pourraient elles-mêmes les obtenir dans des cas similaires, les extraits de casier judiciaire ou les renseignements relatifs à celui-ci que demandent les autorités judiciaires de l'autre Partie et qui sont nécessaires dans une affaire pénale.

2. Dans tous les cas non prévus au paragraphe 1 du présent article, il est fait droit à la demande de la Partie requérante dans les conditions établies par la législation, les règlements ou la pratique de la Partie requise.

3. Au minimum une fois par an et conformément à sa législation, chacune des Parties communique à l'autre les décisions pénales et mesures postérieures, concernant ses ressortissants, qui ont été enregistrées dans les antécédents pénaux.

Article 14
Dénonciation aux fins de poursuites

1. Chacune des Parties peut dénoncer à l'autre Partie des faits susceptibles de constituer une infraction pénale relevant de la compétence de cette dernière afin que puissent être diligentées sur son territoire des poursuites pénales.

2. La Partie requise fait connaître la suite donnée à cette dénonciation et transmet s'il y a lieu copie de la décision intervenue.

Article 15
Notification d'actes de procédure et de décisions judiciaires

1. La Partie requise procède à la notification des actes de procédure et des décisions judiciaires qui lui sont envoyés à cette fin par la Partie requérante.

2. Cette notification peut s'effectuer par simple remise au destinataire du document ou de la décision. Si la Partie requérante le demande expressément, la Partie requise effectue la notification dans l'une des formes prévues par sa législation pour les notifications analogues ou dans une forme spéciale compatible avec cette législation.

3. La preuve de la notification est un récépissé daté et signé par le destinataire ou une déclaration de la Partie requise constatant le fait, la forme et la date de la notification. L'un ou l'autre de ces documents est immédiatement envoyé à la Partie requérante. Si cette dernière le demande, la Partie requise précise si la notification a été effectuée conformément à sa législation. Si la notification n'a pas pu être effectuée, la Partie requise en communique immédiatement le motif à la Partie requérante.

4. La demande qui sollicite la notification d'une citation à comparaître d'une personne poursuivie qui se trouve sur le territoire de la Partie requise doit parvenir à l'Autorité centrale de cette Partie au plus tard trente (30) jours avant la date fixée pour la comparution.

5. Les dispositions du présent article n'excluent pas la faculté pour les Parties de faire remettre directement par leurs représentants ou les délégués de ceux-ci les actes judiciaires et extrajudiciaires destinés à leurs propres ressortissants.

Article 16
Comparution de témoins ou d'experts dans la Partie requérante

1. Si la Partie requérante considère que la comparution en personne d'un témoin ou d'un expert devant ses autorités judiciaires est particulièrement nécessaire, elle l'indique dans la demande de notification de la citation qu'elle émet et la Partie requise cite à comparaître le témoin ou l'expert.

2. La Partie requise invite le témoin ou l'expert cité à comparaître et communique rapidement à la Partie requérante la réponse du témoin ou de l'expert.

3. Le témoin ou l'expert qui accepte de comparaître sur le territoire de la Partie requérante peut exiger de cette Partie le paiement anticipé de ses frais de voyage et de séjour.

4. Si le séjour du témoin ou de l'expert cité à comparaître, conformément aux dispositions du paragraphe 1 du présent article, se prolonge, les frais sont assumés par la Partie requérante.

Article 17
Non-comparution et indemnités

1. Le témoin ou l'expert qui ne défère pas à la citation à comparaître dont la notification a été demandée, n'est soumis à aucune sanction ou mesure coercitive, même si cette citation contient une injonction, à moins qu'il ne se rende ultérieurement de son plein gré sur le territoire de la Partie requérante et qu'il ne soit à nouveau cité de manière régulière.

2. Les indemnités, ainsi que les frais de voyage et de séjour à verser au témoin ou à l'expert par la Partie requérante, sont calculés en fonction du lieu de sa résidence et selon un taux au moins égal à celui prévu par les tarifs et règlements en vigueur dans le pays où la déposition du témoin ou de l'expert doit avoir lieu.

Article 18
Immunité relative à la comparution

1. Aucun témoin ou expert, de quelque nationalité qu'il soit, qui, à la suite d'une citation, comparaît devant les autorités judiciaires de la Partie requérante, ne peut être ni poursuivi, ni détenu, ni soumis à aucune restriction de sa liberté individuelle sur le territoire de cette Partie, pour des faits ou des condamnations antérieurs à sa sortie du territoire de la Partie requise.

2. Aucune personne, de quelque nationalité qu'elle soit, citée devant les autorités de la Partie requérante afin de répondre de faits pour lesquels elle fait l'objet d'une procédure, ne peut être ni poursuivie, ni détenue, ni soumise à aucune restriction de sa liberté individuelle pour des faits ou des condamnations antérieurs à sa sortie du territoire de la Partie requise et non visés dans la citation.

3. L'immunité relative à la comparution prévue dans le présent article, cesse lorsque la personne, ayant eu la possibilité de quitter le territoire de la Partie requérante pendant quinze (15) jours consécutifs après que sa présence n'était plus requise, est demeurée néanmoins sur ce territoire ou y est retournée librement après l'avoir quitté.

Article 19
Portée du témoignage dans la Partie requérante

1. La personne qui comparaît dans la Partie requérante, suite à une citation, ne peut être contrainte à déclarer ou à présenter des éléments de preuve, si le droit de l'une des deux Parties lui permet de refuser.

2. Les dispositions de l'article 8 et de l'article 10 s'appliquent *mutadis mutandis*.

Article 20
Transfèrement temporaire de personnes détenues

1. Toute personne détenue dans la Partie requise, citée à comparaître dans la Partie requérante à des fins de témoignage, confrontation ou toute autre nécessité de procédure, est transférée temporairement sur le territoire de la Partie requérante, sous condition de son renvoi dans la Partie requise dans le délai indiqué par celle-ci et sous réserve des dispositions de l'article 18 de la présente Convention dans la mesure où elles sont applicables.

2. Le transfèrement peut être refusé :

a) Si la personne détenue ne consent pas à son transfèrement ;

b) Si sa présence est nécessaire dans une procédure pénale en cours sur le territoire de la Partie requise ;

c) Si son transfèrement est susceptible de prolonger sa détention, ou ;

d) S'il existe d'autres considérations impérieuses qui s'opposent à son transferement sur le territoire de la Partie requérante.

3. La personne transférée doit rester en détention sur le territoire de la Partie requérante, à moins que la Partie requise ne demande sa mise en liberté. La période de détention sur le territoire de la Partie requérante est déduite de la durée de la détention que doit subir l'intéressé dans la Partie requise

4. En cas d'évasion de la personne transférée sur le territoire de la Partie requérante, la Partie requise peut solliciter l'ouverture d'une enquête pénale sur ces faits.

Article 21
Perquisition, saisie et immobilisation de biens

1. La Partie requise exécute, dans la mesure où sa législation le lui permet, les demandes de perquisition, d'immobilisation de biens et de saisie de pièces à conviction.

2. La Partie requise informe la Partie requérante du résultat de l'exécution desdites demandes.

3. La Partie requérante, dans la mesure permise par sa législation, se conforme à toute condition imposée par la Partie requise quant aux objets saisis remis à la Partie requérante.

4. La Partie requise peut refuser de remettre les biens si la Partie requérante n'est pas en mesure de respecter les conditions imposées en application du paragraphe précédent.

Article 22
Produits des infractions

1. La Partie requise s'efforce, sur demande, de déterminer si les produits d'une infraction à la législation de la Partie requérante se trouvent dans sa juridiction et informe la Partie requérante des résultats de ses recherches. Dans la demande, la Partie requérante communique à la Partie requise les motifs sur lesquels repose sa conviction que de tels produits se trouvent dans sa juridiction.

2. Si, conformément au paragraphe 1 du présent article, les produits présumés provenir d'une infraction sont trouvés dans sa juridiction, la Partie requise prend les mesures nécessaires autorisées par sa législation pour empêcher que ceux-ci fassent l'objet de transactions, soient transférés ou cédés avant que les autorités judiciaires de la Partie requérante n'ait pris une décision définitive à leur égard.

3. La Partie requise exécute, conformément à sa législation, une demande d'entraide visant à procéder à la confiscation des produits d'une infraction.

4. Dans la mesure où sa législation le permet et sur la demande de la Partie requérante, la Partie requise met tout en œuvre pour restituer à titre prioritaire à celle-ci les produits des infractions, notamment en vue de l'indemnisation des victimes ou de la restitution au propriétaire légitime, sous réserve des droits des tiers de bonne foi.

5. Les produits d'une infraction incluent les instruments utilisés pour la commission de cette infraction.

Article 23
Restitution

1. La Partie requise peut, sur demande de la Partie requérante et sans préjudice des droits des tiers de bonne foi, mettre des objets obtenus par des moyens illicites à la disposition de la Partie requérante en vue de leur restitution à leur propriétaire légitime.

2. Dans le cadre de l'exécution d'une demande d'entraide, la Partie requise peut renoncer, soit avant, soit après leur remise à la Partie requérante, au renvoi des objets qui ont été remis à la Partie requérante si cela peut favoriser la restitution de ces objets à leur propriétaire légitime. Les droits des tiers de bonne foi ne sont pas affectés.

3. Au cas où la Partie requise renonce au renvoi des objets avant leur remise à la Partie requérante, elle ne fait valoir aucun droit de gage ni aucun autre droit de recours découlant de la législation fiscale ou douanière sur ces objets.

4. Une renonciation conformément au paragraphe 2 n'affecte pas le droit de la Partie requise de percevoir auprès du propriétaire légitime des taxes ou droits de douane.

Article 24
Audition par vidéoconférence

1. Si une personne qui se trouve sur le territoire de l'une des Parties doit être entendue comme témoin ou expert par les autorités compétentes de l'autre Partie, cette dernière peut demander, s'il est inopportun ou impossible pour la personne à entendre de comparaître en personne sur son territoire, que l'audition ait lieu par vidéoconférence, conformément aux dispositions du présent article.

2. La Partie requise consent à l'audition par vidéoconférence pour autant que le recours à cette méthode ne soit pas contraire aux principes fondamentaux de son droit et à condition qu'elle dispose des moyens techniques permettant d'effectuer l'audition.

3. Les demandes d'audition par vidéoconférence contiennent, outre les indications visées à l'article 27, paragraphe 1, le motif pour lequel il n'est pas souhaitable ou pas possible que le témoin ou l'expert soit présent en personne à l'audition et mentionnent le nom de l'autorité judiciaire compétente et des personnes qui procéderont à l'audition.

4. L'autorité compétente de la Partie requise cite à comparaître la personne concernée selon les formes prévues par sa législation.

5. Les règles suivantes s'appliquent à l'audition par vidéoconférence :

a) L'audition a lieu en présence d'une autorité compétente de la Partie requise, assistée au besoin d'un interprète. Cette autorité est responsable de l'identification de la personne entendue et du respect des principes fondamentaux du droit de la Partie requise. Si l'autorité compétente de la Partie requise estime que les principes fondamentaux du droit de cette Partie ne sont pas respectés pendant l'audition, elle prend immédiatement les mesures nécessaires pour veiller à ce que l'audition se poursuive conformément auxdits principes ;

b) Les autorités compétentes des deux Parties conviennent, le cas échéant, des mesures relatives à la protection de la personne à entendre ;

c) L'audition est effectuée directement par l'autorité compétente de la Partie requérante, ou sous sa direction, conformément à son droit interne ;

d) La personne à entendre peut invoquer le droit de ne pas témoigner qui lui serait reconnu par la loi, soit de la Partie requise, soit de la Partie requérante.

6. Sans préjudice de toutes mesures convenues en ce qui concerne la protection des personnes, l'autorité compétente de la Partie requise établit, à l'issue de l'audition, un procès-verbal indiquant la date et le lieu de l'audition, l'identité de la personne entendue, les identités et qualités de toutes les autres personnes de la Partie requise ayant participé à l'audition, les éventuelles prestations de serment effectuées et les conditions techniques dans lesquelles l'audition s'est déroulée. Ce document est transmis par l'autorité compétente de la Partie requise à l'autorité compétente de la Partie requérante.

7. Le coût de l'établissement de la liaison vidéo, les coûts liés à la mise à disposition de la liaison vidéo dans la Partie requise, la rémunération des interprètes qu'elle fournit, les indemnités versées aux témoins et aux experts ainsi que leurs frais de déplacement dans la Partie requise sont remboursés par la Partie requérante à la Partie requise, à moins que cette dernière ne renonce au remboursement de tout ou partie de ces dépenses.

8. Chacune des Parties prend les mesures nécessaires pour que, lorsque des témoins ou des experts sont entendus sur son territoire conformément au présent article et refusent de témoigner alors qu'ils sont tenus de le faire, ou font de fausses dépositions, son droit national s'applique comme il s'appliquerait si l'audition avait lieu dans le cadre d'une procédure nationale.

9. Les deux Parties peuvent, si leur droit interne le permet, appliquer également les dispositions du présent article, aux auditions par vidéoconférence auxquelles participe une personne poursuivie pénalement. Les auditions ne peuvent avoir lieu que si la personne poursuivie pénalement y consent. La décision de tenir la vidéoconférence et la manière dont elle se déroule doivent faire l'objet d'un accord entre les autorités compétentes des Parties et être conformes à leur droit interne.

Article 25
Demandes d'informations en matière bancaire

1. Sur demande de la Partie requérante, la Partie requise fournit, dans les délais les plus brefs, tous les renseignements concernant les comptes de toute nature, ouverts, dans des banques situées sur son territoire, détenus ou contrôlés par une personne physique ou morale faisant l'objet d'une enquête pénale dans la Partie requérante

2. A la demande de la Partie requérante, la Partie requise fournit les renseignements concernant des comptes bancaires déterminés et des opérations bancaires qui ont été réalisées pendant une période déterminée sur un ou plusieurs comptes spécifiés dans la demande, y compris les renseignements concernant tout compte émetteur ou récepteur.

3. A la demande de la Partie requérante, la Partie requise suit, pendant une période déterminée, les opérations bancaires réalisées sur un ou plusieurs comptes spécifiés dans la demande et en communique le résultat à la Partie requérante. Les modalités pratiques de suivi font l'objet d'un accord entre les autorités compétentes de la Partie requise et de la Partie requérante.

4. Les informations visées aux paragraphes 1, 2 et 3 du présent article sont fournies à la Partie requérante, même s'il s'agit de comptes appartenant à des entités agissant sous forme ou pour le compte de fonds fiduciaires ou de tout autre instrument de gestion d'un patrimoine d'affectation dont l'identité des constituants ou des bénéficiaires n'est pas connue.

5. La Partie requise prend les mesures nécessaires pour faire en sorte que les banques ne révèlent pas au client concerné ni à des tiers que des informations ont été transmises à la Partie requérante conformément aux dispositions du présent article.

Article 26
Autorités centrales

1. Aux fins de la présente Convention, l'Autorité centrale est, pour la République du Pérou, le Ministère public et, pour la République française, le Ministère de la Justice.

2. Il appartient à l'Autorité centrale de la Partie requérante de transmettre les demandes d'entraide auxquelles se réfère la présente Convention et qui émanent de ses autorités judiciaires ou du Ministère public.

3. L'Autorité centrale de la Partie requise transmet rapidement les demandes d'entraide à ses autorités judiciaires ou au Ministère public pour qu'ils les exécutent.

4. Les Autorités centrales des deux Parties communiquent directement entre elles.

5. Toute modification affectant la désignation d'une Autorité centrale est portée à la connaissance de l'autre Partie par la voie diplomatique.

Article 27
Contenu de la demande

1. La demande se présente par écrit et doit contenir les indications suivantes :

a) La désignation de l'autorité de laquelle elle émane et, le cas échéant, l'autorité chargée de la procédure pénale dans la Partie requérante ;

b) L'objet et le motif de la demande ;

c) Dans la mesure du possible, le nom complet, le lieu et la date de naissance, la nationalité et l'adresse de la personne concernée, au moment de la présentation de la demande ;

d) Une description des faits (date, lieu et circonstances de l'infraction) qui donnent lieu à l'enquête dans la Partie requérante, sauf s'il s'agit d'une demande de notification conformément à l'article 15 ;

e) Le texte des dispositions applicables qualifiant et réprimant les infractions.

2. La demande doit en outre contenir :

a) En cas d'application du droit de la Partie requérante pour l'exécution de la demande (article 5, paragraphe 2), le texte des dispositions légales applicables dans la Partie requérante et le motif de leur application ;

b) En cas de participation de personnes à la procédure (article 9), la désignation des personnes qui doivent assister à l'exécution de la demande et le motif de leur présence ;

c) En cas de notification de pièces du dossier et de citations (articles 15 et 16), le nom et l'adresse du destinataire des pièces et citations ;

d) En cas de citation de témoins ou d'experts (article 16), l'indication que la Partie requérante assume les frais et indemnités, lesquels sont versés à l'avance, si la demande en est faite ;

e) En cas de transfèrement temporaire de personnes détenues (article 20), le nom de celles-ci.

3. Si la Partie requérante formule une demande d'entraide qui complète une demande antérieure, elle n'est pas tenue de redonner les informations déjà fournies. La demande complémentaire contient les informations nécessaires à l'identification de la demande initiale.

Article 28
Exécution de la demande

1. Si la demande n'est pas conforme aux dispositions de la présente Convention, l'Autorité centrale de la Partie requise le fait immédiatement savoir à l'Autorité centrale de la Partie requérante en lui demandant de la modifier ou de la compléter, sans préjudice de l'adoption de mesures provisoires prises conformément à l'article 7.

2. Si la demande est conforme à la présente Convention, l'Autorité centrale de la Partie requise la transmet immédiatement à l'autorité judiciaire ou au Ministère public.

3. La Partie requise exécute la demande d'entraide dès que possible, en tenant compte des échéances de procédure ou de toutes autres circonstances indiquées par la Partie requérante.

4. Après exécution de la demande, l'autorité judiciaire ou le Ministère public adresse à l'Autorité centrale de la Partie requise la demande, ainsi que les informations et éléments de preuve qu'elle a obtenus. L'Autorité centrale s'assure que l'exécution est conforme et complète et communique les résultats à l'Autorité centrale de la Partie requérante.

Article 29
Refus motivé

Tout refus d'entraide judiciaire total ou partiel doit être dûment motivé.

Article 30
Dispense de légalisation et d'authentification

1. Les documents, dossiers ou éléments de preuve, transmis en application de la présente Convention, sont exemptés de toutes formalités de légalisation et d'authentification.

2. Les documents, dossiers ou éléments de preuve, transmis par l'Autorité centrale de la Partie requise, sont acceptés comme moyen de preuve sans qu'il soit nécessaire de justifier ou de certifier leur authenticité.

Article 31
Langue

La Partie requérante présente la demande et tous les documents qui l'accompagnent dûment traduites dans la langue de la Partie requise.

Article 32
Frais occasionnés par l'exécution de la demande

1. La Partie requérante assume, à la demande de la Partie requise, uniquement les frais suivants engagés aux fins de l'exécution d'une demande :

a) Indemnités, frais de voyage et de séjour des témoins et de leurs éventuels représentants légaux ;

b) Frais relatifs au transfèrement temporaire de personnes détenues ; et

c) Honoraires, frais de voyage et autres frais des experts.

2. S'il est prévisible que l'exécution de la demande occasionnera des frais extraordinaires, la Partie requise en informe la Partie requérante afin de fixer les conditions auxquelles l'exécution de la demande peut se poursuivre.

Article 33
Autres accords ou conventions et législations nationales

Les dispositions de la présente Convention n'excluent pas une entraide plus large qui aurait été ou serait convenue entre les Parties, dans d'autres accords ou conventions ou qui résulterait de la législation nationale ou d'une pratique bien établie de l'une ou l'autre Partie.

Article 34
Echange d'avis

Si elles l'estiment nécessaire, les Autorités centrales, verbalement ou par écrit, échangent des avis sur l'application ou l'exécution de la présente Convention, de manière générale ou sur un cas particulier.

Article 35
Règlement des différends

Tout différend entre les Parties relatif à l'interprétation ou l'application de la présente Convention fait l'objet de consultations entre les Parties, par la voie diplomatique.

Article 36
Application dans le temps

La présente Convention s'applique à toute demande présentée après son entrée en vigueur même si les faits auxquels se réfère la demande ont été commis antérieurement.

Article 37
Amendements

1. La présente Convention peut être amendée par écrit et d'un commun accord entre les Parties.

2. Les amendements entrent en vigueur conformément à la procédure prévue à l'article 39 de la présente Convention.

Article 38
Durée

La présente Convention est conclue pour une durée indéterminée.

Article 39
Entrée en vigueur

La présente Convention entrera en vigueur le premier jour du deuxième mois suivant la dernière des notifications par lesquelles les Parties s'informent mutuellement par la voie diplomatique de l'accomplissement des procédures requises par leurs ordres juridiques respectifs.

Article 40
Dénonciation

1. Chacune des Parties pourra dénoncer la présente Convention à tout moment en notifiant sa décision à l'autre Partie par la voie diplomatique.

2. La dénonciation prendra effet le premier jour du sixième mois suivant la date de réception de ladite notification et n'affectera pas les demandes d'entraide en cours.

EN FOI DE QUOI, les soussignés, dûment autorisés par leur Gouvernement respectif, ont signé la présente Convention.

FAIT à Paris, le 15 novembre 2012 , en double exemplaire, en langues espagnole et française, les deux textes faisant également foi.

POUR LE GOUVERNEMENT DE LA REPUBLIQUE DU PEROU	POUR LE GOUVERNEMENT DE LA REPUBLIQUE FRANÇAISE

[TEXT IN SPANISH – TEXTE EN ESPAGNOL]

CONVENIO DE ASISTENCIA JUDICIAL EN MATERIA PENAL ENTRE EL GOBIERNO DE LA REPÚBLICA DEL PERÚ Y EL GOBIERNO DE LA REPÚBLICA FRANCESA

El Gobierno de la República del Perú y el Gobierno de la República Francesa, en adelante denominados las Partes, deseosas de celebrar un Convenio de asistencia judicial en materia penal y de cooperar así más eficazmente en la persecución, juzgamiento y sanción de los delitos, han convenido lo siguiente:

ARTÍCULO 1
OBLIGACIÓN DE ASISTENCIA MUTUA

1. Las Partes se comprometen, de conformidad con las disposiciones del presente Convenio, a prestarse mutuamente la más amplia asistencia judicial en todo procedimiento en materia penal cuya competencia corresponda a las autoridades judiciales de la Parte requirente en el momento de solicitar la asistencia.

2. La asistencia judicial comprende pero no se limita a:
   a) la recepción de testimonios u otras declaraciones;
   b) la presentación de documentos, incluidos documentos bancarios, expedientes o elementos de prueba;
   c) el intercambio de información;
   d) el registro de personas, de domicilios y otros;
   e) las medidas coercitivas, inclusive el levantamiento del secreto bancario;
   f) las medidas provisionales;
   g) la remisión de los autos del proceso;
   h) la entrega temporal de personas detenidas para audiencias o comparendos;
   i) la realización de declaraciones por videoconferencia;
   j) la incautación e inmovilización de bienes; y,
   k) cualquier otra forma de asistencia permitida por la legislación de la Parte requerida.

3. La asistencia judicial se acordará, además, para:
   a) procedimientos penales por hechos o delitos que puedan involucrar a personas jurídicas en la Parte requirente;
   b) acciones civiles accesorias a procesos penales, mientras el órgano jurisdiccional penal aún no se haya pronunciado definitivamente sobre la acción penal;
   c) notificación de comunicaciones judiciales relativas al cumplimiento de una pena o medida de seguridad, cobro de una multa o pago de costas procesales.

ARTÍCULO 2
HECHOS QUE DAN LUGAR A LA ASISTENCIA

La asistencia judicial se prestará aún cuando los hechos por los que se procede en la Parte requirente no estén previstos como delito en la Parte requerida, salvo lo dispuesto en el artículo 6.

ARTÍCULO 3
INAPLICABILIDAD

El presente Convenio no se aplicará a:

a) el cumplimiento de decisiones de detención y extradición;
b) la ejecución de sentencias penales, inclusive la transferencia de personas sentenciadas, sin perjuicio de las disposiciones de decomiso;
c) los procedimientos relativos a delitos militares que no constituyan delitos de derecho común.

ARTÍCULO 4
MOTIVOS PARA DENEGAR O DIFERIR LA ASISTENCIA JUDICIAL

1. La asistencia judicial podrá ser denegada:
   a) si la solicitud se refiere a delitos considerados por la Parte requerida como delitos políticos, o conexos a delitos políticos; y,
   b) si la Parte requerida estima que la ejecución de la solicitud pudiera atentar contra la soberanía, la seguridad, el orden público u otros intereses esenciales de su país.
2. La asistencia judicial no se podrá denegar por el único motivo que la solicitud se refiera a un delito que la Parte requerida califica como delito fiscal o por el único motivo que la legislación de la Parte requerida no imponga el mismo tipo de tasas o impuestos, de aduana y de cambio, o no disponga del mismo tipo de reglamentación en materia de tasas e impuestos, de aduana y de cambio que la legislación de la Parte requirente.
3. La Parte requerida no alegará el secreto bancario para motivar el rechazo de su cooperación en una solicitud de asistencia judicial.
4. La Parte requerida podrá diferir la prestación de la asistencia judicial si la ejecución de la solicitud tuviera el efecto de perjudicar a un proceso penal en curso en su territorio.
5. Antes de denegar o de diferir la asistencia judicial conforme al presente artículo, la Parte requerida:
   a) informará a la brevedad a la Parte requirente el motivo por el que considera denegar o diferir la asistencia judicial; y,
   b) consultará con la Parte requirente para decidir si se puede acceder a la asistencia con las condiciones que considere necesarias. Si la Parte requirente acepta estas condiciones, deberá atenerse a ellas.

ARTÍCULO 5
DERECHO APLICABLE

1. La solicitud de asistencia se ejecutará conforme al derecho de la Parte requerida.
2. Si la Parte requirente desea que se aplique un determinado procedimiento en la ejecución de la solicitud de asistencia, lo solicitará en forma expresa y la Parte requerida tramitará la referida solicitud conforme a dicho procedimiento, si éste no se opone a los principios fundamentales de su derecho.

ARTÍCULO 6
MEDIDAS COERCITIVAS

La ejecución de una solicitud que implique medidas coercitivas podrá ser denegada si los hechos descritos no corresponden a los elementos constitutivos de un delito sancionado por el derecho de la Parte requerida, suponiendo que haya sido cometido en su territorio.

ARTÍCULO 7
MEDIDAS PROVISIONALES

A solicitud expresa de la Parte requirente y si la causa a que se refiere la solicitud no fuese manifiestamente inadmisible o infundada según el derecho de la Parte requerida, las autoridades competentes de dicha Parte dictarán medidas provisionales a efectos de mantener una determinada situación existente, de proteger intereses jurídicos amenazados o de preservar elementos de prueba.

ARTÍCULO 8
CONFIDENCIALIDAD Y ESPECIALIDAD

1. La Parte requerida mantendrá, en la medida de lo posible, el carácter confidencial de la solicitud de asistencia judicial y su contenido de conformidad con su ordenamiento jurídico. Si la solicitud no pudiera cumplirse sin afectar el principio de confidencialidad, la Parte requerida informará de ello a la Parte requirente, que decidirá si debe darse el cumplimiento a la solicitud pese a tales circunstancias. Para tales efectos la Parte requirente deberá precisar en qué punto se ha atentado contra la confidencialidad.
2. La Parte requerida podrá solicitar que la información o el medio probatorio comunicado conforme al presente Convenio se mantenga confidencial o que sólo se divulgue o se utilice conforme a las condiciones que se hayan especificado. Cuando la Parte requerida pretenda aplicar dichas disposiciones, informará de ello previamente a la Parte requirente. Si la Parte requirente acepta tales condiciones, deberá respetarlas. En caso contrario, la Parte requerida podrá denegar la asistencia judicial.
3. La Parte requirente no podrá divulgar ni utilizar una información o un medio probatorio comunicado para otra finalidad que la que se haya estipulado en la solicitud, sino con la autorización previa de la Parte requerida.

ARTÍCULO 9
PRESENCIA DE PERSONAS QUE PARTICIPAN EN EL PROCESO

1. Si la Parte requirente lo solicita expresamente, la Autoridad Central de la Parte requerida le hará saber la fecha y lugar de ejecución de la solicitud. Las autoridades de la Parte requirente o las personas mencionadas en la solicitud podrán asistir a la realización del acto procesal si la Parte requerida lo permite.
2. Cuando hayan asistido al cumplimento de la solicitud, las autoridades de la Parte requirente o las personas mencionadas en la solicitud podrán solicitar que se les entregue directamente una copia certificada de los documentos de cumplimiento.

ARTÍCULO 10
DECLARACIONES DE TESTIGOS EN LA PARTE REQUERIDA

Los testigos prestarán su declaración testimonial conforme a la ley de la Parte requerida. Pueden alegar el derecho a no declarar según la ley de la Parte requerida o de la Parte requirente.

ARTÍCULO 11
REMISIÓN DE DOCUMENTOS, EXPEDIENTES O ELEMENTOS DE PRUEBA

1. La Parte requerida podrá remitir copia de los documentos, expedientes o elementos de prueba solicitados. Si la Parte requirente solicita expresamente la remisión de los originales, la Parte requerida procederá a ello, en la medida de lo posible.
2. Los derechos invocados por terceros sobre documentos, expedientes o elementos de prueba en la Parte requerida no impedirán su remisión a la Parte requirente.
3. La Parte requirente está obligada a devolver los originales de dichas piezas a la brevedad posible y, a más tardar, al término del proceso, si es que la Parte requerida lo solicita expresamente.

ARTÍCULO 12
EXPEDIENTES DE JUICIO O DE INVESTIGACIÓN

La Parte requerida pondrá a disposición de las autoridades de la Parte requirente los expedientes del juicio o de investigación –incluyendo sentencias y resoluciones–, bajo las mismas condiciones y en la misma medida que respecto de sus propias autoridades, siempre que dichos instrumentos sean importantes para un proceso judicial en el territorio de la Parte requirente.

ARTÍCULO 13
ANTECEDENTES PENALES E INTERCAMBIO DE COMUNICACIONES SOBRE CONDENAS

1. La Parte requerida comunicará, de conformidad con su legislación y en la medida en que sus propias autoridades judiciales puedan obtenerlos en casos semejantes, los extractos de antecedentes penales o información relativa a estos últimos, que soliciten las autoridades judiciales de la otra Parte y sean necesarios en una causa penal.
2. En todos los casos no incluidos en el numeral 1 del presente artículo, se accederá a la solicitud de la Parte requirente semejante en las condiciones establecidas por la legislación, los reglamentos, o la práctica de la Parte requerida.
3. Por lo menos una vez al año, y de conformidad con su legislación, cada una de las Partes comunicará a la otra, las sentencias penales y posteriores medidas, referentes a los nacionales de ésta y que hayan sido registradas en los antecedentes penales.

ARTÍCULO 14
NOTIFICACIÓN CON FINES DE ACTUACIONES PENALES

1. Cada de una de las Partes podrá notificar a la otra Parte los hechos que puedan constituir un delito y sean de competencia de esta última, para que pueda incoar actuaciones penales en su territorio.
2. La Parte requerida informará sobre los actos realizados a partir de dicha notificación y transmitirá, de ser procedente, copia de la decisión a la otra Parte.

ARTÍCULO 15
NOTIFICACIÓN DE DOCUMENTOS PROCESALES Y RESOLUCIONES JUDICIALES

1. La Parte requerida procederá a la notificación de los documentos procesales y las resoluciones judiciales que le fueren enviadas con ese fin por la Parte requirente.
2. La notificación podrá efectuarse mediante la simple entrega al destinatario del documento o la resolución. Si la Parte requirente lo solicita expresamente, la Parte requerida efectuará la notificación en una de las formas previstas por su legislación para notificaciones análogas o en alguna especial que sea compatible con dicha legislación.
3. Servirá como prueba de la notificación un recibo fechado y firmado por el destinatario o una declaración de la Parte requerida en la que se haga constar el hecho, la forma, y la fecha de la notificación. Cualquiera de estos documentos será enviado inmediatamente a la Parte requirente. Si esta última lo solicita, la Parte requerida precisará si la notificación se ha efectuado de conformidad con su ley. Si no hubiere podido efectuarse la notificación, la Parte requerida dará a conocer inmediatamente el motivo a la Parte requirente.
4. La solicitud a través de la cual se requiere la notificación de una orden de comparecencia de un procesado que se encuentra en el territorio de la Parte requerida, deberá ser remitida a la Autoridad Central de dicha Parte a más tardar treinta (30) días antes de la fecha fijada para el comparendo.
5. Las disposiciones del presente artículo no excluyen la facultad de las Partes para decidir que se les entregue directamente, por medio de sus representantes o por los delegados de estos, las actas judiciales y extrajudiciales destinadas a sus propios ciudadanos.

ARTÍCULO 16
COMPARECENCIA DE TESTIGOS O DE PERITOS EN LA PARTE REQUIRENTE

1. Si la Parte requirente considera que la comparecencia personal de un testigo o de un perito ante sus autoridades judiciales es particularmente necesaria, así lo indicará en la solicitud de notificación de la orden que emita y la Parte requerida citará a comparecer al testigo o al perito.
2. La Parte requerida exhortará al testigo o perito citado a acudir a la comparecencia y comunicará de inmediato a la Parte requirente la respuesta del testigo o perito.
3. El testigo o perito que acepte comparecer en el territorio de la Parte requirente, podrá exigir a dicha Parte el pago anticipado de los gastos de viaje y estadía.
4. En caso se prolongue la estadía del testigo o perito citado a comparecer, conforme a lo dispuesto en el numeral 1 del presente artículo, los gastos serán sufragados por la Parte requirente.

ARTÍCULO 17
NO COMPARECENCIA Y COMPENSACIONES

1. El testigo o el perito que no haya cumplido con la orden de comparendo cuya notificación se solicitó, no estará sujeto a ninguna sanción o medida coercitiva aun en el caso que dicha orden lo intimara, salvo que posteriormente se encuentre por voluntad propia en territorio de la Parte requirente y sea nuevamente citado de manera regular.
2. Las compensaciones, así como los gastos de viaje y de estadía que deban abonarse al testigo o perito por la Parte requirente, se calcularán en función al lugar de su residencia y en cuantía por lo menos igual a la que resulte de las escalas y reglamentos en vigor en el país donde haya de tener lugar la declaración testimonial o pericial.

ARTÍCULO 18
INMUNIDAD RESPECTO A LA COMPARECENCIA

1. Ningún testigo o perito, cualquiera sea su nacionalidad, que en virtud de una citación comparezca ante las autoridades judiciales de la Parte requirente, será perseguido ni detenido o sometido a ninguna otra restricción de su libertad individual en el territorio de dicha Parte, por hechos o condenas anteriores a su salida del territorio de la Parte requerida.
2. Ninguna persona, cualquiera sea su nacionalidad, citada ante las autoridades judiciales de la Parte requirente a fin de responder por hechos en razón de las cuales es objeto de un proceso, será procesada, detenida o sujeta a ninguna otra restricción de su libertad individual por hechos o condenas anteriores a su salida del territorio de la Parte requerida y no señalados en la citación.
3. La inmunidad respecto a la comparecencia prevista en el presente artículo, dejará de tener efecto cuando la persona, habiendo tenido la posibilidad de abandonar el territorio de la Parte requirente durante quince (15) días consecutivos luego que ya no se requiera su presencia, permanezca aún en dicho territorio o regrese libremente a él después de haberlo abandonado.

ARTÍCULO 19
AMPLIACIÓN DEL TESTIMONIO EN LA PARTE REQUIRENTE

1. La persona que comparezca en la Parte requirente accediendo a una citación, no puede ser obligada a declarar o a presentar medios de prueba, si el derecho de una de las dos Partes la faculta a negarse.
2. Lo dispuesto en el artículo 8 se aplicará *mutatis mutandis*.

ARTÍCULO 20
TRASLADO TEMPORAL DE PERSONAS DETENIDAS

1. Toda persona detenida en la Parte requerida, citada a comparecer en la Parte requirente con fines de testimonio, confrontación o por cualquier otra necesidad del proceso, será trasladada temporalmente al territorio de la Parte requirente, con la condición de devolver al detenido a la Parte requerida en el plazo indicado por ella y con sujeción a las disposiciones del artículo 18 del presente Convenio, en la medida en que sean aplicables.

2. Podrá denegarse el traslado:

a) si la persona detenida no consiente su traslado;

b) si su presencia es necesaria en un proceso penal en curso en el territorio de la Parte requerida;

c) si su traslado pudiera determinar que se prolongue la detención;

d) si existen otras consideraciones imperiosas que se opongan a su traslado a la Parte requirente.

3. La persona trasladada deberá permanecer en estado de detención en el territorio de la Parte requirente, salvo que la Parte requerida solicite su liberación. El período de permanencia en el territorio de la Parte requirente se deducirá del tiempo de detención que deba cumplir en la Parte requerida.

4. En caso de evasión de la persona trasladada en el territorio de la Parte requirente, la Parte requerida podrá solicitar la apertura de indagaciones penales sobre los hechos.

ARTÍCULO 21
REGISTRO, INCAUTACIÓN E INMOVILIZACIÓN DE BIENES

1. La Parte requerida cumplirá las solicitudes de registro, inmovilización de bienes e incautación de medios probatorios, en la medida que lo permita su legislación.

2. La Parte requerida informará a la Parte requirente el resultado del cumplimiento de dichas solicitudes.

3. La Parte requirente, en la medida que lo permita su legislación, accederá a las condiciones que le imponga la Parte requerida, en cuanto a los objetos incautados remitidos a la Parte requirente.

4. La Parte requerida podrá rechazar la entrega de los bienes, si la Parte requirente no está en capacidad de respetar las condiciones impuestas en aplicación del numeral anterior.

ARTÍCULO 22
PRODUCTOS DE LOS DELITOS

1. La Parte requerida intentará determinar, previa solicitud, si los productos de un delito contra la legislación de la Parte requirente se encuentran en su jurisdicción e informará a la Parte requirente sobre los resultados de sus indagaciones. En la solicitud, la Parte requirente comunicará a la Parte requerida los motivos en los que basa su presunción de que tales productos se encuentran dentro de su jurisdicción.
2. Si, conforme a lo previsto en el párrafo 1 del presente artículo, se determina que los productos que se sospecha proceden de un delito se encuentran en su jurisdicción, la Parte requerida adoptará las medidas necesarias autorizadas por su legislación para impedir que éstos sean objeto de transacciones, se transfieran o se cedan antes de que las autoridades judiciales de la Parte requirente no haya adoptado una decisión definitiva al respecto.
3. La Parte requerida ejecutará, conforme disponga su legislación, una solicitud de asistencia cuya finalidad sea la incautación de los productos de un delito.
4. En la medida en que lo permita su legislación, y previa solicitud de la Parte requirente, la Parte requerida gestionará prioritariamente la restitución a la Parte requirente de los productos de los delitos, con miras en particular a indemnizar a las víctimas o restituirlos al propietario legitimo, sin prejuicio de los derechos de terceros de buena fe.
5. Los productos de un delito incluyen los instrumentos utilizados para cometer el ilícito.

ARTÍCULO 23
RESTITUCIÓN

1. A instancia de la Parte requirente, y sin perjuicio de los derechos de terceros de buena fe, la Parte requerida podrá poner a disposición de la Parte requirente los objetos obtenidos por medios ilícitos para que sean restituidos a su propietario legítimo.

2. En el marco del cumplimiento de una solicitud de asistencia, la Parte requerida podrá renunciar, antes ó después de entregarlos a la Parte requirente, al reenvío de los objetos que se hayan remitido a la Parte requirente si se puede favorecer así la restitución de dichos objetos a su propietario legítimo. Los derechos de terceros de buena fe no resultarán afectados.

3. Si la Parte requerida renuncia al reenvío de los objetos antes que se entreguen a la Parte requirente, no reclamará ningún derecho de prenda, ni ningún otro derecho a recurso derivado de la legislación fiscal o aduanera respecto a dichos objetos.

4. La renuncia efectuada conforme al párrafo 2 no afectará el derecho de la Parte requerida de percibir del propietario legítimo tasas o aranceles aduaneros.

ARTÍCULO 24
DECLARACIÓN POR VIDEOCONFERENCIA

1. Si una persona que se encuentra en el territorio de una de las Partes debe prestar declaración como testigo o perito ante las autoridades competentes de la otra Parte, esta última podrá solicitar que la declaración tenga lugar por videoconferencia si resulta inoportuno o imposible que la persona que deba ser oída comparezca personalmente en el territorio, conforme a las disposiciones de este artículo.
2. La Parte requerida autorizará la declaración por videoconferencia siempre que el recurso a este método no sea contrario a los principios fundamentales de su ordenamiento jurídico y se disponga de los medios técnicos para ello.
3. Las solicitudes de declaración por videoconferencia indicarán, además de los datos contemplados en el artículo 27, párrafo 1, el motivo por el que no se desea o no es posible que el testigo o el perito comparezcan personalmente, y mencionarán el nombre de la autoridad judicial competente y de las personas que tomarán la declaración.
4. La autoridad competente de la Parte requerida citará a comparecer a la persona con arreglo a las formas previstas en su legislación.
5. Las siguientes reglas se aplicarán a la declaración por videoconferencia:
   a) la declaración tendrá lugar en presencia de una autoridad competente de la Parte requerida, asistida por un intérprete de ser necesario. Esta autoridad será responsable de la identificación de la persona que presta declaración y de que se respeten los principios fundamentales del ordenamiento jurídico de la Parte requerida. Si la autoridad competente de la Parte requerida considera que durante la declaración no se respetan los principios fundamentales del ordenamiento jurídico de esa Parte, adoptará inmediatamente las medidas necesarias para que la declaración continúe conforme a dichos principios;
   b) las autoridades competentes de ambas Partes acordarán, si procede, medidas relativas a la protección de la persona que deba ser oída;
   c) la declaración tendrá lugar directamente ante la autoridad competente de la Parte requirente, o bajo su dirección, conforme a su ordenamiento jurídico interno;
   d) la persona que deba ser oída podrá ampararse en el derecho a no declarar que le reconozca la ley de la Parte requerida o de la Parte requirente.

6. Sin perjuicio de todas las disposiciones acordadas respecto a la protección de las personas, la autoridad competente de la Parte requerida levantará un acta al terminar la declaración, en la que figurará la fecha y el lugar de la declaración, la identidad de la persona que ha prestado declaración, las identidades y cualidades de todas las otras personas de la Parte requerida que hayan participado, los eventuales juramentos prestados y las condiciones técnicas en las que se haya desarrollado la declaración. La autoridad competente de la Parte requerida transmitirá este documento a la autoridad competente de la Parte requirente.
7. El costo de establecimiento de la conexión de vídeo, los costos de la puesta a disposición de la conexión de video en la Parte requerida, la remuneración de los intérpretes facilitados por ésta, las indemnizaciones pagadas a los testigos y a los peritos, así como sus gastos de desplazamiento a la Parte requerida, serán reembolsados por la Parte requirente a la Parte requerida, a menos que esta última renuncie al reembolso de la totalidad o parte de dichos gastos.
8. Ambas Partes adoptarán las medidas necesarias para garantizar que, en caso que testigos o peritos que deban ser oídos en su territorio conforme al presente artículo, se nieguen a prestar testimonio cuando deben hacerlo, o hagan falsas declaraciones, se aplique su ordenamiento jurídico nacional como se aplicaría si la declaración hubiera tenido lugar en el marco de un proceso nacional.
9. Si sus respectivos ordenamientos jurídicos lo permiten, ambas Partes también podrán aplicar las disposiciones del presente artículo a las declaraciones por videoconferencia en las que participe una persona que sea objeto de un proceso penal. Las declaraciones sólo podrán tener lugar si dicha persona lo acepta. La decisión de celebrar la videoconferencia y la manera en la que ésta se desarrollará serán objeto de un acuerdo entre las autoridades competentes de las Partes y respetarán sus respectivos ordenamientos jurídicos.

ARTÍCULO 25
SOLICITUD DE INFORMACIÓN BANCARIA

1. A instancia de la Parte requirente, la Parte requerida facilitará de la manera más breve posible, información sobre todo tipo de cuentas abiertas en los bancos ubicados en su territorio, que pertenezcan o estén controladas por persona física o jurídica que sea objeto de indagaciones penales en el territorio de la parte requirente.

2. A instancia de la Parte requirente, la Parte requerida facilitará la información sobre determinadas cuentas y operaciones bancarias que se hayan realizado durante un periodo dado con una o varias cuentas especificadas en la solicitud, incluidos los datos de cualquier cuenta emisora o receptora.

3. A instancia de la Parte requirente, la Parte requerida seguirá durante un periodo determinado las operaciones bancarias realizadas con una o varias cuentas especificadas en la solicitud, y comunicará los resultados a la Parte requirente. Las modalidades prácticas de seguimiento serán objeto de un acuerdo entre las autoridades competentes de la Parte requerida y la Parte requirente.

4. La información mencionada en los párrafos 1, 2 y 3 del presente artículo se facilitará a la Parte requirente, incluso si se trata de cuentas cuya titularidad corresponda a entidades que actúen en forma o por cuenta de fondos fiduciarios o de cualquier otro instrumento de gestión de un patrimonio de afectación cuyos constituyentes o beneficiarios se desconozcan.

5. La Parte requerida adoptará las medidas necesarias para que los bancos no revelen al cliente, ni a terceros, que se han transmitido datos a la Parte requirente a efectos del presente artículo.

ARTÍCULO 26
AUTORIDADES CENTRALES

1. Para los efectos del presente Convenio, la Autoridad Central es, respecto de la República del Perú, el Ministerio Público – Fiscalía de la Nación, y de la República Francesa, el Ministerio de Justicia.

2. La Autoridad Central de la Parte requirente es la que transmitirá las solicitudes de asistencia judicial a que se refiere el presente Convenio, que emanan de sus autoridades judiciales o del Ministerio Público.

3 La Autoridad Central de la Parte requerida transmitirá, de manera diligente a sus autoridades judiciales o al Ministerio Público las solicitudes de asistencia para que las cumplan.

4. Las Autoridades Centrales de ambas Partes se comunicarán directamente entre sí.

5. Cualquier modificación que afecte a la designación de una Autoridad Central se pondrá en conocimiento de la otra Parte por vía diplomática.

ARTÍCULO 27
CONTENIDO DE LA SOLICITUD

1. La solicitud se presentará por escrito y deberá contener la siguiente información:
   a) la designación de la autoridad de la que emana y, en su caso, la autoridad encargada del procedimiento penal en la Parte requirente;
   b) el objeto y el motivo de la solicitud;
   c) en lo posible, el nombre completo, lugar y fecha de nacimiento, nacionalidad y dirección de la persona de quien se trate, al momento de la presentación de la solicitud;
   d) una descripción de los hechos (fecha, lugar y circunstancia del delito) que dan lugar a la investigación en la Parte requirente, salvo que se trate de una solicitud de notificación, conforme al artículo 15;
   e) el texto de las disposiciones aplicables que tipifiquen y sancionen los delitos.
2. Por lo demás, la solicitud deberá contener:
   a) en el caso de aplicación del derecho de la Parte requirente en la ejecución de la solicitud (artículo 5, numeral 2), el texto de las disposiciones legales aplicables en la Parte requirente y el motivo de su aplicación;
   b) en el caso de participación de personas en el proceso (artículo 9), la designación de las personas que deberán asistir a la ejecución de la solicitud y el motivo de su presencia;
   c) en el caso de notificación de piezas del proceso y de citaciones (artículos 15 y 16), el nombre y la dirección del destinatario de las piezas y citaciones;
   d) en el caso de citación de testigos o peritos (artículo 16), la indicación de que la Parte requirente asumirá los gastos y compensaciones, los cuales serán pagados por anticipado, si se lo solicitan;
   e) en el caso de traslado temporal de personas detenidas (artículo 20), el nombre de ellas.
3. Si la Parte requirente presenta una solicitud de asistencia que completa una solicitud previa, no tendrá que comunicar los datos ya suministrados. La solicitud complementaria contendrá los datos necesarios para identificar la solicitud previa.

ARTÍCULO 28
EJECUCIÓN DE LA SOLICITUD

1. Si la solicitud no se ajusta a las disposiciones del presente Convenio, la Autoridad Central de la Parte requerida lo hará saber inmediatamente a la Autoridad Central de la Parte requirente, solicitándole modificarla o completarla, sin perjuicio de la adopción de medidas provisionales con arreglo a lo dispuesto en el artículo 7.
2. Si la solicitud se ajusta al presente Convenio, la Autoridad Central de la Parte requerida la derivará inmediatamente a la autoridad judicial o al Ministerio Público.
3. La Parte requerida cumplirá la solicitud de asistencia lo antes posible, teniendo en cuenta la fecha límite del procedimiento y cualquier otra circunstancia que indique la Parte requirente.
4. Después de la ejecución de la solicitud, la autoridad judicial o el Ministerio Público remitirá a la Autoridad Central de la Parte requerida la solicitud, así como las informaciones y elementos de prueba que se hubieran obtenido. La Autoridad Central se asegurará que la ejecución sea fiel y completa, y comunicará los resultados a la Autoridad Central de la Parte requirente.

ARTÍCULO 29
DENEGACIÓN MOTIVADA

Toda denegación de asistencia judicial, total o parcial, deberá ser debidamente motivada.

ARTÍCULO 30
DISPENSA DE LEGALIZACIÓN Y AUTENTICACIÓN

1. Los documentos, expedientes o elementos de prueba, transmitidos en aplicación del presente Convenio, estarán exentos de todas las formalidades de legalización y autenticación.
2. Los documentos, expedientes o elementos de prueba transmitidos por la Autoridad Central de la Parte requerida serán aceptados como medios de prueba sin que sea necesaria justificación o certificación de autenticidad.

ARTICULO 31
IDIOMA

La Parte requirente presentará la solicitud, y todos los documentos que la acompañan, debidamente traducidos en el idioma de la Parte requerida.

ARTÍCULO 32
GASTOS GENERADOS POR LA EJECUCIÓN DE LA SOLICITUD

1. La Parte requirente asumirá, a solicitud de la Parte requerida, únicamente los siguientes gastos efectuados con objeto de la ejecución de una solicitud:
   a) compensaciones, gastos de viaje y viáticos de testigos, y de sus eventuales representantes legales;
   b) gastos relativos al traslado temporal de personas detenidas; y,
   c) honorarios, gastos de viaje y otros gastos de los peritos.
2. Si se presume que la ejecución de la solicitud generará gastos extraordinarios, la Parte requerida lo informará al la Parte requirente a fin de fijar las condiciones a las que estará sujeta la ejecución de la solicitud.

ARTÍCULO 33
OTROS ACUERDOS O CONVENIOS Y LEGISLACIONES NACIONALES

Las disposiciones del presente Convenio no impedirán la asistencia más amplia que haya sido o sea convenida entre las Partes en otros acuerdos o convenios, o que resultase de la legislación nacional o de una práctica bien establecida de una u otra Parte.

ARTÍCULO 34
INTERCAMBIO DE OPINIONES

Si lo consideran necesario, las Autoridades Centrales, verbalmente o por escrito, intercambiarán opiniones sobre la aplicación o la ejecución del presente Convenio, de manera general o en un caso particular.

ARTÍCULO 35
SOLUCIÓN DE CONTROVERSIAS

Cualquier controversia que surja entre las Partes relacionada con la interpretación u aplicación del presente Convenio, será resuelta por consultas entre las Partes, a través de la vía diplomática.

ARTÍCULO 36
APLICACIÓN TEMPORAL

El presente Convenio se aplicará a cualquier solicitud presentada después de su entrada en vigencia, aún cuando los hechos a que se refiere la solicitud se hubieren producido con anterioridad.

ARTÍCULO 37
ENMIENDAS

1. El presente Convenio podrá ser enmendado por escrito, y de común acuerdo entre las Partes.
2. Las Enmiendas entrarán en vigor conforme al procedimiento previsto en el artículo 39 del presente Convenio.

ARTÍCULO 38
DURACIÓN

El presente Convenio tendrá una duración indeterminada.

ARTÍCULO 39
ENTRADA EN VIGENCIA

El presente Convenio entrará en vigor el primer día del segundo mes contado a partir de la última notificación a través de las cuales las Partes se comuniquen mutuamente, por la vía diplomática, el cumplimiento de los procedimientos exigidos por sus respectivos ordenamientos jurídicos.

ARTÍCULO 40
DENUNCIA

1. Cualquiera de las Partes podrá denunciar en cualquier momento el presente Convenio, notificando de esa decisión a la otra Parte, por la vía diplomática.
2. La denuncia surtirá efecto el primer día del sexto mes siguiente a la fecha de recepción de dicha notificación, y no afectará las solicitudes de asistencia en curso.

EN FE DE LO CUAL, los infrascritos, debidamente autorizados por sus respectivos Gobiernos, firman el presente Convenio.

SUSCRITO el 15 de noviembre de 2012 en dos ejemplares, cada uno en los idiomas castellano y francés, siendo ambos igualmente auténticos y válidos.

POR EL GOBIERNO DE LA REPÚBLICA DEL PERÚ

POR EL GOBIERNO DE LA REPÚBLICA FRANCESA

[TRANSLATION IN ENGLISH – TRADUCTION EN ANGLAIS]

AGREEMENT ON MUTUAL LEGAL ASSISTANCE IN CRIMINAL MATTERS BETWEEN THE GOVERNMENT OF THE REPUBLIC OF PERU AND THE GOVERNMENT OF THE FRENCH REPUBLIC

The Government of the Republic of Peru and the Government of the French Republic, hereinafter referred to as "the Parties", desirous of concluding an agreement on mutual legal assistance in criminal matters and to cooperate more effectively in the prosecution, judgment and punishment of offences, have agreed as follows:

Article 1. Obligation of mutual assistance

1. The Parties undertake, in accordance with this Agreement, to afford to each other the widest possible measure of legal assistance in any criminal proceeding which, at the time of the request for assistance, falls within the jurisdiction of the judicial authorities of the Requesting Party.

2. Legal assistance shall include:
   (a) Taking testimonies or other statements;
   (b) Providing documents, including bank documents, records or evidentiary items;
   (c) Exchanging of information;
   (d) Searching persons, homes and others;
   (e) Taking coercive measures, including the lifting of bank secrecy;
   (f) Taking interim measures;
   (g) Effecting services of proceedings;
   (h) Transferring temporarily detained persons for hearings or appearances;
   (i) Holding hearings by videoconference;
   (j) Executing seizures and confiscations of property; and,
   (k) Any other form of mutual assistance permitted by the laws of the Requested Party.

3. Mutual legal assistance shall also be afforded:
   (a) In any criminal proceedings for acts or offences that may involve legal persons in the Requesting Party;
   (b) In civil actions accompanying criminal proceedings, provided that the criminal court has not yet made a final ruling for the criminal proceedings;
   (c) For the notification of judicial communications relating to the enforcement of a penalty or security measure, the collection of a fine or the payment of legal costs.

Article 2. Facts giving rise to mutual assistance

Mutual legal assistance shall be afforded even when the acts for which proceedings are instituted in the Requesting Party are not considered criminal offences in the Requested Party, subject to the provisions of article 6.

Article 3. Inapplicability

This Agreement shall not apply to:

(a) The enforcement of detention and extradition decisions;

(b) The enforcement of criminal convictions, including the transfer of convicted persons, subject to confiscation measures;

(c) Proceedings relating to military offences which are not offences under ordinary law.

Article 4. Grounds for refusal or postponement of mutual assistance

1. Mutual legal assistance may be refused:

(a) Where the request relates to offences regarded by the Requested Party as being political offences, or connected with political offences;

(b) Where the Requested Party is of the opinion that execution of the request could prejudice its sovereignty, security, public order (ordre public) or other essential interests.

2. Mutual legal assistance shall not be refused solely on the ground that the request relates to an offence that the Requested Party classifies as a fiscal offence or solely on the ground that the laws of the Requested Party do not impose the same type of customs and exchange fees or taxes or do not provide for the same type of regulation of customs and exchange fees and taxes as the laws of the Requesting Party.

3. The Requested Party shall not invoke bank secrecy as a ground for refusing to cooperate in a request for mutual legal assistance.

4. The Requested Party may postpone the provision of mutual legal assistance if execution of the request could interfere with ongoing criminal proceedings in its territory.

5. Before refusing or postponing mutual legal assistance in accordance with this article, the Requested Party:

(a) Shall inform the Requesting Party as promptly as possible of the ground for considering to refuse or postpone mutual legal assistance; and

(b) Shall consult with the Requesting Party to decide if mutual legal assistance can be afforded subject to conditions that it deems necessary. If the Requesting Party accepts these conditions, it shall comply with them.

Article 5. Applicable laws

1. The request for assistance shall be executed in accordance with the law of the Requested Party.

2. If the Requesting Party wishes for a particular procedure to be applied in the execution of the request for assistance, it shall expressly so request, and the Requested Party shall process the request in question in accordance with that procedure if it does not conflict with the fundamental principles of its laws.

Article 6. Coercive measures

The execution of a request involving coercive measures may be refused if the facts described in the request do not correspond to the constituent elements of an offence punishable under the laws of the Requested Party, assuming that it was committed on its territory.

Article 7. Interim measures

At the express request of the Requesting Party, and if the case to which the request refers is not manifestly inadmissible or unfounded in accordance with the laws of the Requested Party, the competent authorities of that Party shall adopt interim measures for the purpose of maintaining a given existing situation, protecting threatened legal interests or preserving evidentiary items.

Article 8. Confidentiality and speciality

1. The Requested Party shall use its best endeavours to keep confidential the request for mutual assistance and its contents in conformity with its legal system. If the request cannot be executed without breaching confidentiality, the Requested Party shall so inform the Requesting Party, which shall then determine whether the request should nevertheless be executed. To that end, the Requesting Party shall specify the extent to which confidentiality has been breached.

2. The Requested Party may request that the information or evidentiary item communicated in accordance with this Agreement be kept confidential or that it be disclosed or used only under previously specified conditions. Where the Requested Party intends to apply these provisions, it shall so inform the Requesting Party in advance. If the Requesting Party accepts the conditions, it shall comply with them. Otherwise, the Requested Party may refuse to provide the mutual legal assistance.

3. The Requesting Party may not disclose or use any communicated information or evidentiary item for any purpose other than that stipulated in the request, except with the prior authorization of the Requested Party.

Article 9. Presence of persons participating in the proceedings

1. If the Requesting Party expressly so requests, the central authority of the Requested Party shall advise it of the date and place of execution of the request. The authorities of the Requesting Party or the persons mentioned in the request may be present at the proceedings if the Requested Party so permits.

2. Where they are present at the execution of the request, the authorities of the Requesting Party or the persons mentioned in the request may be provided directly with a certified copy of the execution documents.

Article 10. Witness testimony in the Requested Party

Witnesses shall give testimony in accordance with the laws of the Requested Party. They may, however, invoke the right not to testify that is afforded them under the laws of the Requested or Requesting Party.

Article 11. Transmission of documents, records or evidentiary items

1. The Requested Party may transmit copies of the requested documents, records or evidentiary items. If the Requesting Party expressly requests the transmission of the originals, the Requested Party shall, to the extent possible, do so.

2. Rights invoked by third parties to documents, records or evidentiary items in the Requested Party shall not prevent their transmission to the Requesting Party.

3. The Requesting Party is obliged to return the originals of such items as soon as possible and at the latest by the end of the proceedings, if the Requested Party expressly so requests.

Article 12. Records of proceedings or investigations

The Requested Party shall provide the authorities of the Requesting Party with its records of proceedings or investigations, including judgments and decisions, under the same conditions and to the same extent as for its own authorities, provided that such instruments are important for judicial proceedings in the territory of the Requesting Party.

Article 13. Criminal records and exchange of communications on convictions

1. The Requested Party shall transmit, in accordance with its laws and to the extent that its own judicial authorities can obtain them in similar cases, criminal background checks or information relating thereto requested by the judicial authorities of the other Party and are necessary in a criminal case.

2. In all cases not contemplated in paragraph 1 of this article, the Requesting Party's request shall be granted subject to the conditions provided for by the laws, regulations or practice of the Requested Party.

3. At least once a year, and in accordance with its laws, each Party shall communicate to the other criminal decisions and subsequent measures concerning its nationals that have been recorded criminal background checks.

Article 14. Notification for the purposes of criminal proceedings

1. Each Party may notify the other Party of any facts that might constitute an offence falling within the jurisdiction of the latter Party, to enable it to institute criminal proceedings in its territory.

2. The Requested Party shall report on the action taken on the basis of such notification and, if appropriate, transmit a copy of the decision to the other Party.

Article 15. Service of procedural documents and court decisions

1. The Requested Party shall effect service of any procedural documents and judicial decisions that are transmitted to it for that purpose by the Requesting Party.

2. Service may be effected by simple transmission of the document or decision to the person served. If the Requesting Party expressly so requests, service shall be effected by the Requested Party in one of the manners provided for the service of analogous documents under its own laws or in a specific manner consistent with such laws.

3. Proof of service shall be given by means of a receipt dated and signed by the person served or by means of a declaration made by the Requested Party stating that service has been effected and stating the form and date of such service. Any of these documents shall be sent immediately to the Requesting Party. The Requested Party shall, if the Requesting Party so requests, state whether service has been effected in accordance with its laws. If service cannot be effected, the reason shall be immediately communicated by the Requested Party to the Requesting Party.

4. A request to effect service of a summons on an accused person who is in the territory of the Requested Party shall be transmitted to the central authority of that Party not later than 30 days before the date set for the appearance.

5. The provisions of this article do not exclude the power of the Parties to decide that judicial and extrajudicial records intended for their own citizens should be delivered to them directly, through their representatives or their delegates.

Article 16. Appearance of witnesses or experts in the Requesting Party

1. Where the Requesting Party considers the personal appearance of a witness or expert before its judicial authorities particularly necessary, it shall so mention in the request for service of the order it issues, and the Requested Party shall summon the witness or expert to appear.

2. The Requested Party shall request the summoned witness or expert to attend the hearing and shall immediately inform the Requesting Party of the reply of the witness or expert.

3. A witness or expert who agrees to appear in the territory of the Requesting Party may require advance payment of travel and accommodation expenses from said Party.

4. In the event that the stay of the witness or expert summoned to appear, as provided for in paragraph 1 of this article, is extended, the expenses shall be borne by the Requesting Party.

Article 17. Non-appearance and compensation

1. A witness or expert who has failed to answer a summons to appear, service of which has been requested, shall not, even if the summons so indicates, be subject to any penalty or coercive measure, unless he or she subsequently voluntarily enters the territory of the Requesting Party of his or her own free will and is regularly re-summoned.

2. Compensation, as well as the travel and subsistence expenses to be paid to the witness or expert by the Requesting Party, shall be calculated on the basis of the place of residence of the witness or expert and shall be at rates at least equal to the amount resulting from the scales and regulations in force in the country where the witness or expert is to testify.

Article 18. Immunity upon appearance

1. No witness or expert, whatever his or her nationality, appearing on a summons before the judicial authorities of the Requesting Party, shall be prosecuted or detained or subjected to any other restriction of his or her personal liberty in the territory of that Party in respect of acts or convictions anterior to his or her departure from the territory of the Requested Party.

2. No person, whatever his or her nationality, summoned before the judicial authorities of the Requesting Party to answer for acts forming the subject of proceedings against him or her, shall be prosecuted or detained or subjected to any other restriction of his or her personal liberty for acts or convictions anterior to his or her departure from the territory of the Requested Party and not mentioned in the summons.

3. The immunity upon appearance provided for in this article shall cease when the person, having had the possibility to leave the territory of the Requesting Party for a period of 15 consecutive days from the date when his or her presence was no longer required, has nevertheless remained in the territory or, having left it, has voluntarily returned.

Article 19. Scope of testimony in the Requesting Party

1. A person who appears in the Requesting Party following a summons may not be compelled to give testimony or to produce evidentiary items if the laws of one of the two Parties entitles said person to refuse to do so.

2. The provisions of article 8 and article 10 shall apply mutatis mutandis.

Article 20. Temporary transfer of detainees

1. Any person held in custody in the Requested Party and summoned to appear in the Requesting Party for the purposes of testimony, witness confrontation or for any other requirement of the proceedings shall be temporarily transferred to the territory of the Requesting Party, provided that said person be sent back to the Requested Party within the period stipulated by it and subject to the provisions of article 18 of this Agreement, insofar as they are applicable.

2. Transfer may be refused:

   (a) If the person in custody does not consent to the transfer;

   (b) If said person's presence is necessary at criminal proceedings in progress in the territory of the Requested Party;

   (c) If said transfer is liable to prolong the person's detention;

   (d) If there are other overriding grounds for not transferring to the Requesting Party.

3. The transferred person shall remain in custody in the territory of the Requesting Party unless the Requested Party applies for his or her release. The period of stay in the territory of the Requesting Party shall be deducted from the period of detention to be served in the Requested Party.

4. If the transferred person escapes detention in the territory of the Requesting Party, the Requested Party may request the opening of criminal investigations into the facts of said escape.

Article 21. Search, seizure and confiscation of property

1. The Requested Party shall, insofar as its laws permit, carry out requests for search, confiscation of property and seizure of evidentiary items.

2. The Requested Party shall inform the Requesting Party of the outcome of the execution of such requests.

3. The Requesting Party shall, insofar as its laws permit, agree to any conditions imposed by the Requested Party in relation to the seized items surrendered to the Requesting Party.

4. The Requested Party may refuse delivery of the property if the Requesting Party is unable to comply with the conditions imposed under the preceding paragraph.

Article 22. Proceeds of crime

1. The Requested Party shall, upon request, endeavour to ascertain whether any proceeds of an offence against the laws of the Requesting Party are located within its jurisdiction and shall notify the Requesting Party of the results of its inquiries. In making the request, the Requesting Party shall notify the Requested Party of the basis of its belief that such proceeds may be located within its jurisdiction.

2. Where, pursuant to paragraph 1 of this article, suspected proceeds of crime are ascertained to be found within its jurisdiction, the Requested Party shall take such necessary measures as are permitted by its laws to prevent any dealing in, transfer or disposal of, those suspected proceeds before a relevant final decision has been taken by the judicial authorities of the Requesting Party.

3. The Requested Party shall, to the extent permitted by its laws, give effect to enforcement of a final order forfeiting the proceeds of crime.

4. To the extent permitted by its laws, and at the request of the Requesting Party, the Requested Party shall, as a matter of priority, arrange for the return of the proceeds of crime to the Requesting Party, in particular with a view to compensating victims, or returning them to their rightful owner, without prejudice to the rights of bona fide third parties.

5. Proceeds of crime include instrumentalities used to commit the offence.

Article 23. Restitution

1. The Requested Party may, at the request of the Requesting Party and provided that the rights of bona fide third parties are protected, hand over items obtained by illicit means to the Requesting Party for return to their rightful owner.

2. In the execution of a request for assistance, the Requested Party may, before or after handing over the items to the Requesting Party, waive the right to a return of the items that have been handed over to the Requesting Party if that could facilitate the return of the items to their rightful owner. The rights of bona fide third parties shall remain unaffected.

3. If the Requested Party waives its right of return of the items before they are handed over to the Requesting Party, it shall not claim any right of lien, or any other right of recourse arising from tax or customs laws in respect of such items.

4. A waiver under paragraph 2 shall not affect the right of the Requested Party to collect customs duties or taxes from the rightful owner.

Article 24. Hearing by videoconference

1. If a person who is in the territory of a Party is required to appear as a witness or expert before the competent authorities of the other Party, the latter Party may request that the person appear by videoconference, if it is inappropriate or impossible for the person to appear in person in its territory, in accordance with this article.

2. The Requested Party shall authorize the hearing by videoconference if use of this method is not contrary to the fundamental principles of its law and it has the technical means needed to conduct the hearing.

3. Requests for a hearing by videoconference shall contain, in addition to the information referred to in article 27.1, the reason why it is undesirable or impossible for the witness or expert to appear in person at the hearing, as well as the name of the competent judicial authority and of the persons who will conduct the hearing.

4. The competent authority of the Requested Party shall summon the person to appear in accordance with the procedures laid down in its laws.

5. The following rules shall apply to hearings by videoconference:

(a) The hearing shall be held in the presence of a competent authority of the Requested Party, assisted by an interpreter if necessary. That authority shall be responsible for identifying the person being heard and for ensuring that the fundamental principles of the law of the Requested Party are respected. If the competent authority of the Requested Party considers that the fundamental principles of the law of that Party are not respected during the hearing, it shall immediately take the necessary measures to ensure that the hearing is conducted in accordance with those principles;

(b) The competent authorities of both Parties shall, where appropriate, agree on measures concerning the protection of the person to be heard;

(c) The hearing shall be conducted directly by the competent authority of the Requesting Party, or under its direction, in accordance with its domestic laws;

(d) The person to be heard may invoke his or her right to testify under the laws of the requested or the requesting Party.

6. Without prejudice to any agreed arrangements for the protection of persons, the competent authority of the Requested Party shall prepare a record upon conclusion of the hearing, indicating the date and place of the hearing, the identity of the person heard, the identities and capacities of all other persons of the Requested Party who participated, any oaths taken and the technical conditions under which the hearing was held. The competent authority of the Requested Party shall transmit that document to the competent authority of the Requesting Party.

7. The cost of establishing the video link, the costs of making the video link available in the Requested Party, the remuneration of interpreters provided by the Requested Party, and the compensation paid to witnesses and experts and their expenses for travel to the Requested Party shall be reimbursed by the Requesting Party to the Requested Party, unless the latter Party waives its right to the reimbursement of all or part of such expenses.

8. Each Party shall take the necessary measures to ensure that, in the event that witnesses or experts who are to be heard in their territory in accordance with this article refuse to testify when required to do so, or give false testimony, its domestic laws apply as they would if the hearing had taken place as part of a domestic proceeding.

9. If their respective laws so permit, both Parties may also apply the provisions of this article to hearings by videoconference with the participation of a person who is the subject of criminal proceedings. Hearings may can only take place with the consent of the person who is the subject of the proceedings being prosecuted. The decision to hold the videoconference and the manner in which it is conducted shall be agreed to between the competent authorities of the Parties and shall be in accordance with their respective laws.

Article 25. Request for bank information

1. At the request of the Requesting Party, the Requested Party shall provide, in the shortest possible time, all information on all of the accounts, regardless of their type, held in banks located in its territory, owned or controlled by a natural or legal person who is the subject of a criminal investigation in the territory of the Requesting Party.

2. At the request of the Requesting Party, the Requested Party shall provide information on specific bank accounts and banking transactions conducted during a specific period on one or more of the accounts specified in the request, including details of any sending or recipient accounts.

3. At the request of the Requesting Party, the Requested Party shall monitor, over a specific period, the banking transactions conducted on one or more accounts specified in the request and shall communicate the results to the Requesting Party. The practical monitoring arrangements shall be agreed between the competent authorities of the Requested Party and the Requesting Party.

4. The information referred to in paragraphs 1, 2 and 3 of this article shall be provided to the Requesting Party even for of accounts held by entities acting as or on behalf of trusts or any other instrument for the management of an endowment with unknown constituents or beneficiaries.

5. The Requested Party shall take the necessary measures to ensure that banks do not disclose to the customer concerned or to third parties that information has been transmitted to the Requesting Party for the purposes of this article.

Article 26. Central authorities

1. For the purposes of this Agreement, the central authority is, for the Republic of Peru, the Public Prosecution Service - Attorney-General's Office and, for the French Republic, the Ministry of Justice.

2. The central authority of the Requesting Party shall transmit requests for mutual legal assistance under this Agreement originating from its judicial authorities or from the Office of the Public Prosecutor.

3 The central authority of the Requested Party shall promptly transmit requests for assistance to its judicial authorities or to the Office of the Public Prosecutor for their execution.

4. The central authorities of both Parties shall communicate directly with each other.

5. Any change affecting the designation of a central authority shall be brought to the attention of the other Party through the diplomatic channel.

Article 27. Content of requests

1. Requests shall be submitted in writing and shall contain the following information:
   (a) The designation of the originating authority and, where appropriate, the authority in charge of criminal proceedings in the Requesting Party;
   (b) The subject matter and the purpose of the request;
   (c) As far as possible, the full name, place and date of birth, nationality and address of the person concerned, at the time of submission of the request;
   (d) A description of the facts (date, place and circumstances of the offence) giving rise to the investigation in the Requesting Party, except in the case of a request for service under article 15;
   (e) The text of the applicable provisions defining and punishing the offences.
2. The application shall also contain:
   (a) Where the laws of the Requesting Party apply in the execution of the request (article 5.2), the text of the legal provisions applicable in the Requesting Party and the reason for their application;
   (b) Where a person is to participate in the procedure (article 9), the designation of the person who is to be present at the execution of the request and the reason for their presence;
   (c) For service of writs and summonses (articles 15 and 16), the name and address of the person on whom the writs and summonses are to be served;
   (d) For summonses of witnesses or experts (article 16), an indication that the Requesting Party shall bear the costs and compensation, which shall be paid in advance, if so requested;
   (e) In the case of the temporary transfer of detained persons (article 20), the name of such persons.

3. If the Requesting Party submits a request for assistance that supplements a previous request, it shall not be under any obligation to communicate the information already provided. The supplementary request shall contain the necessary information to identify the previous request.

Article 28. Execution of requests

1. If the request does not align with the provisions of this Agreement, the central authority of the Requested Party shall immediately so inform the central authority of the Requesting Party, requesting it to amend or supplement the request, without prejudice to the adoption of provisional measures in accordance with article 7.

2. If the request is aligned with this Agreement, the central authority of the Requested Party shall immediately refer the request to the judicial authority or to the Office of the Public Prosecutor.

3. The Requested Party shall execute the request for assistance as soon as possible, taking into account the time limit of the proceeding and any other circumstances indicated by the Requesting Party.

4. After the execution of the request, the judicial authority or the Office of the Public Prosecutor shall forward to the central authority of the Requested Party the request and any

information and evidence obtained. The central authority shall ensure that the execution is faithful and complete and shall communicate the results to the central authority of the Requesting Party.

Article 29. Grounds for refusal

Proper grounds must be given for any refusal of legal assistance, in whole or in part.

Article 30. Legalization and authentication waiver

1. Documents, records or evidence transmitted pursuant to this Agreement shall not require legalization or authentication.

2. Documents, records or evidentiary items transmitted by the central authority of the Requested Party shall be accepted as evidence without the need for justification or certification of authenticity.

Article 31. Language

Requests and all supporting documents submitted by the Requesting Party shall be duly translated into the language of the Requested Party.

Article 32. Expenses generated by the execution of the request

1. The Requesting Party shall bear, at the request of the Requested Party, only the following expenses incurred in executing a request:

(a) Compensation, travel and per diem expenses of witnesses and their legal representatives, if any;

(b) Expenses relating to the temporary transfer of persons in custody; and

(c) Fees and travel and other expenses of experts.

2. If it is anticipated that the execution of the request will generate extraordinary expenses, the Requested Party shall so inform the Requesting Party in order to determine the terms and conditions under which the request shall be executed.

Article 33. Other agreements or arrangements and domestic laws

The provisions of this Agreement shall not preclude more significant assistance that has been or may be agreed between the Parties in other agreements or arrangements, or that may result from the domestic laws or a well-established practice in either Party.

Article 34. Exchange of views

If they consider it necessary, the central authorities shall, orally or in writing, exchange views on the application or the carrying out of this Agreement either generally or in relation to a particular case.

Article 35. Settlement of disputes

Any dispute arising between the Parties relating to the interpretation or application of this Agreement shall be settled by consultation between the Parties through the diplomatic channel.

Article 36. Temporal scope

This Agreement shall apply to requests made after its entry into force, even if the relevant events occurred prior to its entry into force.

Article 37. Amendments

1. This Agreement may be amended in writing and by mutual agreement between the Parties.
2. Amendments shall enter into force in accordance with the procedure laid down in article 39 of this Agreement.

Article 38. Duration

This Agreement is concluded for an indefinite period.

Article 39. Entry into force

This Agreement shall enter into force on the first day of the second month following the last notification by which the Parties notify each other through the diplomatic channel of the completion of the procedures required by their respective laws.

Article 40. Denunciation

1. Either Party may at any time terminate this Agreement by giving notice to the other Party through the diplomatic channel.
2. Such termination shall take effect on the first day of the sixth month following the date of receipt of such notification and shall not affect ongoing requests for assistance.

IN WITNESS WHEREOF the undersigned, being duly authorized thereto by their respective Governments, have signed this Agreement.

DONE at Paris on 15 November 2012 in two copies in the Spanish and French languages, both texts being equally authentic.

For the Government of the Republic of Peru:
[RAFAEL RONCAGLIOLO ORBEGOZO]

For the Government of the French Republic:
[PASCAL CANFIN]

No. 54795

Peru
and
France

Extradition Treaty between the Republic of Peru and the French Republic. Lima, 21 February 2013

Entry into force: *1 March 2016, in accordance with article 25*

Authentic texts: *French and Spanish*

Registration with the Secretariat of the United Nations: *Peru, 29 November 2017*

Pérou
et
France

Traité d'extradition entre la République du Pérou et la République française. Lima, 21 février 2013

Entrée en vigueur : *1er mars 2016, conformément à l'article 25*

Textes authentiques : *français et espagnol*

Enregistrement au Secrétariat de l'Organisation des Nations Unies : *Pérou, 29 novembre 2017*

[TEXT IN FRENCH – TEXTE EN FRANÇAIS]

TRAITE D'EXTRADITION
ENTRE
LA REPUBLIQUE DU PEROU
ET
LA REPUBLIQUE FRANCAISE

La République du Pérou et la République française, ci-après dénommées « les Etats contractants » ;

Rappelant la Convention d'extradition entre la République du Pérou et la République française, signée à Paris le 30 septembre 1874 ;

Désireuses de renforcer les liens d'amitié existant entre leurs peuples et leurs Gouvernements ;

Conscientes de la nécessité de jeter les bases d'une collaboration en matière de lutte contre la criminalité et de s'assister mutuellement en matière d'extradition,

Souhaitant en particulier renforcer leurs capacités communes de lutte contre le terrorisme et la criminalité organisée,

Sont convenues des dispositions suivantes :

Article 1
Obligation d'extrader

Les Etats contractants s'engagent à se livrer réciproquement, selon les dispositions du présent Traité, les personnes se trouvant sur leurs territoires respectifs et qui sont poursuivies ou ont été condamnées par les autorités judiciaires de l'autre Etat pour une infraction donnant lieu à extradition.

Article 2
Infractions donnant lieu à extradition

1. Donnent lieu à extradition les infractions punies, en vertu des lois des deux Etats contractants, d'une peine privative de liberté d'une durée d'au moins un (1) an ou d'une peine plus sévère.

2. Si l'extradition est demandée aux fins d'exécution d'une condamnation, la durée de la peine privative de liberté restant à exécuter doit être supérieure à six (6) mois.

3. Aux fins du présent article, une infraction donne lieu à extradition même si les lois des Etats contractants classent l'infraction dans des catégories différentes ou la qualifient en des termes différents, pourvu que le comportement sous-jacent soit délictueux dans les deux Etats.

4. Si la demande d'extradition vise plusieurs infractions punies chacune par la législation des deux Etats contractants, mais dont certaines ne remplissent pas les conditions prévues aux paragraphes 1 et 2, l'Etat requis peut également accorder l'extradition pour ces dernières.

5. En matière de taxes et d'impôts, de douanes et de change, l'extradition ne peut être refusée au motif que la législation de l'Etat requis ne prévoit pas le même type d'impôts ou de taxes ou ne contient pas le même type de réglementation en ces matières que la législation de l'Etat requérant si les faits satisfont aux conditions du présent article.

Article 3
Motifs obligatoires de refus d'extradition

L'extradition n'est pas accordée dans l'un des cas suivants :

a) Lorsque la demande de l'Etat requérant se rapporte à des infractions que l'Etat requis considère comme des infractions politiques ou comme des infractions connexes à de telles infractions. Ne sont cependant pas considérés comme des infractions politiques ou comme des infractions connexes à de telles infractions :

(i) L'attentat à la vie d'un chef d'Etat ou de Gouvernement ou d'un membre de sa famille ;
(ii) Le génocide, les crimes contre l'humanité ou les crimes de guerre ;
(iii) Les infractions, en particulier les infractions de nature terroriste, pour lesquelles les deux Etats contractants ont l'obligation, en vertu d'un traité multilatéral auquel ils sont tous deux parties, d'extrader la personne réclamée ou de soumettre le cas aux autorités compétentes pour décider des poursuites à engager.

b) Lorsque l'Etat requis a des motifs fondés de croire que l'extradition a été demandée aux fins de poursuivre ou de punir une personne pour des considérations de race, de religion, de nationalité, d'origine ethnique, d'opinions politiques, de sexe ou que la situation de cette personne risque d'être aggravée pour l'une de ces raisons ;

c) Lorsque le jugement de l'Etat requérant qui motive la demande d'extradition a été prononcé par défaut et que celui-ci n'accorde pas les garanties suffisantes que la personne aura la possibilité d'être jugée à nouveau en sa présence ;

d) Lorsque l'infraction pour laquelle l'extradition est demandée est une infraction militaire qui ne constitue pas une infraction pénale de droit commun ;

e) Lorsque la personne réclamée a été condamnée ou doit être jugée dans l'Etat requérant par un tribunal d'exception ;

f) Lorsque la personne a été condamnée ou acquittée définitivement, ou a fait l'objet d'une mesure d'amnistie ou de grâce dans l'Etat requis pour l'infraction ou les infractions en raison desquelles l'extradition est demandée ;

g) Lorsque l'action pénale ou la peine est prescrite d'après la législation de l'Etat requérant ou de l'Etat requis.

Article 4
Motifs facultatifs de refus d'extradition

L'extradition peut être refusée dans l'un des cas suivants :
a) Lorsque des poursuites pénales sont en cours ou ont été clôturées de façon non définitive dans l'Etat requis à l'encontre de la personne réclamée au titre de l'infraction ou des infractions pour lesquelles l'extradition est demandée ;

b) Lorsque l'infraction à raison de laquelle l'extradition est demandée a été commise hors du territoire de l'un ou l'autre Etat contractant et que l'Etat requis n'est pas compétent, conformément à sa législation, pour connaître d'infractions commises hors de son territoire dans des circonstances similaires ;

c) Lorsque la personne réclamée a été définitivement jugée dans un Etat tiers pour la ou les infractions pour lesquelles son extradition est demandée ;

d) Lorsque, selon la législation de l'Etat requis, l'infraction pour laquelle l'extradition est demandée a été commise en totalité ou en partie sur son territoire. Dans ce cas, l'Etat requis, d'office ou à la demande de l'Etat requérant, soumet l'affaire à ses autorités compétentes afin que des poursuites puissent être engagées contre l'intéressé pour la ou les infractions ayant motivé la demande d'extradition ;

e) Lorsque l'Etat requis considère que l'extradition de la personne réclamée pourrait avoir pour elle des conséquences d'une gravité exceptionnelle d'un point de vue humanitaire, eu égard à son âge ou à son état de santé.

Article 5
Remise de nationaux

1. Lorsque la personne réclamée est un ressortissant de l'Etat requis, celui-ci peut refuser d'accorder l'extradition. La nationalité est déterminée au moment où l'infraction pour laquelle l'extradition est demandée a été commise.

2. Si l'extradition est refusée pour ce motif, l'Etat requis doit, à la demande de l'Etat requérant, soumettre l'affaire à ses autorités compétentes afin que des poursuites judiciaires puissent être engagées à l'encontre de la personne réclamée pour l'infraction ou les infractions ayant motivé la demande d'extradition. A cet effet, les documents, rapports et objets concernant l'infraction sont adressés gratuitement par la voie prévue à l'article 7 et l'Etat requérant est informé de la décision intervenue.

Article 6
Peine de mort

L'extradition est refusée lorsque l'infraction pour laquelle elle est demandée est punie de la peine de mort conformément à la législation de l'Etat requérant, sauf si ce dernier donne des garanties suffisantes que cette peine ne sera ni requise, ni prononcée, ni exécutée.

Article 7
Demande d'extradition et documents requis

1. La demande d'extradition est formulée dans tous les cas par écrit et est transmise par la voie diplomatique.

2. La demande d'extradition doit comprendre ce qui suit :

a) Les documents, déclarations ou tout autre type de renseignements permettant d'établir l'identité de la personne réclamée et sa localisation probable ;

b) L'exposé des faits pour lesquels l'extradition est demandée, mentionnant la date et le lieu de leur commission, leur qualification juridique et les références des dispositions légales qui leur sont applicables, y compris celles relatives à la prescription ;

c) Le texte des dispositions légales qualifiant l'infraction pour laquelle l'extradition est demandée et les peines correspondantes ;

d) Le texte des dispositions légales indiquant, selon le cas, que l'action pénale ou la peine n'est pas prescrite ; et

e) Les documents, déclarations ou tout autre type d'informations spécifiés aux paragraphes 3 ou 4 du présent article, selon le cas.

3. La demande d'extradition concernant une personne réclamée pour être poursuivie pour une infraction doit également être accompagnée de l'original ou de la copie du mandat d'arrêt émis par le juge ou une autre autorité judiciaire compétente.

4. Si la demande d'extradition concerne une personne condamnée, la demande doit également être accompagnée :

a) De l'original ou de la copie du jugement de condamnation ;

b) D'une déclaration relative au quantum de la peine prononcée et au reliquat de la peine restant à purger.

5. Si l'Etat requis demande, en application du présent Traité, un complément d'informations ou de documents pour décider de la suite à donner à la demande d'extradition, ces informations ou documents doivent être fournis dans un délai maximum de quarante-cinq (45) jours consécutifs.

Article 8
Traduction des documents et exemption de formalités

1. Tous les documents présentés par l'Etat requérant doivent être accompagnés de leur traduction dans la langue de l'Etat requis.

2. En application des dispositions du présent Traité, la demande d'extradition, ainsi que les documents de toute nature l'accompagnant à cette occasion ou ultérieurement sont exemptés de légalisation ou formalité analogue.

Article 9
Arrestation provisoire

1. L'Etat requérant peut demander l'arrestation provisoire de la personne réclamée en attendant la présentation de la demande d'extradition. La demande d'arrestation provisoire doit être transmise par la voie diplomatique ou directement entre le Parquet de la Nation - Ministère public de la République du Pérou et le Ministère de la Justice de la République française ou par la voie de l'Organisation internationale de police criminelle (Interpol).

2. La demande d'arrestation provisoire est formulée par écrit et contient :

a) Une description de la personne réclamée ;

b) Son adresse, si elle est connue ;

c) Un bref exposé des faits relatifs à l'affaire mentionnant la date, le lieu et les circonstances de commission de l'infraction ;

d) L'indication détaillée de la loi ou des lois enfreintes ;

e) La déclaration de l'existence d'un mandat d'arrêt ou d'un jugement de condamnation à l'encontre de la personne réclamée ; et

f) Une déclaration indiquant que la demande d'extradition sera présentée ultérieurement.

3. Dès réception de la demande d'arrestation provisoire, l'Etat requis y donne suite conformément à sa législation. L'Etat requérant est informé sans délai de la décision sur la demande d'arrestation provisoire et des motifs de tout rejet d'une telle demande.

4. La personne arrêtée provisoirement peut être mise en liberté si, à l'expiration d'un délai de quatre-vingt (80) jours consécutifs à compter de la date de la mise en détention provisoire conformément au présent Traité, l'Etat requis n'a pas reçu la demande d'extradition.

5. La mise en liberté de la personne réclamée en application du paragraphe 4 du présent article n'empêche pas qu'elle soit à nouveau arrêtée et que son extradition soit accordée au cas où la demande correspondante serait reçue par la suite.

Article 10
Décision relative à la demande d'extradition et à la remise de la personne réclamée

1. L'Etat requis traite la demande d'extradition conformément à la procédure prévue par sa législation ainsi que par le présent Traité, et communique dans les meilleurs délais à l'Etat requérant, par la voie diplomatique, la décision qu'il a prise concernant la demande.

2. Si l'extradition est accordée, les Etats contractants conviennent d'une date et d'un lieu pour la remise de la personne réclamée. L'Etat requis communique à l'Etat requérant la durée de la détention subie par la personne réclamée en vue de son extradition.

3. Sans préjudice des dispositions du paragraphe 4 du présent article, si la personne réclamée n'est pas reçue dans un délai de quarante-cinq (45) jours consécutifs à compter de la date convenue pour la remise, elle doit être mise en liberté et l'Etat requis peut, par la suite, refuser son extradition pour les mêmes faits.

4. En cas de force majeure empêchant la remise ou la réception de la personne à extrader, l'Etat contractant affecté en informe l'autre Etat. Les deux Etats contractants conviennent d'une nouvelle date pour la remise et les dispositions du paragraphe 3 du présent article sont applicables.

5. Si l'extradition est refusée, intégralement ou en partie, l'Etat requis fournit une explication motivée de son refus et, à la demande de l'Etat requérant, remet une copie de la décision.

Article 11
Remise différée ou temporaire

1. Après avoir accepté l'extradition, l'Etat requis peut différer la remise d'une personne à l'encontre de laquelle il existe des procédures en cours ou lorsque cette personne purge une peine sur le territoire de cet Etat. Ce report peut se prolonger jusqu'à la conclusion de la procédure judiciaire à l'encontre de la personne réclamée ou jusqu'à ce que celle-ci ait purgé sa peine éventuelle. L'Etat requis informe l'Etat requérant, dans les meilleurs délais, de tout report conformément au présent paragraphe.

2. Lorsque l'extradition d'une personne à l'encontre de laquelle une procédure judiciaire est en cours ou qui purge une peine sur le territoire de l'Etat requis est accordée, cet Etat peut, à titre exceptionnel, remettre temporairement la personne dont l'extradition a été accordée, à l'Etat requérant dans des conditions à déterminer d'un commun accord entre les Etats contractants et, en tout cas, sous la condition expresse qu'elle sera maintenue en détention et renvoyée dans l'Etat requis.

Article 12
Concours de demandes

Si l'Etat requis reçoit des demandes de l'autre Etat contractant et d'un ou plusieurs Etats tiers en vue de l'extradition de la même personne, soit pour la même infraction, soit pour des infractions distinctes, l'Etat requis décide à quel Etat remettre la personne, en tenant compte de tous les éléments pertinents et en particulier des suivants :

a) Si les demandes ont été effectuées en vertu d'un traité ;

b) L'ordre chronologique dans lequel les demandes ont été reçues par l'Etat requis ;

c) Le lieu où chaque infraction a été commise ;

d) Le domicile de la personne réclamée ;

e) La gravité de chaque infraction ;

f) La nationalité de la personne réclamée ; ou

g) La possibilité d'une extradition ultérieure vers un autre Etat.

Article 13
Saisie et remise de biens

1. Dans les limites autorisées par la législation de l'Etat requis, ce dernier peut saisir et remettre à l'Etat requérant tous les objets, documents et preuves liés à l'infraction donnant lieu à l'extradition. La remise de ceux-ci peut s'effectuer même si l'extradition n'a pu être menée à bien en raison du décès, de la disparition ou de la fuite de la personne réclamée.

2. L'Etat requis peut différer la remise des biens susmentionnés, aussi longtemps que jugé nécessaire pour les besoins d'une enquête ou d'une procédure dans ledit Etat. Il peut également les remettre à l'Etat requérant à condition qu'ils lui soient restitués dans les plus brefs délais.

3. Sont préservés les droits de l'Etat requis ou de tiers sur les biens remis.

Article 14
Règle de la spécialité

1. La personne extradée en vertu du présent Traité ne sera ni poursuivie, ni jugée, ni détenue dans l'Etat requérant, ni soumise à aucune autre restriction de sa liberté individuelle, pour un fait quelconque antérieur à la remise, autre que celui ayant motivé l'extradition, sauf dans les cas suivants :

a) Lorsque l'Etat qui l'a livrée y consent. Une demande est présentée à cet effet, accompagnée des pièces prévues à l'article 7 et d'un procès-verbal judiciaire consignant les déclarations de la personne extradée, précisant si elle accepte l'extension de l'extradition ou si elle s'y oppose. Ce consentement ne peut être accordé que lorsque l'infraction pour laquelle il est demandé est de nature à donner lieu à extradition conformément au présent Traité ; ou

b) Lorsque, ayant eu la possibilité de quitter le territoire de l'Etat auquel elle a été livrée, la personne extradée ne l'a pas quitté dans les trente (30) jours consécutifs qui suivent sa libération définitive ou si elle y est retournée volontairement après l'avoir quitté.

2. Si les conditions visées aux alinéas a) ou b) du paragraphe 1 du présent article ne sont pas réunies, l'Etat requérant peut prendre les mesures nécessaires, conformément à sa législation, en vue de l'expulsion de la personne extradée, d'une interruption ou d'une suspension de la prescription ou du recours à une procédure par défaut.

3. Lorsque la qualification légale d'une infraction pour laquelle une personne a été extradée est modifiée au cours de la procédure, cette personne ne peut être poursuivie ou jugée que si l'infraction nouvellement qualifiée :

a) Peut donner lieu à extradition dans les conditions du présent Traité ;

b) Vise les mêmes faits que l'infraction pour laquelle elle a été accordée ; et

c) N'est pas punissable de la peine de mort dans l'Etat requérant, sauf si ce dernier octroie les garanties prévues à l'article 6 du présent Traité.

Article 15
Réextradition vers un Etat tiers

Sauf dans le cas prévu à l'article 14, paragraphe 1, alinéa b), la réextradition au profit d'un Etat tiers ne peut être accordée sans le consentement de l'Etat contractant qui a accordé l'extradition. Cet Etat peut exiger la production des pièces prévues à l'article 7, ainsi qu'un procès-verbal judiciaire attestant que la personne réclamée accepte la réextradition ou qu'elle s'y oppose.

Article 16
Consentement de la personne réclamée

Si la personne réclamée consent à être remise à l'Etat requérant, l'Etat requis, conformément à son droit interne, statue sur sa remise aussi rapidement que possible. Le consentement doit être libre, explicite et volontaire, étant entendu que la personne réclamée doit être informée de ses droits et des conséquences de sa décision.

Article 17
Transit

1. Le transit à travers le territoire de l'un des Etats contractants d'une personne remise à l'autre Etat contractant par un Etat tiers, est accordé sur présentation, selon le cas, de l'un des documents visés aux paragraphes 3 ou 4 de l'article 7 du présent Traité, par la voie diplomatique ou directement entre le Parquet de la Nation – Ministère public de la République du Pérou et le Ministère de la Justice de la République française.

2. Le transit peut être refusé dans tous les cas de refus de l'extradition et pour des raisons d'ordre public.

3. La garde de la personne incombe aux autorités de l'Etat de transit tant qu'elle se trouve sur son territoire.

4. Dans les cas où la voie aérienne est utilisée, il est fait application des dispositions suivantes :

a) Lorsqu'aucun atterrissage n'est prévu, l'Etat requérant le notifie à l'Etat dont le territoire doit être survolé et atteste de l'existence de l'un des documents prévus, selon le cas, aux paragraphes 3 ou 4 de l'article 7. Dans le cas d'atterrissage fortuit, cette notification produit les effets de la demande d'arrestation provisoire visée à l'article 9 et l'Etat requérant adresse une demande régulière de transit ; ou

b) Lorsqu'un atterrissage est prévu, l'Etat requérant adresse une demande régulière de transit.

Article 18
Frais

1. Les frais occasionnés par les procédures internes inhérentes à l'extradition sont à la charge de l'Etat requis, à l'exception de ceux relatifs au transport de la personne réclamée vers l'Etat requérant, qui sont à la charge de ce dernier.

2. Si au cours de l'exécution d'une demande d'extradition, il apparaît que des frais de nature extraordinaire sont requis pour satisfaire à la demande, les Etats contractants se consultent pour fixer les termes et conditions auxquels sera soumise l'exécution de la demande.

Article 19
Relations avec d'autres traités ou accords internationaux

Les dispositions du présent Traité ne portent pas atteinte aux droits et aux obligations de chaque Etat contractant établis dans tout autre traité, convention ou accord.

Article 20
Consultations

Le Parquet de la Nation - Ministère public de la République du Pérou et le Ministère de la Justice de la République française peuvent se consulter mutuellement en ce qui concerne le cours des affaires, le maintien et l'amélioration des procédures pour la mise en œuvre du présent Traité.

Article 21
Règlement des différends

Tout différend qui pourrait survenir entre les États contractants, au sujet de l'interprétation ou de l'exécution du présent Traité, est réglé entre eux au moyen de consultations par la voie diplomatique.

Article 22
Application dans le temps

Le présent Traité s'applique à toutes demandes d'extradition présentées après son entrée en vigueur, même si les infractions auxquelles elles se rapportent ont été commises antérieurement.

Article 23
Amendements

Tout amendement au présent Traité doit être formulé par écrit et faire l'objet d'une décision prise d'un commun accord entre les Etats contractants. Les amendements entrent en vigueur conformément à l'article 25 du présent Traité.

Article 24
Durée

Le présent Traité est conclu pour une durée indéterminée.

Article 25
Entrée en vigueur

Le présent Traité entrera en vigueur le premier jour du deuxième mois suivant la dernière des notifications par lesquelles les États contractants s'informent mutuellement, par la voie diplomatique, de l'accomplissement des procédures requises à cet effet par leurs ordres juridiques respectifs.

Article 26
Dénonciation

1. Chacun des Etats contractants pourra dénoncer le présent Traité à tout moment par une notification écrite adressée à l'autre Etat contractant par la voie diplomatique. Dans ce cas, la dénonciation prendra effet le premier jour du sixième mois suivant la date de réception de ladite notification.

2. Les demandes d'extradition qui auront été reçues avant la date d'effet de la dénonciation du présent Traité seront néanmoins traitées conformément aux termes de celui-ci.

Article 27
Disposition finale

L'entrée en vigueur du présent Traité abroge la Convention d'extradition entre la République du Pérou et la République française, signée à Paris le 30 septembre 1874. Toutefois, les demandes présentées avant l'entrée en vigueur du présent Traité continueront à être traitées conformément à ladite Convention.

SIGNÉ à Lima, le 21 Février 2013, en deux exemplaires originaux, en langues espagnole et française, les deux textes faisant également foi.

POUR LA REPUBLIQUE DU PEROU	POUR LA REPUBLIQUE FRANÇAISE

[TEXT IN SPANISH – TEXTE EN ESPAGNOL]

TRATADO DE EXTRADICIÓN ENTRE
LA REPÚBLICA DEL PERÚ
Y
LA REPÚBLICA FRANCESA

La República del Perú y la República Francesa, en adelante denominadas "los Estados Contratantes";

Recordando la Convención de Extradición entre la República del Perú y la República Francesa, firmada en París el 30 de septiembre de 1874;

Animadas por el deseo de fortalecer los vínculos de amistad que existen entre sus pueblos y Gobiernos;

Conscientes de la importancia de sentar las bases que les permitan colaborar en la lucha contra la delincuencia y de prestarse mutuamente asistencia en materia de extradición;

Deseosas en particular de reforzar sus capacidades comunes de lucha contra el terrorismo y la delincuencia organizada;

Acuerdan lo siguiente:

Artículo 1
Obligación de extraditar

Los Estados Contratantes convienen en extraditar recíprocamente, de acuerdo con las disposiciones del presente Tratado, a las personas que se encuentren en sus respectivos territorios y que estén procesadas o hayan sido condenadas por las autoridades judiciales del otro Estado por un delito que dé lugar a la extradición.

Artículo 2
Delitos que dan lugar a la extradición

1. Darán lugar a extradición los delitos punibles, conforme a la legislación de ambos Estados Contratantes, con pena privativa de la libertad de una duración mínima de un (1) año o una pena más grave.

2. Si la extradición fuera solicitada para la ejecución de una condena, la duración de la pena privativa de libertad que quede por cumplir deberá ser superior a los seis (6) meses.

3. Para efectos del presente Artículo, un delito dará lugar a extradición independientemente que las leyes de los Estados Contratantes lo clasifiquen en diferente categoría, o lo tipifiquen con distinta terminología, siempre que la conducta subyacente sea delictiva en ambos Estados.

4. Si la solicitud de extradición se refiere a varios delitos punibles conforme a la legislación de ambos Estados Contratantes, pero donde algunos no cumplen las condiciones previstas en los párrafos 1 y 2, el Estado requerido podrá conceder la extradición para estos últimos.

5. En materia de tasas e impuestos, de aduanas y de cambio, la extradición no podrá denegarse porque la legislación del Estado requerido no establezca el mismo tipo de impuestos o de tasas o no contenga el mismo tipo de reglamentación en estas materias que la legislación del Estado requirente, si los hechos reúnen los requisitos del presente Artículo.

Artículo 3
Motivos obligatorios para denegar la extradición

La extradición no será concedida cuando concurra alguna de las siguientes circunstancias:

a) Cuando la solicitud del Estado requirente se base en delitos que el Estado requerido considere como delitos políticos o conexos con éstos. No serán, empero, considerados delitos políticos ni conexos con éstos:

i) El atentado contra la vida de un jefe de Estado o de Gobierno, o de un miembro de su familia;

ii) El genocidio, los crímenes de lesa humanidad o los crímenes de guerra;

iii) Los delitos, en particular los delitos de naturaleza terrorista, con relación a los cuales ambos Estados Contratantes tienen la obligación, en virtud de algún tratado multilateral del que ambos sean parte, de extraditar a la persona reclamada o de remitir el caso a las autoridades competentes para que decidan sobre su procesamiento.

b) Si el Estado requerido tiene motivos fundados para considerar que la solicitud de extradición se ha formulado con miras a procesar o castigar a una persona por causa de su raza, religión, nacionalidad, origen étnico, opiniones políticas, sexo, o que la situación de esa persona puede resultar perjudicada por alguna de esas razones;

c) Si la sentencia del Estado requirente que motiva la solicitud de extradición ha sido dictada en rebeldía y éste no otorga garantías suficientes que la persona tendrá la posibilidad de ser juzgada nuevamente en su presencia;

d) Si el delito por el que se solicita la extradición es un delito militar que no constituye un delito penal ordinario;

e) Si la persona reclamada hubiere sido condenada o debiera ser juzgada en el Estado requirente por un tribunal de excepción;

f) Si la persona ha sido condenada o absuelta definitivamente, o beneficiada por una amnistía o indulto en el Estado requerido, respecto del delito o delitos en los que se fundamenta la solicitud de extradición;

g) Si la acción penal o la pena se encuentran prescritas, de conformidad con la legislación del Estado requirente o del Estado requerido.

Artículo 4
Motivos facultativos para el rechazo de la extradición

Podrá denegarse la extradición cuando concurra alguna de las siguientes circunstancias:

a) Cuando hubiere un proceso penal en trámite o cerrado provisoriamente en el Estado requerido respecto de la persona reclamada, por el mismo delito o delitos en que se funda la solicitud de extradición;

b) Cuando el delito por el que se solicita la extradición se ha cometido fuera del territorio de uno u otro Estado Contratante y el Estado requerido carezca de jurisdicción, con arreglo a su legislación, para conocer de delitos cometidos fuera de su territorio en circunstancias similares;

c) Cuando la persona reclamada ha sido definitivamente juzgada en un tercer Estado por el delito o los delitos en que se ha fundado la solicitud de extradición;

d) Cuando, de conformidad con la ley del Estado requerido, el delito en que se funda la solicitud de extradición se ha cometido en su totalidad o en parte de su territorio. En este caso, el Estado requerido, de oficio o a solicitud del Estado requirente, someterá el asunto a sus autoridades competentes para que se puedan iniciar acciones contra la persona reclamada por el delito o los delitos en que se haya fundado la solicitud de extradición;

e) Cuando el Estado requerido considere que la extradición de la persona reclamada podría tener para ella consecuencias de una gravedad excepcional, desde el punto de vista humanitario, en razón de su edad o su estado de salud.

Articulo 5
Entrega de nacionales

1. Cuando la persona reclamada sea nacional del Estado requerido, éste podrá rehusar la concesión de la extradición. La calidad de nacional se apreciará en el momento de la comisión del delito por el cual se solicita la extradición.

2. Si se niega la extradición por este motivo, el Estado requerido someterá, a solicitud del Estado requirente, el asunto a sus autoridades competentes para que se puedan iniciar acciones judiciales contra la persona reclamada por el delito o los delitos en que se haya fundado la solicitud de extradición. A tales efectos, los documentos, informes y objetos relativos al delito serán remitidos gratuitamente por la vía prevista en el Artículo 7 y el Estado requirente será informado de la decisión adoptada.

Artículo 6
Pena de muerte

La extradición será denegada si el delito por el que se solicita tuviere prevista la pena de muerte en la legislación del Estado requirente, salvo que éste otorgue garantías suficientes que dicha pena no se requerirá, no se dictará y no se aplicará.

Artículo 7
Solicitud de extradición y documentación requerida

1. La solicitud de extradición será formulada en todos los casos por escrito y remitida por vía diplomática.

2. La solicitud de extradición deberá contener lo siguiente:

a) Los documentos, declaraciones u otro tipo de información que permitan determinar la identidad y el probable paradero de la persona reclamada;

b) La exposición de los hechos por los cuales se solicita la extradición, haciendo mención de la fecha y el lugar en que se cometieron, su calificación jurídica y las referencias a las disposiciones legales aplicables a éstos, incluidas aquellas relativas a su prescripción;

c) El texto de las disposiciones legales que tipifiquen el delito por el cual se solicita la extradición, y las penas correspondientes;

d) El texto de las disposiciones legales que indiquen, según el caso, que la acción penal o la pena no han prescrito; y,

e) Los documentos, declaraciones u otro tipo de información especificados en el párrafo 3 o 4 de este Artículo, según corresponda.

3. La solicitud de extradición que se refiera a una persona reclamada para ser procesada por un delito, deberá también ir acompañada del original o de la copia de la orden de detención dictada por el juez u otra autoridad judicial competente.

4. Si la solicitud de extradición se refiere a una persona condenada, la solicitud deberá también ir acompañada de:

a) El original o la copia del fallo condenatorio.

b) Una declaración relativa a la duración de la condena pronunciada y la parte de la pena que queda por cumplir.

5. Si el Estado requerido solicita, en aplicación del presente Tratado, información o documentos adicionales para decidir acerca del curso que dará a la solicitud de extradición, dicha información o documentos deberán presentarse en un plazo máximo de cuarenta y cinco (45) días consecutivos.

Artículo 8
Traducción y exención de formalidad de la documentación

1. Todos los documentos presentados por el Estado requirente deberán ir acompañados de una traducción al idioma del Estado requerido.

2. En aplicación de las disposiciones del presente Tratado, la solicitud de extradición, así como los documentos de cualquier naturaleza que la acompañen en esa oportunidad o posteriormente, estarán exentos de legalización o formalidad análoga.

Artículo 9
Detención preventiva

1. El Estado requirente podrá solicitar la detención preventiva de la persona reclamada en tanto se presente la solicitud de extradición. La solicitud de detención preventiva deberá tramitarse por vía diplomática, o directamente entre la Fiscalía de la Nación – Ministerio Público de la República del Perú y el Ministerio de Justicia de la República Francesa o por conducto de la Organización Internacional de Policía Criminal (Interpol).

2. La solicitud de detención preventiva se presentará por escrito y contendrá:

a) Una descripción de la persona reclamada;

b) El paradero de la misma, si se conociere;

c) Una breve exposición de los hechos relevantes al caso, mencionando la fecha, el lugar y las circunstancias en que se cometió el delito;

d) El detalle de la ley o leyes infringidas;

e) La declaración de la existencia de una orden de detención o de fallo condenatorio contra la persona reclamada; y,

f) Una declaración indicando que la solicitud de extradición se presentará posteriormente.

3. A la recepción de la solicitud de detención preventiva, el Estado requerido le dará curso de conformidad con su legislación. El Estado requirente será notificado inmediatamente de la decisión relativa a la solicitud de detención preventiva y de las razones de cualquier negativa acerca de esta solicitud.

4. La persona detenida preventivamente podrá ser puesta en libertad si el Estado requerido, vencido el plazo de ochenta (80) días consecutivos a partir de la fecha de la detención preventiva de acuerdo al presente Tratado, no hubiera recibido la solicitud de extradición.

5. La puesta en libertad de la persona reclamada en virtud del párrafo 4 de este Artículo, no impedirá que sea nuevamente detenida y su extradición concedida en caso se reciba posteriormente la correspondiente solicitud.

Artículo 10
Decisión relativa a la solicitud de extradición y entrega de la persona reclamada

1. El Estado requerido tramitará la solicitud de extradición de conformidad con el procedimiento establecido en su legislación, así como en el presente Tratado, y comunicará sin demora al Estado requirente, por la vía diplomática, la decisión que adopte respecto a tal solicitud.

2. Si se concede la extradición, los Estados Contratantes convendrán la fecha y el lugar para la entrega de la persona reclamada. El Estado requerido comunicará al Estado requirente la duración de la detención sufrida por la persona reclamada con motivo de su extradición.

3. Sin perjuicio de las disposiciones del párrafo 4 del presente Artículo, si la persona reclamada no es recibida en un plazo de cuarenta y cinco (45) días consecutivos contados a partir de la fecha convenida para la entrega, ésta será puesta en libertad y el Estado requerido podrá, luego, denegar su extradición por los mismos hechos.

4. En caso de fuerza mayor que impidiera la entrega o la recepción de la persona por extraditar, el Estado Contratante afectado informará al otro Estado. Ambos Estados Contratantes acordarán una nueva fecha para la entrega, siendo aplicables las disposiciones del párrafo 3 del presente Artículo.

5. Si se deniega la extradición, total o parcialmente, el Estado requerido proporcionará una explicación fundamentada de su negativa y, a solicitud del Estado requirente remitirá copia de su decisión.

Artículo 11
Entrega diferida o temporal

1. Después de haber aceptado la extradición, el Estado requerido podrá aplazar la entrega de una persona contra quien se haya incoado procedimiento judicial o que esté cumpliendo una condena en el territorio de ese Estado. El aplazamiento podrá prolongarse hasta que haya concluido el procedimiento judicial de la persona reclamada o hasta que ésta haya cumplido la condena, si la hubiera. El Estado requerido dará aviso al Estado requirente, a la brevedad posible, de cualquier aplazamiento de conformidad con el presente párrafo.

2. Si se concede la extradición de una persona contra quien se haya incoado procedimiento judicial o que esté cumpliendo una condena en el territorio del Estado requerido, dicho Estado podrá, en casos excepcionales, entregar temporalmente al Estado requirente a la persona cuya extradición fue concedida, de conformidad con las condiciones establecidas de común acuerdo entre los Estados Contratantes y, en cualquier caso, con la condición expresa que se la mantendrá en detención y será devuelta al Estado requerido.

Artículo 12
Concurrencia de solicitudes

Si el Estado requerido recibiera solicitudes del otro Estado Contratante y de uno o varios terceros Estados para la extradición de la misma persona, sea por el mismo delito o por delitos distintos, el Estado requerido decidirá a qué Estado entregará a la persona, tomando en consideración todos los elementos pertinentes, incluyendo los siguientes:

a) Si las solicitudes fueron realizadas con arreglo a un tratado;

b) El orden cronológico en el cual las solicitudes fueron recibidas por el Estado requerido;

c) El lugar donde se cometió cada delito;

d) El domicilio de la persona reclamada;

e) La gravedad de cada delito;

f) La nacionalidad de la persona reclamada; o,

g) La posibilidad de una extradición ulterior hacia otro Estado.

Artículo 13
Incautación y entrega de bienes

1. Dentro del límite permitido por la legislación del Estado requerido, éste podrá incautar y entregar al Estado requirente todos los objetos, documentos y pruebas concernientes al delito respecto del cual se concede la extradición. La entrega de los mismos podrá ser efectuada inclusive si la extradición no pudiera llevarse a cabo por muerte, desaparición o fuga de la persona reclamada.

2. El Estado requerido podrá aplazar la entrega de los bienes indicados en el párrafo anterior, por el tiempo que considere necesario para una investigación o un procedimiento en dicho Estado. Asimismo, podrá entregarlos al Estado requirente a condición que le sean devueltos a la brevedad posible.

3. Quedan a salvo los derechos del Estado requerido o de terceros sobre los bienes entregados.

Artículo 14
Principio de especialidad

1. La persona extraditada conforme al presente Tratado no podrá ser procesada, juzgada ni detenida en el Estado requirente, ni sometida a ninguna otra restricción de su libertad individual por cualquier hecho anterior a la entrega, distinto de aquello por el cual se concedió la extradición, salvo en los casos siguientes:

a) Cuando el Estado que la ha entregado da su consentimiento. Para tal fin, se presentará una solicitud acompañada de los documentos previstos en el Artículo 7 y un acta judicial donde se consignen las declaraciones de la persona extraditada, precisando si acepta la extensión de la extradición o si se opone a ella. Dicho consentimiento sólo podrá ser otorgado cuando el delito por el cual se solicita da lugar a la extradición de conformidad con el presente Tratado; o,

b) Cuando la persona extraditada, habiéndose encontrado en la posibilidad de abandonar el territorio del Estado al que fue entregada, no lo ha hecho dentro del plazo de treinta (30) días consecutivos posteriores a su liberación definitiva o si retornara voluntariamente a dicho territorio después de haberlo abandonado.

2. Cuando no se presenten los supuestos referidos en los literales a) o b) del párrafo 1 del presente Artículo, el Estado requirente, de conformidad con su legislación, podrá adoptar las medidas necesarias para la expulsión de la persona extraditada, disponer la interrupción o suspensión de la prescripción, o seguir un proceso en ausencia.

3. Cuando la calificación legal del delito por el cual una persona ha sido extraditada se modifica en el curso del procedimiento, sólo podrá ser procesada o juzgada si la nueva calificación:

a) Puede dar lugar a la extradición en las condiciones del presente Tratado;

b) Se refiere a los mismos hechos por los cuales se concedió la extradición; y,

c) No se castiga con la pena de muerte en el Estado requirente, salvo que otorgue las garantías previstas en el Artículo 6 del presente Tratado.

Artículo 15
Reextradición a un tercer Estado

Salvo en el caso previsto en el Artículo 14, párrafo 1, literal b), la reextradición a un tercer Estado no podrá concederse sin el consentimiento del Estado Contratante que haya concedido la extradición. Dicho Estado podrá exigir la presentación de los documentos previstos en el Artículo

7, así como un acta judicial en la que conste que la persona reclamada acepta la reextradición o que se opone a ella.

Artículo 16
Consentimiento de la persona reclamada

Si la persona reclamada consiente en ser entregada al Estado requirente, el Estado requerido, conforme a su legislación interna, resolverá su entrega a la mayor brevedad posible. El consentimiento deberá ser libre, expreso y voluntario, debiendo notificarse a la persona reclamada acerca de sus derechos y de las consecuencias de su decisión.

Artículo 17
Tránsito

1. El tránsito a través del territorio de uno de los Estados Contratantes de una persona entregada al otro Estado Contratante por un tercer Estado, será autorizado mediante la presentación, según corresponda, de uno de los documentos previstos en los párrafos 3 o 4 del Artículo 7 del presente Tratado, por vía diplomática o directamente entre la Fiscalía de la Nación – Ministerio Público de la República del Perú y el Ministerio de Justicia de la República Francesa.

2. El tránsito podrá denegarse en todos los casos de rechazo de la extradición y por motivos de orden público.

3. La custodia de la persona estará a cargo de las autoridades del Estado de tránsito mientras ésta se encuentre en su territorio.

4. En caso que se utilice la vía aérea, se aplicarán las disposiciones siguientes:

a) Cuando no se ha previsto ningún aterrizaje, el Estado requirente comunicará al Estado cuyo territorio habrá que sobrevolar y declarará la existencia de uno de los documentos, según corresponda, previstos en los párrafos 3 o 4 del Artículo 7. En caso de aterrizaje fortuito, esta comunicación hará las veces de solicitud de detención preventiva, prevista en el Artículo 9, y el Estado requirente presentará una solicitud formal de tránsito; o,

b) Cuando se ha previsto el aterrizaje, el Estado requirente enviará una solicitud formal de tránsito.

Artículo 18
Gastos

1. Los gastos ocasionados por los procedimientos internos inherentes a la extradición estarán a cargo del Estado requerido, con excepción de los relativos al transporte de la persona reclamada hacia el Estado requirente, los que estarán a cargo de este último.

2. Si, durante la ejecución de una solicitud de extradición, se pusiera de manifiesto que es necesario incurrir en gastos extraordinarios para cumplir con dicha solicitud, los Estados Contratantes se consultarán para determinar los términos y condiciones a los cuales se sujetará la ejecución de la solicitud.

Artículo 19
Relación con otros Tratados o Acuerdos internacionales

Las disposiciones del presente Tratado no afectarán los derechos y las obligaciones de cada Estado Contratante establecidos en otros tratados, convenciones o acuerdos.

Artículo 20
Consultas

La Fiscalía de la Nación – Ministerio Público de la República del Perú y el Ministerio de Justicia de la República Francesa podrán consultarse mutuamente, con relación a la tramitación de los casos y al mantenimiento y mejoramiento de los procedimientos para la implementación del presente Tratado.

Artículo 21
Solución de controversias

Cualquier controversia que surja entre los Estados Contratantes relacionada con la interpretación o la ejecución del presente Tratado, será resuelta mediante consultas entre ellos, por vía diplomática.

Artículo 22
Aplicación temporal

El presente Tratado se aplicará a todas las solicitudes de extradición presentadas con posterioridad a su entrada en vigor, aún cuando los delitos a los que se refieran hayan sido cometidos con anterioridad.

Artículo 23
Enmiendas

Cualquier enmienda al presente Tratado deberá ser formulada por escrito y acordada sobre la base del mutuo consentimiento de los Estados Contratantes. Las enmiendas entrarán en vigor de conformidad con el Artículo 25 del Tratado.

Artículo 24
Duración

El presente Tratado tendrá una duración indeterminada.

Artículo 25
Entrada en vigor

El presente Tratado entrará en vigor el primer día del segundo mes contado a partir de la última notificación a través de las cuales los Estados Contratantes se comuniquen mutuamente, por vía diplomática, el cumplimiento de los procedimientos exigidos por sus respectivos ordenamientos jurídicos para tal efecto.

Artículo 26
Denuncia

1. Cualquiera de los Estados Contratantes podrá denunciar el presente Tratado en cualquier momento mediante notificación escrita al otro Estado Contratante por la vía diplomática. En este caso, la denuncia surtirá efecto el primer día del sexto mes a partir de la fecha de recepción de dicha notificación.

2. Las solicitudes de extradición que hayan sido recibidas antes de la fecha en que la denuncia del presente Tratado surta efecto continuarán rigiéndose, no obstante, por las disposiciones del mismo.

Artículo 27
Disposición final

Al entrar en vigor el presente Tratado, quedará sin efecto la Convención de Extradición entre la República del Perú y la República Francesa, firmada en París el 30 de septiembre de 1874. Sin perjuicio de ello, las solicitudes presentadas con anterioridad a la entrada en vigor del presente Tratado seguirán tramitándose conforme a dicha Convención.

SUSCRITO en Lima, el 21 de febrero de 2013, en dos ejemplares originales, en los idiomas español y francés, siendo ambos textos igualmente auténticos y válidos.

POR LA REPÚBLICA DEL PERÚ **POR LA REPÚBLICA FRANCESA**

[TRANSLATION IN ENGLISH – TRADUCTION EN ANGLAIS]

EXTRADITION TREATY BETWEEN THE REPUBLIC OF PERU AND THE FRENCH REPUBLIC

The Republic of Peru and the French Republic, hereinafter referred to as "the Contracting States",

Recalling the extradition treaty between the Republic of Peru and the French Republic signed at Paris on 30 September 1874,

Desiring to strengthen the ties of friendship between their peoples and Governments,

Aware of the importance of establishing the foundations that would enable them to jointly combat crime and to assist each other in matters concerning extradition,

Desiring in particular to strengthen their shared capacities to combat terrorism and organized crime,

Have agreed as follows:

Article 1. Obligation to extradite

The Contracting States agree to extradite reciprocally, subject to the provisions of this Treaty, any persons on their respective territories who are being prosecuted or have been convicted by the judicial authorities of the other State for an extraditable offence.

Article 2. Extraditable offences

1. Extraditable offences are offences that are punishable under the laws of both Contracting States by a deprivation of liberty for a period of at least one year, or by a more severe punishment.

2. Where the request for extradition is for the enforcement of a sentence, there must be at least six months deprivation of liberty remaining to be served of the term.

3. For the purposes of this article, an offence is extraditable independently of whether it is classified in a different category or described with different terminology under the laws of the Contracting States, provided that the underlying conduct is criminal in both States.

4. If the request for extradition refers to several separate offences punishable under the laws of both Contracting States, but some of which do not fulfil the conditions set out in paragraphs 1 and 2, the Requested State may grant extradition for the latter offences.

5. Extradition may not be denied because the taxation, customs duties and exchange control laws of the requested State do not impose the same kind of tax or duty or do not contain regulations in such matters of the same kind as the laws of the requesting State, if the facts fulfil the requirement of this article.

Article 3. Mandatory grounds for refusal

Extradition shall not be granted in any of the following circumstances:

(a) If the request of the Requesting State is based on offences regarded by the requested State as offences of a political or related nature. The following, however, shall not be considered political crimes or crimes connected with political crimes:

(i) An attempt to assassinate a head of State or Government or a member of his or her family;

(ii) Genocide, crimes against humanity or war crimes;

(iii) Offences, in particular crimes of a terrorist nature, with regard to which both Contracting States have an obligation, under a multilateral treaty to which they are both party, to extradite the person sought or to refer the case to the competent authorities for them to decide on how it is to be dealt with;

(b) If the Requested State has substantial grounds for believing that the request for extradition has been made for the purpose of prosecuting or punishing a person on account of that person's race, religion, nationality, ethnic origin, political opinions or sex or the fact that that person's position may be prejudiced for any of those reasons;

(c) If the judgment of the Requesting State giving rise to the extradition request has been rendered in absentia and the Requesting State does not provide sufficient guarantees that the person will have the opportunity of being retried in his or her presence;

(d) If the offence for which extradition is requested is a military offence that is not also an offence under ordinary criminal law;

(e) If the person sought has been sentenced or is to be tried in the Requesting State by an extraordinary tribunal;

(f) If the person has been tried, the case against him or her has been dismissed or an amnesty or pardon has been granted in the Requested State in respect of the act or acts on which the request for extradition is based;

(g) If the prosecution or punishment is statute-barred, in accordance with the laws of the Requesting or Requested State.

Article 4. Optional grounds for refusal

Extradition may be refused in any of the following circumstances:

(a) When there are criminal proceedings pending or provisionally closed in the Requested State in respect of the person sought for the same offence or offences on which the request for extradition is based;

(b) If the offence for which extradition is requested has been committed outside the territory of either Contracting State and the laws of the Requested State do not provide for jurisdiction over such an offence committed outside its territory in comparable circumstances;

(c) When the person sought has been the subject of a final judgment in a third State for the offence or offences on which the request for extradition is based;

(d) If the offence for which extradition is requested is regarded under the laws of the Requested State as having been committed in whole or in part on its territory. In such a case, the Requested State shall, ex officio or at the request of the Requesting State, submit the matter to its competent authorities so that proceedings may be instituted against the person sought for the offence or offences on which the request for extradition is based;

(e) When the Requested State considers that the extradition of the person sought could have exceptionally serious consequences for him or her, from a humanitarian point of view, or by reason of his or her age or state of health.

Article 5. Surrender of nationals

1. Where the person sought is a national of the Requested State, the Requested State may refuse to grant extradition. Nationality shall be determined as of the date of commission of the crime for which extradition is requested.

2. Where extradition is refused on this ground, the Requested State shall, if the other State so requests, submit the case to its competent authorities for them to take appropriate legal action against the person sought for the offence or offences on which the request for extradition has been based. To this effect, documents, reports and objects relating to the offence shall be transmitted free of charge through the channel provided for in article 7 and the Requesting State shall be informed of the decision taken.

Article 6. Capital punishment

Extradition shall be refused if the offence for which extradition is requested is punishable by death under the laws of the Requesting State, unless the Requesting State gives sufficient assurances that the death penalty shall not be sought, shall not be imposed and shall not be carried out.

Article 7. Request for extradition and required documents

1. The request for extradition shall, for all cases, be made in writing and shall be sent through the diplomatic channel.

2. The request for extradition shall contain the following:

(a) Any documents, statements or other information that make it possible to determine the identity and probable location of the person sought;

(b) A statement of the acts for which extradition is requested, including the date and place of commission, their legal status and the legal provisions applicable thereto, including those relating to the statute of limitations;

(c) The text of the legal provisions applicable to the offence for which extradition is requested, and the corresponding penalties;

(d) The text of the legal provisions indicating, where applicable, that the prosecution or the penalty is not time-barred;

(e) The documents, statements or other type of information specified in paragraphs 3 or 4 of this article, as appropriate.

3. A request for extradition concerning a person wanted for prosecution of an offence must also be accompanied by the original or a copy of the arrest warrant issued by the judge or other competent judicial authority.

4. Where a request for extradition is for a person convicted of a crime, the request must also be accompanied by:

(a) The original or a copy of the conviction;

(b) A statement detailing the length of the sentence and the remaining part of the sentence to be served.

5. Where, pursuant to this Treaty, the Requested State asks for additional information or documents in order to decide on the action to be taken regarding the extradition request, such information or documents shall be submitted within a maximum period of 45 calendar days.

Article 8. Translation and waiver of documentation formalities

1. All documents submitted by the Requesting State shall be accompanied by a translation into the language of the Requested State.

2. In application of the provisions of this Treaty, the request for extradition, as well as the documents of any nature accompanying it at that time or thereafter, shall be exempt from legalization or similar formality.

Article 9. Provisional arrest

1. The Requesting State may apply for the provisional arrest of the person sought as soon as the request for extradition is presented. The application for provisional arrest shall be transmitted through the diplomatic channel or directly between the Attorney-General's Office in the Public Prosecution Service of Peru and the Ministry of Justice of the French Republic or through the International Criminal Police Organization (INTERPOL).

2. The request for provisional arrest shall be presented in writing and shall contain:

(a) A description of the person sought;

(b) The person's location, where known;

(c) A brief statement of the facts relevant to the case, mentioning the date, place and circumstances in which the crime was committed;

(d) Details of the legal violations or violations in question;

(e) A statement of the existence of an arrest warrant or a statement setting out the conviction of the person sought, and;

(f) A statement indicating that the request for extradition will be submitted subsequently.

3. Upon receipt of the application for provisional arrest, the Requested State shall execute it in accordance with its laws. The Requesting State shall be notified immediately of the decision concerning the application for provisional arrest and the reasons for any refusal of such application.

4. The person who was the subject of a provisional arrest may be released upon the expiration of 80 calendar days from the date of provisional arrest under this Treaty, if the Requested State has not received a request for extradition.

5. The release of the person sought pursuant to paragraph 4 of this article shall not prevent re-arrest and extradition if the request is subsequently received.

Article 10. Decision on the request for extradition and surrender of the person sought

1. The Requested State shall deal with the request for extradition pursuant to procedures provided by its own laws and this Treaty and shall promptly communicate the decision concerning the request to the Requesting State through the diplomatic channel.

2. If extradition is granted, the Contracting States shall agree on the date and place for the surrender of the person sought. The Requested State shall inform the Requesting State of the length of time for which the person sought was detained with a view to his or her extradition.

3. Without prejudice to the provisions of paragraph 4 of this article, if the person sought is not received within 45 calendar days from the agreed date of surrender, the Requested State may release the person and may then refuse to extradite him or her for the same offence.

4. If circumstances beyond its control prevent a Party from surrendering or receiving the person to be extradited, the Contracting State concerned shall inform the other State. The two Contracting States shall decide upon a new date of surrender, and the provisions of paragraph 3 of this article shall apply.

5. If extradition is refused, totally or partially, the Requested State shall explain the grounds for its refusal, and, upon request of the Requesting State, shall submit a copy of its judgment.

Article 11. Postponed or conditional surrender

1. After having accepted extradition, the Requested State may postpone the surrender of a person against whom legal proceedings have been instituted or who is serving a sentence on the territory of that State. The postponement may last until the conclusion of the judicial proceedings against the person sought or until the person has completed any sentence imposed. The Requested State shall, as soon as possible, notify the Requesting State of any postponement in accordance with this paragraph.

2. If extradition is granted in respect of a person against whom judicial proceedings have been instituted or who is serving a sentence on the territory of the Requested State, that State may, in exceptional cases, temporarily surrender to the Requesting State the person whose extradition was granted, in accordance with conditions to be agreed upon by the Contracting States and, in any event, on the express condition that she said person shall be kept in custody and returned to the Requested State.

Article 12. Conflicting requests

If the Requested State receives requests from the other Contracting State and from one or more third States for the extradition of the same person, whether for the same offence or for different offences, the Requested State shall decide to which State the person shall be surrendered, taking into consideration all the relevant factors, including the following:

(a) Whether the requests were made pursuant to a treaty;

(b) The chronological order in which the requests were received by the Requested State;

(c) The place where each offence was committed;

(d) The address of the person sought;

(e) The seriousness of each offence;

(f) The nationality of the person sought; and

(g) The possibility of subsequent extradition to another State.

Article 13. Seizure and surrender of property

1. To the extent permitted by its laws, the Requested State may seize and surrender to the Requesting State all objects, documents and evidence concerning the offence for which extradition is granted. Their surrender may take place even if extradition could not be effected owing to the death, disappearance or escape of the person sought.

2. The Requested State may delay the surrender of the property referred to in the preceding paragraph for such time as it considers necessary for an investigation or proceedings in that State. In addition, it may surrender said property to the Requesting State on the condition that it be returned as soon as possible.

3. The rights of the Requested State or of third States over the property surrendered shall be preserved.

Article 14. Rule of specialty

1. A person extradited under this Treaty shall not be proceeded against, sentenced or detained in the Requesting State or subjected to any other restriction of personal liberty for any offence committed before surrender other than that for which extradition was granted, except in the following cases:

(a) When the Surrendering State gives its consent. To this end, a request shall be accompanied by the documents provided for in article 7 and a legal record of any statement made by the extradited person, stating whether he or she accepts the granting of the extradition or whether he or she opposes it. Such consent may be given only when the offence for which extradition is requested is extraditable under this Treaty; or,

(b) When the extradited person, having had an opportunity to leave the territory of the State to which he or she was surrendered, has not done so within 30 calendar days of final discharge or if said person has voluntarily returned to that territory after leaving it.

2. Where the circumstances referred to in subparagraphs 1 (a) or (b) of this article do not apply, the Requesting State, in accordance with its laws, may take the necessary measures in relation to the expulsion of the extradited person, to interrupt or suspend the statute of limitations, or to conduct proceedings in absentia.

3. Where the legal characterization of the offence for which a person has been extradited is changed in the course of the proceedings, said person may only be prosecuted or tried if the newly categorized offence:

(a) Is extraditable under the conditions of this Treaty;

(b) Refers to the same acts for which extradition was granted; and,

(c) Is not punishable by death in the Requesting State, unless the Requesting State provides the assurances set out in article 6 of this Treaty.

Article 15. Re-extradition to a third State

Except in the case provided for in article 14.1 (b), re-extradition to a third State may not be granted without the consent of the extraditing Contracting State. Said third State may require the Requesting Party to submit the documents listed in article 7 as well as a court record stating whether the person sought accepts the re-extradition or opposes it.

Article 16. Consent of the person sought

Where the person sought consents to be surrendered to the Requesting State, the Requested State shall, in accordance with its domestic laws, decide on the surrender as soon as possible. Such consent must be free, explicit and voluntary, and the person sought must be informed of his or her rights and of the consequences of his or her decision.

Article 17. Transit

1. Transit through the territory of one of the Contracting States of a person surrendered to the other Contracting State by a third State shall be authorized by means of the presentation, as appropriate, of one of the documents provided for in articles 7.3 or 7.4 of this Treaty, through the diplomatic channel or directly between the Attorney-General's Office in the Public Prosecution Service of the Republic of Peru and the Ministry of Justice of the French Republic.

2. Transit may be refused for any case where extradition has been refused and on grounds of public order.

3. The custody of the person shall be the responsibility of the authorities of the transit State while the person is on its territory.

4. If air transport is used, the following provisions shall apply:

   (a) Where no landing is scheduled, the Requesting State shall notify the State whose territory is to be overflown and declare the existence of one of the documents, as appropriate, provided for in articles 7.3 or 7.4. In the event of an unscheduled landing, this communication shall serve as an application for provisional arrest, as provided for in article 9, and the Requesting State shall submit a formal request for transit; or,

   (b) When a landing is scheduled, the Requesting State shall send a formal request for transit.

Article 18. Costs

1. The costs arising from internal procedures related to extradition shall be borne by the Requested State, with the exception of those relating to the transport of the person sought to the Requesting State, which shall be borne by the latter.

2. Where, in the course of executing a request for extradition, it becomes apparent that extraordinary costs must be incurred to comply with that request, the Contracting States shall consult with each other to determine the terms and conditions to which the execution of the request shall be subject.

Article 19. Relation to other treaties or international agreements

The provisions of this Treaty shall not affect the rights and obligations of each Contracting State established in other treaties, conventions or agreements.

Article 20. Consultations

The Attorney-General's Office in the Public Prosecution Service of the Republic of Peru and the Ministry of Justice of the French Republic may consult each other in relation to the processing of cases and the maintenance and improvement of the procedures for implementing this Treaty.

Article 21. Settlement of disputes

Any dispute arising between the Contracting States concerning the interpretation or execution of this Treaty shall be resolved by consultation between them through the diplomatic channel.

Article 22. Temporal scope

This Treaty shall apply to all requests for extradition presented after its entry into force, even if the related offences were committed earlier.

Article 23. Amendments

Any amendment to this Treaty shall be made in writing and agreed upon based on the mutual consent of the Contracting States. Amendments shall enter into force in accordance with article 25 of the Treaty.

Article 24. Duration

This Treaty shall be of indefinite duration.

Article 25. Entry into force

This Treaty shall enter into force on the first day of the second month following the last notification by which the Contracting States notify each other, through the diplomatic channel, of the completion of the procedures required by their respective legal systems for that purpose.

Article 26. Termination

1. Either Contracting Party may terminate this Treaty at any time by means of written notification to the other Contracting Party through the diplomatic channel. In this case, termination shall take effect on the first day of the sixth month from the date of receipt of said notification.

2. Requests for extradition which have been received before the date on which the termination of this Treaty takes effect shall nevertheless continue to be governed by the provisions hereof.

Article 27. Final provision

Upon the entry into force of this Treaty, the extradition treaty between the Republic of Peru and the French Republic, signed at Paris on 30 September 1874, shall cease to have effect. Notwithstanding the foregoing, requests presented prior to the entry into force of this Treaty shall continue to be processed in accordance with that Convention.

DONE at Lima, on 21 February 2013 in duplicate, in the Spanish and French languages, both texts being equally authentic.

For the Republic of Peru:
[RAFAEL RONCAGLIOLO ORBEGOZO]

For the French Republic:
[LAURENT FABIUS]

No. 54796

Peru
and
Mongolia

Agreement between the Government of the Republic of Peru and the Government of Mongolia on the waiver of visa requirements for holders of diplomatic and official passports. Ulaanbaatar, 30 April 2013

Entry into force: *13 March 2014 by notification, in accordance with article XIII*

Authentic texts: *English, Mongol and Spanish*

Registration with the Secretariat of the United Nations: *Peru, 29 November 2017*

Not published in print, in accordance with article 12(2) of the General Assembly regulations to give effect to Article 102 of the Charter of the United Nations, as amended, and the publication practice of the Secretariat.

Pérou
et
Mongolie

Accord entre le Gouvernement de la République du Pérou et le Gouvernement de la Mongolie relatif à la suppression des formalités de visa pour les titulaires de passeports diplomatiques et officiels. Oulan-Bator, 30 avril 2013

Entrée en vigueur : *13 mars 2014 par notification, conformément à l'article XIII*

Textes authentiques : *anglais, mongol et espagnol*

Enregistrement au Secrétariat de l'Organisation des Nations Unies : *Pérou, 29 novembre 2017*

Non disponible en version imprimée, conformément au paragraphe 2 de l'article 12 du règlement de l'Assemblée générale destiné à mettre en application l'Article 102 de la Charte des Nations Unies, tel qu'amendé, et à la pratique du Secrétariat en matière de publication.

No. 54797

Peru
and
Cuba

Agreement on mutual recognition of studies, titles and diplomas in higher education between the Government of the Republic of Peru and the Government of the Republic of Cuba. Havana, 12 January 2013

Entry into force: *8 July 2013 by notification, in accordance with article 12*

Authentic text: *Spanish*

Registration with the Secretariat of the United Nations: *Peru, 29 November 2017*

Not published in print, in accordance with article 12(2) of the General Assembly regulations to give effect to Article 102 of the Charter of the United Nations, as amended, and the publication practice of the Secretariat.

Pérou
et
Cuba

Accord relatif à la reconnaissance mutuelle des études, titres et diplômes de l'enseignement supérieur entre le Gouvernement de la République du Pérou et le Gouvernement de la République de Cuba. La Havane, 12 janvier 2013

Entrée en vigueur : *8 juillet 2013 par notification, conformément à l'article 12*

Texte authentique : *espagnol*

Enregistrement au Secrétariat de l'Organisation des Nations Unies : *Pérou, 29 novembre 2017*

Non disponible en version imprimée, conformément au paragraphe 2 de l'article 12 du règlement de l'Assemblée générale destiné à mettre en application l'Article 102 de la Charte des Nations Unies, tel qu'amendé, et à la pratique du Secrétariat en matière de publication.

No. 54798

Peru
and
Republic of Korea

Convention between the Republic of Korea and the Republic of Peru for the avoidance of double taxation and the prevention of fiscal evasion with respect to taxes on income (with protocol). Seoul, 10 May 2012

Entry into force: *3 March 2014 by notification, in accordance with article 28*

Authentic texts: *English, Korean and Spanish*

Registration with the Secretariat of the United Nations: *Peru, 29 November 2017*

Pérou
et
République de Corée

Convention entre la République de Corée et la République du Pérou tendant à éviter les doubles impositions et à prévenir la fraude fiscale en matière d'impôts sur le revenu (avec protocole). Séoul, 10 mai 2012

Entrée en vigueur : *3 mars 2014 par notification, conformément à l'article 28*

Textes authentiques : *anglais, coréen et espagnol*

Enregistrement au Secrétariat de l'Organisation des Nations Unies : *Pérou, 29 novembre 2017*

[TEXT IN ENGLISH – TEXTE EN ANGLAIS]

CONVENTION

BETWEEN
THE REPUBLIC OF KOREA
AND THE REPUBLIC OF PERU

FOR THE AVOIDANCE OF DOUBLE TAXATION
AND THE PREVENTION OF FISCAL EVASION
WITH RESPECT TO TAXES ON INCOME

The Republic of Korea and the Republic of Peru

Desiring to conclude a Convention for the avoidance of double taxation and the prevention of fiscal evasion with respect to taxes on income,

Have agreed as follows:

Article 1

PERSONS COVERED

This Convention shall apply to persons who are residents of one or both of the Contracting States.

Article 2

TAXES COVERED

1. This Convention shall apply to taxes on income imposed on behalf of a Contracting State or, in the case of Korea, of its political subdivisions or local authorities, irrespective of the manner in which they are levied.

2. There shall be regarded as taxes on income all taxes imposed on total income, or on elements of income, including taxes on gains from the alienation of movable or immovable property, taxes on the total amounts of wages or salaries paid by enterprises, as well as taxes on capital appreciation.

3. The existing taxes to which the Convention shall apply are in particular:

a) in Korea:

(i) the income tax;

(ii) the corporation tax;

(iii) the special tax for rural development; and

(iv) the local income tax;

(hereinafter referred to as "Korean tax");

b) in Peru, the income taxes imposed by the Government of Peru under the Income Tax Act (Ley del Impuesto a la Renta)

(hereinafter referred to as "Peruvian Tax").

4. The Convention shall apply also to any identical or substantially similar taxes that are imposed after the date of signature of the Convention in addition to, or in place of, the existing taxes. The competent authorities of the Contracting States shall notify each other of any significant changes that have been made in their taxation laws.

Article 3

GENERAL DEFINITIONS

1. For the purposes of this Convention, unless the context otherwise requires:

a) the term "Korea" means the Republic of Korea, and when used in a geographical sense, the territory of the Republic of Korea including its territorial sea, and any area adjacent to the territorial sea of the Republic of Korea which, in accordance with international law, has been or may hereafter be designated under the laws of the Republic of Korea as an area within which the sovereign rights or jurisdiction of the Republic of Korea with respect to the sea-bed and sub-soil, and their natural resources may be exercised;

b) the term "Peru", for the purposes of determining the geographical scope of application of this Convention, means the continental territory, the islands, the maritime zones and the air space that covers them, under the sovereignty or sovereign rights and jurisdiction of Peru, in accordance with its domestic law and international law;

c) the terms "a Contracting State" and "the other Contracting State" mean Korea or Peru, as the context requires;

d) the term "person" includes an individual, a company and any other body of persons;

e) the term "company" means any body corporate or any entity that is treated as a body corporate for tax purposes;

f) the terms "enterprise of a Contracting State" and "enterprise of the other Contracting State" mean respectively an enterprise carried on by a resident of a Contracting State and an enterprise carried on by a resident of the other Contracting State;

g) the term "international traffic" means any transport by a ship or aircraft operated by an enterprise of a Contracting State, except when the ship or aircraft is operated solely between places in the other Contracting State;

h) the term "national", in relation to a Contracting State, means:

(i) any individual possessing the nationality of that Contracting State; and

(ii) any legal person, partnership or association deriving its status as such from the laws in force in that Contracting State;

i) the term "competent authority" means:

(i) in Korea, the Minister of Strategy and Finance or his authorized representative;

(ii) in Peru, the Minister of Economy and Finance or his authorized representative.

2. As regards the application of the Convention at any time by a Contracting State, any term not defined therein shall, unless the context otherwise requires, have the meaning that it has at that time under the law of that State for the purposes of the taxes to which the Convention applies, any meaning under the applicable tax laws of that State prevailing over a meaning given to the term under other laws of that State.

Article 4

RESIDENT

1. For the purposes of this Convention, the term "resident of a Contracting State" means any person who, under the laws of that State, is liable to tax therein by reason of his domicile, residence, place of head or main office, place of incorporation, place of management or any other criterion of a similar nature, and also includes that State and any political subdivision or local authority thereof. This term, however, does not include any person who is liable to tax in that State in respect only of income from sources in that State.

2. Where by reason of the provisions of paragraph 1 an individual is a resident of both Contracting States, then his status shall be determined as follows:

a) he shall be deemed to be a resident only of the State in which he has a permanent home available to him; if he has a permanent home available to him in both States, he shall be deemed to be a resident only of the State with which his personal and economic relations are closer (centre of vital interests);

b) if the State in which he has his centre of vital interests cannot be determined, or if he has not a permanent home available to him in either State, he shall be deemed to be a resident only of the State in which he has an habitual abode;

c) if he has an habitual abode in both States or in neither of them, he shall be deemed to be a resident only of the State of which he is a national;

d) if he is a national of both States or of neither of them, the competent authorities of the Contracting States shall settle the question by mutual agreement.

3. Where by reason of the provisions of paragraph 1, a person other than an individual is a resident of both Contracting States, then it shall be deemed to be a resident only of the State in which its place of effective management is situated. If its place of effective management cannot be determined, the competent authorities of the Contracting States shall settle the question by mutual agreement.

Article 5

PERMANENT ESTABLISHMENT

1. For the purposes of this Convention, the term "permanent establishment" means a fixed place of business through which the business of an enterprise is wholly or partly carried on.

2. The term "permanent establishment" includes especially:

a) a place of management;

b) a branch;

c) an office;

d) a factory;

e) a workshop, and

f) a mine, an oil or gas well, a quarry or any other place relating to the exploration for, or the exploitation or extraction of natural resources.

3. The term "permanent establishment" shall also include:

a) a building site, a construction, assembly or installation project or supervisory activities in connection therewith, but only if such site, project or activities last more than six months; and

b) the furnishing of services, including consultancy services, by an enterprise of a contracting State through employees or other individuals engaged by the enterprise for such purposes in the other Contracting State, but only where such activities continue (for the same or a connected project) within that State for a period or periods aggregating more than 183 days within any twelve-month period.

For the purposes of computing the time period or periods in this paragraph, the duration of activities carried on by an enterprise shall include activities carried on by associated enterprises, within the meaning of Article 9, if the activities between the associated enterprises are identical, substantially the same, or connected.

4. Notwithstanding the preceding provisions of this Article, the term "permanent establishment" shall be deemed not to include:

a) the use of facilities solely for the purpose of storage, display or delivery of goods or merchandise belonging to the enterprise;

b) the maintenance of a stock of goods or merchandise belonging to the enterprise solely for the purpose of storage, display or delivery;

c) the maintenance of a stock of goods or merchandise belonging to the enterprise solely for the purpose of processing by another enterprise;

d) the maintenance of a fixed place of business solely for the purpose of purchasing goods or merchandise or of collecting information, for the enterprise;

e) the maintenance of a fixed place of business solely for the purpose of carrying on, for the enterprise, any other activity of a preparatory or auxiliary character;

f) the maintenance of a fixed place of business solely for any combination of activities mentioned in subparagraphs a) to e), provided that the overall activity of the fixed place of business resulting from this combination is of a preparatory or auxiliary character.

5. Notwithstanding the provisions of paragraphs 1 and 2, where a person - other than an agent of an independent status to whom paragraph 7 applies - is acting on behalf of an enterprise and has, and habitually exercises, in a Contracting State an authority to conclude contracts in the name of the enterprise, that enterprise shall be deemed to have a permanent establishment in that State in respect of any activities which that person undertakes for the enterprise, unless the activities of such person are limited to those mentioned in paragraph 4 which, if exercised through a fixed place of business, would not make this fixed place of business a permanent establishment under the provisions of that paragraph.

6. Notwithstanding the preceding provisions of this Article, an insurance enterprise of a Contracting State shall, except in regard to re-insurance, be deemed to have a permanent establishment in the other Contracting State if it collects premiums in the territory of that other State or insures risks situated therein through a person other than an agent of an independent status to whom paragraph 7 applies.

7. An enterprise shall not be deemed to have a permanent establishment in a Contracting State merely because it carries on business in that State through a broker, general commission agent or any other agent of an independent status, provided that such persons are acting in the ordinary course of their business.

8. The fact that a company which is a resident of a Contracting State controls or is controlled by a company which is a resident of the other Contracting State, or which carries on business in that other State (whether through a permanent establishment or otherwise), shall not of itself constitute either company a permanent establishment of the other.

Article 6

INCOME FROM IMMOVABLE PROPERTY

1. Income derived by a resident of a Contracting State from immovable property (including income from agriculture or forestry) situated in the other Contracting State may be taxed in that other State.

2. The term "immovable property" shall have the meaning which it has under the law of the Contracting State in which the property in question is situated. The term shall in any case include property accessory to immovable property, livestock and equipment used in agriculture and forestry, rights to which the provisions of general law respecting landed property apply, usufruct of immovable property and rights to variable or fixed payments as consideration for the working of, or the right to work, mineral deposits, sources and other natural resources; ships and aircraft shall not be regarded as immovable property.

3. The provisions of paragraph 1 shall apply to income derived from the direct use, letting, or use in any other form of immovable property.

4. The provisions of paragraphs 1 and 3 shall also apply to the income from immovable property of an enterprise and to income from immovable property used for the performance of independent personal services.

Article 7

BUSINESS PROFITS

1. The profits of an enterprise of a Contracting State shall be taxable only in that State unless the enterprise carries on business in the other Contracting State through a permanent establishment situated therein. If the enterprise carries on business as aforesaid, the profits of the enterprise may be taxed in the other State but only so much of them as is attributable

to that permanent establishment.

2. Subject to the provisions of paragraph 3, where an enterprise of a Contracting State carries on business in the other Contracting State through a permanent establishment situated therein, there shall in each Contracting State be attributed to that permanent establishment the profits which it might be expected to make if it were a distinct and separate enterprise engaged in the same or similar activities under the same or similar conditions and dealing wholly independently with the enterprise of which it is a permanent establishment.

3. In determining the profits of a permanent establishment, there shall be allowed as deductions expenses which are incurred for the purposes of the permanent establishment, including executive and general administrative expenses so incurred, whether in the State in which the permanent establishment is situated or elsewhere.

4. No profits shall be attributed to a permanent establishment by reason of the mere purchase by that permanent establishment of goods or merchandise for the enterprise.

5. For the purposes of the preceding paragraphs, the profits to be attributed to the permanent establishment shall be determined by the same method year by year unless there is good and sufficient reason to the contrary.

6. Where profits include items of income which are dealt with separately in other Articles of this Convention, then the provisions of those Articles shall not be affected by the provisions of this Article.

Article 8

SHIPPING AND AIR TRANSPORT

1. Profits from the operation of ships or aircraft in international traffic carried on by an enterprise of a Contracting State shall be taxable only in that State.

2. The provisions of paragraph 1 shall also apply to profits from the participation in a pool, a joint business or an international operating agency.

3. For the purposes of this Article

a) the term "profits" includes especially:

(i) gross receipts derived from the operation of ships or aircraft in international traffic; and

(ii) interest from payments derived from the operation of ships or aircraft in international traffic, provided that such interest is incidental and inherent to the operation;

b) the term "operation of ships or aircraft" for an enterprise includes especially:

(i) the rental on a bareboat charter basis of ships or aircraft; and

(ii) the use, maintenance or rental of containers and related equipment;

if that charter, use, maintenance or rental is incidental to the operation by that enterprise of ships or aircraft in international traffic.

Article 9

ASSOCIATED ENTERPRISES

1. Where

a) an enterprise of a Contracting State participates directly or indirectly in the management, control or capital of an enterprise of the other Contracting State, or

b) the same persons participate directly or indirectly in the management, control or capital of an enterprise of a Contracting State and an enterprise of the other Contracting State,

and in either case conditions are made or imposed between the two enterprises in their commercial or financial relations which differ from those which would be made between independent enterprises, then any profits which would, but for those conditions, have accrued to one of the enterprises, but, by reason of those conditions, have not so accrued, may be included in the profits of that enterprise and taxed accordingly.

2. Where a Contracting State includes in the profits of an enterprise of that State - and taxes accordingly - profits on which an enterprise of the other Contracting State has been charged to tax in that other State and the profits so included are profits which would have accrued to the enterprise of the first-mentioned State if the conditions made between the two enterprises had been those which would have been made between independent enterprises, then that other State shall make an appropriate adjustment to the amount of the tax charged therein on those profits in accordance with the taxation laws of that other State, if it considers that the adjustment made in a Contracting State is justified both in principle and as regards the amount. In determining such adjustment, due regard shall be had to the other provisions of this Convention and the competent authorities of the Contracting States shall if necessary consult each other.

3. The provision of paragraph 2 shall not apply in the case of fraud or wilful default.

Article 10

DIVIDENDS

1. Dividends paid by a company which is a resident of a Contracting State to a resident of the other Contracting State may be taxed in that other State.

2. However, such dividends may also be taxed in the Contracting State of which the company paying the dividends is a resident and according to the laws of that State, but if the beneficial owner of the dividends is a resident of the other Contracting State, the tax so charged shall not exceed 10 per cent of the gross amount of the dividends.

This paragraph shall not affect the taxation of the company in respect of the profits out of which the dividends are paid.

3. The term "dividends" as used in this Article means income from shares or other rights, not being debt-claims, participating in profits, as well as income from other corporate rights which is subjected to the same taxation treatment as income from shares by the laws of the State of which the company making the distribution is a resident.

4. The provisions of paragraphs 1 and 2 shall not apply if the beneficial owner of the dividends, being a resident of a Contracting State, carries on business in the other Contracting State of which the company paying the dividends is a resident through a permanent establishment situated therein, or performs in that other State independent personal services from a fixed base situated therein and the holding in respect of which the dividends are paid is effectively connected with such permanent establishment or fixed base. In such case the provisions of Article 7 or Article 14, as the case may be, shall apply.

5. Where a company which is a resident of a Contracting State derives profits or income from the other Contracting State, that other State may not impose any tax on the dividends paid by the company, except insofar as such dividends are paid to a resident of that other State or insofar as the holding in respect of which the dividends are paid is effectively connected with a permanent establishment or fixed base situated in that other State, nor subject the company's undistributed profits to a tax on the company's undistributed profits, even if the dividends paid or the undistributed profits consist wholly or partly of profits or income arising in such other State.

6. Where a company of a Contracting State has a permanent establishment in the other Contracting State, the profits of the permanent establishment attributable to such company may be subject in that other Contracting State to a tax other than the tax on the profits of the permanent establishment in that other Contracting State and in accordance with the law of that other State. However, this tax other than the tax on the profits shall not exceed the limit provided for in paragraph 2 of this Article.

Article 11

INTEREST

1. Interest arising in a Contracting State and paid to a resident of the other Contracting State may be taxed in that other State.

2. However, such interest may also be taxed in the Contracting State in which it arises and according to the laws of that State, but if the beneficial owner of the interest is a resident of the other Contracting State, the tax so charged shall not exceed 15 per cent of the gross amount of the interest.

3. Notwithstanding the provisions of paragraph 2, interest arising in a Contracting State shall be taxable only in the other Contracting State if the interest is beneficially owned by that other Contracting State including its political subdivisions and local authorities thereof, or the Central Bank of that other Contracting State.

4. The term "interest" as used in this Article means income from debt-claims of every kind, whether or not secured by mortgage and whether or not carrying a right to participate in the debtor's profits, and in particular, income from government securities and income from bonds or debentures, including premiums and prizes attaching to such securities, bonds or debentures. Penalty charges for late payment shall not be regarded as interest for the purpose of this Article.

5. The provisions of paragraphs 1 and 2 shall not apply if the beneficial owner of the interest, being a resident of a Contracting State, carries on business in the other Contracting State in which the interest arises through a permanent establishment situated therein, or performs in that other State independent personal services from a fixed base situated therein and the debt-claim in respect of which the interest is paid is effectively connected with such permanent establishment or fixed base. In such case the provisions of Article 7 or Article 14, as the case may be, shall apply.

6. Interest shall be deemed to arise in a Contracting State when the payer is a resident of that State. Where, however, the person paying the interest, whether he is a resident of a Contracting State or not, has in a Contracting State a permanent establishment or fixed base in connection with which the indebtedness on which the interest is paid was incurred, and such interest is borne by such permanent establishment or fixed base, then such interest shall be deemed to arise in the State in which the permanent establishment or fixed base is situated.

7. Where, by reason of a special relationship between the payer and the beneficial owner or between both of them and some other person, the amount of the interest, having regard to the debt-claim for which it is paid, exceeds the amount which would have been agreed upon by the payer and the beneficial owner in the absence of such relationship, the provisions of this Article shall apply only to the last-mentioned amount. In such case, the excess part of the payments shall remain taxable according to the laws of each Contracting State, due regard being had to the other provisions of this Convention.

Article 12

ROYALTIES

1. Royalties arising in a Contracting State and paid to a resident of the other Contracting State may be taxed in that other State.

2. However, such royalties may also be taxed in the Contracting State in which they arise and according to the laws of that State, but if the beneficial owner of the royalties is a resident of the other Contracting State, the tax so charged shall not exceed:

a) 10 per cent of the gross amount of the payments received as consideration for the furnishing of technical assistance.

b) 15 per cent of the gross amount of the royalties in all other cases.

3. The term "royalties", as used in this Article, means payments of any kind received as a consideration for the use of, or the right to use, any copyright of literary, artistic, or scientific work, including cinematographic films, or films, tapes and other means of image, or sound reproduction, any patent, trade mark, design or model, plan, secret formula, or process, or for information concerning industrial, commercial, or scientific experience. The term "royalties" also includes payments received as consideration for the furnishing of technical assistance.

4. The provisions of paragraphs 1 and 2 of this Article shall not apply if the beneficial owner of the royalties, being a resident of a Contracting State, carries on business in the other Contracting State in which the royalties arise through a permanent establishment situated therein, or performs in that other State independent personal services from a fixed base situated therein and the right or property in respect of which the royalties are paid is effectively connected with such permanent establishment or fixed base. In such case the provisions of Article 7 or Article 14, as the case may be, shall apply.

5. Royalties shall be deemed to arise in a Contracting State when the payer is a resident of that State. Where, however, the person paying the royalties, whether the payer is a resident of a Contracting State or not, has in a Contracting State a permanent establishment or fixed base in connection with which the liability to pay the royalties was incurred, and such royalties are borne by such permanent establishment or fixed base, then such royalties shall be deemed to arise in the State in which the permanent establishment or fixed base is situated.

6. Where, by reason of a special relationship between the payer and the beneficial owner or between both of them and some other person, the amount of the royalties, having regard to the use, right or information for which they are paid, exceeds the amount which would have been agreed upon by the payer and the beneficial owner in the absence of such relationship, the provisions of this Article shall apply only to the last-mentioned amount. In such case, the excess part of the payments shall remain taxable according to the laws of each Contracting State, due regard being had to the other provisions of this Convention.

Article 13

CAPITAL GAINS

1. Gains derived by a resident of a Contracting State from the alienation of immovable property referred to in Article 6 and situated in the other Contracting State may be taxed in that other State.

2. Gains from the alienation of movable property forming part of the business property of a permanent establishment which an enterprise of a Contracting State has in the other Contracting State or of movable property pertaining to a fixed base available to a resident of a Contracting State in the other Contracting State for the purpose of performing independent personal services, including such gains from the alienation of such a permanent establishment (alone or with the whole enterprise) or of such fixed base, may be taxed in that other State.

3. Gains from the alienation of ships or aircraft operated in international traffic or movable property pertaining to the operation of such ships or aircraft, shall be taxable only in the Contracting State of which the enterprise is a resident.

4. Gains derived by a resident of a Contracting State from alienation of shares deriving more than 50 per cent of their value directly or indirectly from immovable property situated in the other Contracting State may be taxed in that other State.

5. In addition to the provisions of the preceding paragraphs of this Article, gains derived by a resident of a Contracting State from the direct or indirect alienation of shares, comparable interests, securities, or other rights in the capital of a company which is a resident of the other Contracting State may be taxed in that other State if the recipient of the gain, during the twelve month period preceding such alienation, had a participation of at least 20 per cent in the capital of that company.

6. Gains from the alienation of any property other than that referred to in paragraphs 1, 2, 3, 4 and 5 shall be taxable only in the Contracting State of which the alienator is a resident.

Article 14

INDEPENDENT PERSONAL SERVICES

1. Income derived by an individual who is a resident of a Contracting State in respect of professional services or other activities of an independent character shall be taxable only in that State except in the following circumstances, when such income may also be taxed in the other Contracting State:

a) the individual has a fixed base regularly available to him in the other Contracting State for the purpose of performing the activities; in that case, only so much of the income as is attributable to that fixed base may be taxed in that other State; or

b) the individual is present in the other Contracting State for a period or periods amounting to or exceeding in the aggregate 183 days in any twelve-month period; in that case, only so much of the income as is derived from the activities performed in that other State may be taxed in that State.

2. The term "professional services" includes especially independent scientific, literary, artistic, educational or teaching activities as well as the independent activities of physicians, lawyers, engineers, architects, dentists and accountants.

Article 15

INCOME FROM EMPLOYMENT

1. Subject to the provisions of Articles 16, 18 and 19, salaries, wages and other similar remuneration derived by a resident of a Contracting State in respect of an employment shall be taxable only in that State unless the employment is exercised in the other Contracting State. If the employment is so exercised, such remuneration as is derived therefrom may be taxed in that other State.

2. Notwithstanding the provisions of paragraph 1, remuneration derived by a resident of a Contracting State in respect of an employment exercised in the other Contracting State shall be taxable only in the first-mentioned State if:

a) the recipient is present in the other State for a period or periods not exceeding in the aggregate 183 days in any twelve month period, and

b) the remuneration is paid by, or on behalf of, an employer who is not a resident of the other State, and

c) the remuneration is not borne by a permanent establishment or a fixed place which the employer has in the other State.

3. Notwithstanding the preceding provisions of this Article, remuneration derived in respect of an employment exercised aboard a ship or aircraft operated in international traffic by an enterprise of a Contracting State shall be taxable only in that State.

Article 16

DIRECTORS' FEES

Directors' fees and other similar payments derived by a resident of a Contracting State in his capacity as a member of the board of directors or other organs which are similar in function to the board of directors of a company which is a resident of the other Contracting State may be taxed in that other State.

Article 17

ARTISTES AND SPORTSMEN

1. Notwithstanding the provisions of Articles 7, 14 and 15, income derived by a resident of a Contracting State as an entertainer, such as a theatre, motion picture, radio or television artiste, or a musician, or as a sportsman, from his personal activities as such exercised in the other Contracting State, may be taxed in that other State. Income derived by an artiste or a sportsman who is a resident of a Contracting State from his personal activities relating to his reputation as an artiste or sportsman exercised in the other Contracting State such as advertising or sponsorship income, may be taxed in that other State.

2. Where income in respect of personal activities exercised by an entertainer or a sportsman in his capacity as such accrues not to the entertainer or sportsman himself but to another person, that income may, notwithstanding the provisions of Articles 7, 14 and 15, be taxed in the Contracting State in which the activities of the entertainer or sportsman are exercised.

Article 18

PENSIONS

Pensions and other similar payments or annuities paid to a resident of a Contracting State shall be taxed only in the Contracting State in which they originate.

Article 19

GOVERNMENT SERVICE

1. a) Salaries, wages and other similar remuneration other than a pension paid by a Contracting State or a political subdivision or a local authority thereof to an individual in respect of services rendered to that State or subdivision or authority shall be taxable only in that State.

   b) However, such salaries, wages and other similar remuneration shall be taxable only in the other Contracting State if the services are rendered in that State and the individual is a resident of that State who:

      (i) is a national of that State; or

      (ii) did not become a resident of that State solely for the purpose of rendering the services.

2. The provisions of Articles 15, 16 and 17 shall apply to salaries, wages and other similar remuneration in respect of services rendered in connection with a business carried on by a Contracting State or a political subdivision or a local authority thereof.

Article 20

STUDENTS

Payments which a student or business apprentice who is or was immediately before visiting a Contracting State a resident of the other Contracting State and who is present in the first-mentioned State solely for the purpose of his education or training receives for the purpose of his maintenance, education or training shall not be taxed in that State, provided that such payments arise from sources outside that State.

Article 21

OTHER INCOME

1. Items of income of a resident of a Contracting State wherever arising, not dealt with in the foregoing Articles of this Convention shall be taxable only in that State.

2. The provisions of paragraph 1 shall not apply to income, other than income from immovable property as defined in paragraph 2 of Article 6, if the recipient of such income, being a resident of a Contracting State, carries on business in the other Contracting State through a permanent establishment situated therein, or performs in that other State independent personal services from a fixed base situated therein, and the right or property in respect of which the income is paid is effectively connected with such permanent establishment or fixed base. In such case the provisions of Article 7 or Article 14, as the case may be, shall apply.

3. Where, by reason of a special relationship between the person referred to in paragraph 1 and some other person, or between both of them and some third person, the amount of income referred to in paragraph 1 exceeds the amount (if any) which would have been agreed upon between them in the absence of such a relationship, the provisions of this Article shall apply only to the last mentioned amount. In such case, the excess part of the payment shall remain taxable according to the law of each Contracting State, due regard being had to the other applicable provisions of this Convention.

4. Notwithstanding the provisions of paragraph 1, items of income of a resident of a Contracting State not dealt with in the foregoing articles of the Convention and arising in the other Contracting State may also be taxed in that other State, but the tax so charged shall not exceed 10 per cent of the gross amount of such income.

Article 22

ELIMINATION OF DOUBLE TAXATION

1. In Korea, double taxation shall be avoided as follows:

Subject to the provisions of Korean tax law regarding the allowance as credit against Korean tax of tax payable in any country other than Korea (which shall not affect the general principle thereof):

a) Where a resident of Korea derives income from Peru which may be taxed in Peru under the laws of Peru in accordance with the provisions of this Convention, in respect of that income, the amount of peruvian tax payable shall be allowed as a credit against the Korean tax payable imposed on that resident. The amount of credit shall not, however, exceed that part of Korean tax as computed before the credit is given, which is appropriate to that income;

b) Where the income derived from Peru is dividends paid by a company which is a resident of Peru to a company which is a resident of Korea which owns at least 10 per cent of the voting shares issued by or the capital stock of the company paying the dividends, the credit shall take into account the peruvian tax payable by the company in respect of the profits out of which such dividend is paid.

2. In the case of Peru, double taxation shall be avoided as follows:

a) Residents of Peru may credit against Peruvian income tax, as a credit, the Korean tax payable on income taxed in accordance with the laws of Korea and the provisions of this Convention. Such credit shall not, in any case, exceed that part of the Peruvian income tax which is attributable to the income which may be taxed in Korea;

b) Where a company which is a resident of Korea pays a dividend to a company which is a resident of Peru that controls directly or indirectly at least 10 per cent of the voting power in the former company, the credit shall take into account the tax payable in Korea by the company in respect of the profits out of which such dividend is paid but only to the extent that the Peruvian tax exceeds the amount of the credit determined without reference to this subparagraph;

c) Where in accordance with any provision of the Convention income derived by a resident of a Contracting State is exempt from tax in that State, such State may nevertheless, in calculating the amount of tax on the remaining income of such resident, take into account the exempted income.

Article 23

NON-DISCRIMINATION

1. Nationals of a Contracting State shall not be subjected in the other Contracting State to any taxation or any requirement connected therewith, which is other or more burdensome than the taxation and connected requirements to which nationals of that other State in the same circumstances, in particular with respect to residence, are or may be subjected. This provision shall, notwithstanding the provisions of Article 1, also apply to persons who are not residents of one or both of the Contracting States.

2. The taxation on a permanent establishment which an enterprise of a Contracting State has in the other Contracting State shall not be less favourably levied in that other State than the taxation levied on enterprises of that other State carrying on the same activities. This provision shall not be construed as obliging a Contracting State to grant to residents of the other Contracting State any personal allowances, reliefs and reductions for taxation purposes on account of civil status or family responsibilities which it grants to its own residents.

3. Except where the provisions of paragraph 1 of Article 9, paragraph 7 of Article 11, or paragraph 6 of Article 12, apply, interest, royalties and other disbursements paid by an enterprise of a Contracting State to a resident of the other Contracting State shall, for the purpose of determining the taxable profits of such enterprise, be deductible under the same conditions as if they had been paid to a resident of the first-mentioned State.

4. Enterprises of a Contracting State, the capital of which is wholly or partly owned or controlled, directly or indirectly, by one or more residents of the other Contracting State, shall not be subjected in the first-mentioned State to any taxation or any requirement connected therewith which is other or more burdensome than the taxation and connected requirements to which other similar enterprises of the first-mentioned State are or may be subjected.

5. The provisions of this Article shall, notwithstanding the provisions of Article 2, apply to taxes of every kind and description.

Article 24

MUTUAL AGREEMENT PROCEDURE

1. Where a person considers that the actions of one or both of the Contracting States result or will result for him in taxation not in accordance with the provisions of this Convention, he may, irrespective of the remedies provided by the domestic law of those States, present his case to the competent authority of the Contracting State of which he is a resident or, if his case comes under paragraph 1 of Article 23, to that of the Contracting State of which he is a national. The case must be presented within three years from the first notification of the action resulting in taxation not in accordance with the provisions of the Convention.

2. The competent authority shall endeavour, if the objection appears to it to be justified and if it is not itself able to arrive at a satisfactory solution, to resolve the case by mutual agreement with the competent authority of the other Contracting State, with a view to the avoidance of taxation which is not in accordance with the Convention. Any agreement reached shall be implemented notwithstanding any time limits in the domestic law of the Contracting States.

3. The competent authorities of the Contracting States shall endeavour to resolve by mutual agreement any difficulties or doubts arising as to the interpretation or application of the Convention. They may also consult together for the elimination of double taxation in cases not provided for in the Convention.

4. The competent authorities of the Contracting States may communicate with each other directly for the purpose of reaching an agreement in the sense of the preceding paragraphs.

Article 25

EXCHANGE OF INFORMATION

1. The competent authorities of the Contracting States shall exchange such information as is foreseeably relevant for carrying out the provisions of this Convention or to the administration or enforcement of the domestic laws concerning taxes of every kind and description imposed on behalf of the Contracting States, or of their political subdivisions or local authorities, insofar as the taxation thereunder is not contrary to the Convention. The exchange of information is not restricted by Articles 1 and 2.

2. Any information received under paragraph 1 by a Contracting State shall be treated as secret in the same manner as information obtained under the domestic laws of that State and shall be disclosed only to persons or authorities (including courts and administrative bodies) concerned with the assessment or collection of, the enforcement or prosecution in respect of, the determination of appeals in relation to the taxes refered to in paragraph 1. Such persons or authorities shall use the information only for such purposes. They may disclose the information in public court proceedings or in judicial decisions.

3. In no case shall the provisions of paragraphs 1 and 2 be construed so as to impose on a Contracting State the obligation:

a) to carry out administrative measures at variance with the laws and administrative practice of that or of the other Contracting State;

b) to supply information which is not obtainable under the laws or in the normal course of the administration of that or of the other Contracting State;

c) to supply information which would disclose any trade, business, industrial, commercial or professional secret or trade process, or information, the disclosure of which would be contrary to public policy *(ordre public)*.

4. If information is requested by a Contracting State in accordance with this Article, the other Contracting State shall use its information gathering measures to obtain the requested information, even though that other State may not need such information for its own tax purposes. The obligation contained in the preceding sentence is subject to the limitations of paragraph 3 but in no case shall such limitations be construed to permit a Contracting State to decline to supply information solely because it has no domestic interest in such information.

5. In no case shall the provisions of paragraph 3 be construed to permit a Contracting State to decline to supply information, solely because the information is held by a bank, other financial institution, nominee or person acting in an agency or a fiduciary capacity or because the information relates to ownership interests in a person. In applying this paragraph the Contracting States shall follow the constitutional and legal procedures necessary to obtain the requested information.

Article 26

MEMBERS OF DIPLOMATIC MISSIONS AND CONSULAR POSTS

Nothing in this Convention shall affect the fiscal privileges of members of diplomatic missions or consular posts under the general rules of international law or under the provisions of special agreements.

Article 27

LIMITATION ON BENEFITS

1. In respect of Articles 10, 11, 12, 13 and 21, a resident of a Contracting State shall not be entitled to benefits if the main purpose or one of the main purposes of any person concerned with the creation or assignment of a share, a debt-claim, or a right in respect of which the income is paid is to take advantage of these Articles by means of that creation or assignment.

2. Paragraph 1 shall not be construed as restricting, in any manner, the application of any provisions of the law of a Contracting State which are designed to prevent the avoidance or evasion of taxes, whether or not described as such.

Article 28

ENTRY INTO FORCE

1. The Governments of the Contracting States shall notify each other that the constitutional requirements for the entry into force of this Convention have been complied with.

2. The Convention shall enter into force on the date of the later of the notifications referred to in paragraph 1 and its provisions shall have effect:

a) in respect of taxes withheld at source, for amounts payable on or *after the first day of January in the first calendar year following that* in which this Convention enters into force; and

b) in respect of other taxes, for the taxable year beginning on or after the first day of January in the first calendar year following that in which this Convention enters into force.

Article 29

TERMINATION

This Convention shall remain in force until terminated by a Contracting State. Either Contracting State may terminate the Convention, through diplomatic channels, by giving written notice of termination at least six months before the end of any calendar year. In such event, the Convention shall cease to have effect:

a) in respect of taxes withheld at source, for amounts payable on or after the first day of January in the first calendar year following that in which the notice is given; and

b) in respect of other taxes, for the taxable year beginning on or after the first day of January in the first calendar year following that in which the notice is given.

IN WITNESS WHEREOF, the undersigned, duly authorised thereto by their respective Governments, have signed this Convention.

Done in duplicate at Seoul this 10th day of May 2012, in the Korean, Spanish, and English languages, all three texts being equally authentic. In the case of any divergence of interpretation, the English text shall prevail.

For the Republic of Peru	For the Republic of Korea

PROTOCOL

At the moment of signing the Convention between the Republic of Korea and the Republic of Peru for the Avoidance of Double Taxation and the Prevention of Fiscal Evasion with respect to Taxes on Income, the undersigned have agreed on the following provisions which shall form an integral part of the Convention.

1. Article 3

With reference to subparagraph (d) of paragraph 1 of Article 3, the term "person" shall, in the case of Peru, include estates in the course of administration (sucesiones indivisas) as well as matrimonial partnerships (sociedades conyugales).

2. Article 7

It is understood that the provisions of paragraph 3 of Article 7 shall apply only if the expenses can be attributed to the permanent establishment in accordance with the provisions of the tax legislation of the Contracting State in which the permanent establishment is situated.

3. Article 10 and Article 11

With reference to paragraph 2 of Article 10 and to paragraph 2 of Article 11, it is understood that if, in any agreement or convention between Peru and a third State, Peru agrees to limit the rate of tax on such dividends or interest (either generally or in respect of specific categories of dividends or interest) to a rate lower than the rates provided for in paragraph 2 of Article 10 or in paragraph 2 of Article 11 of this Convention, such lower rate shall automatically apply to such dividends and interests (either generally or in respect of specific categories of dividends or interest) under this Convention as if such lower rate had been specified in this Convention, with effect from the date on which those provisions of that agreement or convention becomes effective. The competent authority of Peru shall inform the competent authority of Korea without delay that the conditions for the application of this provision have been met.

4. Article 11

a) With reference to paragraph 3 of Article 11, it is understood that the Korea Export-Import Bank constitutes a part of the Korean government.

b) With reference to paragraph 4 of Article 11, it is understood that the term "interest" includes the price differential on a repo transaction *(operaciones de reporte y pactos de recompra) or on a loan with pledge* of securities (préstamos bursátiles). It is further understood that the competent authorities may by mutual agreement agree that other similar elements of other financial transactions treated as interest under domestic law coming into force after the date of signature of this Convention will be regarded as interest for the purposes of the Convention. In that event, the competent authorities will publish their mutual agreement solution.

5. Article 13

With reference to paragraph 5 of Article 13, it is understood that if in any agreement or convention between Peru and a third State, Peru agrees that gains (excluding gains provided in paragraph 4 of Article 13) from the direct or indirect alienation of shares, comparable interests, securities, or other rights shall be taxed only in the State of which the alienator is a resident, such gains under this Convention shall be taxed only in the State of which the alienator is a resident as if such provision had been specified in this Convention, with effect from the date on which such provision of that agreement or convention becomes effective. The competent authority of Peru shall inform the competent authority of Korea without delay that the conditions for the application of this provision have been met.

6. In general,

Nothing in the Convention shall preclude the application of the provisions of Peruvian Law Acts (Decretos Legislativos) numbers 662, 757 and 109 and Acts (Leyes) numbers 26221, 27342, 27343, 27909 as they are in force at the time of the signature of the Convention and as they may be amended from time to time without changing their principle or the optional nature of entering into the tax stability contracts. A person that is a party to a contract which grants tax stability in accordance with the above-mentioned provisions shall, notwithstanding any rate of tax set out in the Convention, remain subject to the rates of tax stabilized by the contract for its duration.

IN WITNESS WHEREOF, the undersigned, duly authorised thereto by their respective Governments, have signed this Convention.

Done in duplicate at Seoul this 10th day of May 2012, in the Korean, Spanish, and English languages, all three texts being equally authentic. In the case of divergence of interpretation, the English text shall prevail.

For the Republic of Peru

For the Republic of Korea

[TEXT IN KOREAN – TEXTE EN CORÉEN]

페루공화국과 대한민국 간의 소득에 대한 조세의 이중과세 방지와 탈세 예방을 위한 협약

페루공화국과 대한민국은,

소득에 대한 조세의 이중과세 방지와 탈세 예방을 위한 협약의 체결을 희망하여,

다음과 같이 합의하였다.

제 1 조

대상 인

이 협약은 어느 한쪽 또는 양쪽 체약국 모두의 거주자인 인(人)에게 적용된다.

제 2 조

대상 조세

1. 이 협약은 그 조세가 부과되는 방법에 관계없이 한쪽 체약국, 또는 한국의 경우 그 정치적 하부조직 또는 지방당국이 부과하는 소득에 대한 조세에 대하여 적용된다.

2. 동산 또는 부동산의 양도소득에 대한 조세, 기업이 지급한 임금 또는 급료 총액에 대한 조세 및 자본의 평가에 따른 조세를 포함하여 총소득 또는 소득의 항목에 대하여 부과되는 모든 조세는 소득에 대한 조세로 본다.

3. 협약의 적용 대상이 되는 현행 조세는 특히 다음과 같다.

가. 한국의 경우

1) 소득세

2) 법인세

3) 농어촌특별세, 그리고

4) 지방소득세

(이하 "한국의 조세"라 한다)

나. 페루의 경우

소득세법(Ley del Impuesto a la Renta)에 따라 페루 정부가 부과하는 소득세

(이하 "페루의 조세"라 한다)

4. 협약은 협약의 서명일 후 현행 조세에 추가로 부과되거나 현행 조세를 대체하여 부과되는 동일하거나 실질적으로 유사한 모든 조세에 대하여도

적용된다. 양 체약국의 권한 있는 당국은 자국 세법에 이루어진 모든 중요한 변경을 상호 통보한다.

제 3 조

일반적 정의

1. 이 협약의 목적상, 문맥이 달리 요구하지 아니하는 한,

가. "한국"이란 대한민국을 말하며, 지리적인 관점에서 사용될 때, 영해를 포함하는 대한민국의 영역, 그리고 국제법에 따라 해저, 하층토 및 그 천연자원에 관하여 대한민국의 주권적 권리 또는 관할권이 행사될 수 있는 지역으로서 대한민국의 법에 따라 지정되어 있거나 앞으로 지정될 수 있는, 대한민국 영해에 인접한 모든 지역을 말한다.

나. "페루"란 이 협약이 적용되는 지리적 범위를 결정할 목적으로, 페루의 국내법과 국제법에 따라 페루의 주권 또는 주권적 권리와 관할권이 미치는 대륙의 영역, 섬들, 해양지대, 그리고 그 위의 영공을 말한다.

다. "한쪽 체약국" 및 "다른 쪽 체약국"이란 문맥이 요구하는 대로 한국 또는 페루를 말한다.

라. "인"이란 개인, 회사 및 그 밖의 모든 인의 단체를 포함한다.

마. "회사"란 모든 법인격이 있는 단체 또는 조세 목적상 법인격이 있는 단체로 취급되는 모든 실체를 말한다.

바. "한쪽 체약국의 기업" 및 "다른 쪽 체약국의 기업"이란 각각 한쪽 체약국의 거주자에 의하여 수행되는 기업과 다른 쪽 체약국의 거주자에 의하여 수행되는 기업을 말한다.

사. "국제운수"란 한쪽 체약국의 기업이 운행하는 선박이나 항공기에 의한 모든 운송을 말한다. 다만, 그 선박이나 항공기가 다른 쪽 체약국 내의 장소에서만 운행되는 경우는 제외한다.

아. "국민"이란, 한쪽 체약국과 관련하여, 다음을 말한다.

1) 그 체약국의 국적을 가진 모든 개인, 그리고

2) 그 체약국에서 시행되고 있는 법에 따라 그러한 지위를 부여받은 모든 법인, 동업기업 또는 협회

자. "권한 있는 당국"이란 다음을 말한다.

1) 한국의 경우, 기획재정부장관 또는 그의 권한 있는 대리인

2) 페루의 경우, 경제재정부장관 또는 그의 권한 있는 대리인

2. 한쪽 체약국이 언제든지 협약을 적용할 때, 협약에 정의되어 있지 아니한 모든 용어는 문맥이 달리 요구하지 아니하는 한, 협약이 적용되는 조세의 목적상

그 당시 그 국가의 법에 따른 의미를 가지며 그 국가의 적용 가능한 세법에 따른 의미가 그 국가의 다른 법에 따라 그 용어에 주어진 의미보다 우선한다.

제 4 조

거주자

1. 이 협약의 목적상, "한쪽 체약국의 거주자"란 그 국가의 법에 따라 주소, 거소, 본점 또는 주사무소의 소재지, 설립지, 관리장소, 또는 이와 유사한 성격의 모든 다른 기준을 이유로 하여 그 체약국에 납세의무가 있는 모든 인을 말하며, 그 국가 및 그 정치적 하부조직 또는 그 지방당국을 또한 포함한다. 그러나 이 용어는 그 국가 내의 원천으로부터 발생한 소득에 대해서만 그 국가에서 납세할 의무가 있는 인은 포함하지 아니한다.

2. 제 1 항의 규정을 이유로 개인이 양쪽 체약국 모두의 거주자인 경우, 그 개인의 지위는 다음과 같이 결정된다.

가. 그는 그가 이용할 수 있는 항구적 주거를 두고 있는 국가의 거주자로만 간주된다. 그가 양쪽 국가 모두에 이용할 수 있는 항구적 주거를 가지고 있는 경우, 그는 그의 개인적 및 경제적 관계가 더 밀접한 국가(중대한 이해관계의 중심지)의 거주자로만 간주된다.

나. 그의 중대한 이해관계의 중심지가 있는 국가를 결정할 수 없거나 어느 국가에도 그가 이용할 수 있는 항구적 주거를 두고 있지 아니한 경우, 그는 그가 일상적 거소를 두고 있는 국가의 거주자로만 간주된다.

다. 그가 양쪽 국가 모두에 일상적 거소를 두고 있거나 어느 국가에도 일상적 거소를 두고 있지 아니한 경우, 그는 그가 국민인 국가의 거주자로만 간주된다.

라. 그가 양쪽 국가 모두의 국민이거나 어느 국가의 국민도 아닌 경우, 양 체약국의 권한 있는 당국은 상호 합의에 의하여 그 문제를 해결한다.

3. 제 1 항의 규정을 이유로 개인을 제외한 인이 양쪽 체약국 모두의 거주자인 경우, 그 인은 실질적 관리장소가 소재하는 국가의 거주자로만 간주된다. 실질적 관리장소가 결정될 수 없는 경우, 양 체약국의 권한 있는 당국은 상호 합의에 의하여 그 문제를 해결한다.

제 5 조

고정사업장

1. 이 협약의 목적상 "고정사업장"이란 기업의 사업이 전적으로 또는 부분적으로 수행되는 고정된 사업장소를 말한다.

2. "고정사업장"이란 특히 다음을 포함한다.

가. 관리장소

나. 지점

다. 사무소

라. 공장

마. 작업장, 그리고

바. 광산, 유정 또는 가스정, 채석장 또는 천연자원의 탐사나 개발 또는 채취와 관련된 그 밖의 모든 장소

3. "고정사업장"이란 또한 다음을 포함한다.

가. 건축현장, 건설, 조립 또는 설치 공사장이나 그와 관련된 감독 활동. 다만, 그러한 현장, 공사장 또는 활동이 6 개월을 초과하여 존속하는 경우에 한한다. 그리고

나. 한쪽 체약국의 기업이 다른 쪽 체약국에서 자문용역을 포함한 용역을 제공할 목적으로 피고용인 또는 기업에 고용된 그 밖의 개인을 통하여 자문용역을 포함한 용역을 제공하는 경우. 다만, 그러한

활동이 (동일하거나 연결된 공사장을 위하여) 그 국가 내에서 어느 12 개월의 기간 중 단일 기간 또는 통산한 기간으로 총 183 일을 초과하여 지속하는 경우에 한한다.

이 항에서의 기간 또는 기간들을 산출하기 위한 목적상, 제 9 조의 의미 내에서 특수관계기업 간의 활동이 동일하거나 실질적으로 같거나 연관된 경우, 기업이 수행한 활동의 존속기간은 특수관계기업이 수행한 활동을 포함한다.

4. 이 조 전항의 규정에도 불구하고, "고정사업장"은 다음을 포함하지 아니하는 것으로 간주된다.

가. 기업 소유의 재화 또는 상품의 저장, 전시 또는 인도만을 목적으로 한 시설의 사용

나. 저장, 전시 또는 인도만을 목적으로 한 기업 소유의 재화 또는 상품의 재고 보유

다. 다른 기업에 의한 가공만을 목적으로 한 기업 소유의 재화 또는 상품의 재고 보유

라. 기업을 위한 재화 또는 상품의 구입이나 정보의 수집만을 목적으로 한 고정된 사업장소의 유지

마. 기업을 위하여 그 밖의 모든 예비적 또는 보조적 성격의 활동의 수행만을 목적으로 한 고정된 사업장소의 유지

바. 가호부터 마호까지에 언급된 활동들의 어떠한 조합만을 목적으로 하는 고정된 사업장소의 유지로서 그러한 조합으로부터 발생하는 고정된 사업장소의 전반적인 활동이 예비적이거나 보조적인 성격인 경우

5. 제 1 항 및 제 2 항의 규정에도 불구하고, 제 7 항이 적용되는 독립적 지위를 가지는 대리인을 제외한 인이 기업을 위하여 활동하며, 한쪽 체약국에서 그 기업 명의로 계약을 체결할 권한을 가지고 그 권한을 상시적으로 행사하는 경우, 그 기업은 그 인이 그 기업을 위하여 수행하는 모든 활동에 관하여 그 국가에 고정사업장을 가지는 것으로 간주된다. 다만, 그 인의 활동이 어떠한 고정된 사업장소를 통하여 수행되더라도 제 4 항의 규정에 따라 그 고정된 사업장소를 고정사업장으로 보지 아니하는 제 4 항에 언급된 활동에 한정되는 경우에는 그러하지 아니하다.

6. 이 조 전항의 규정에도 불구하고, 제 7 항이 적용되는 독립적 지위를 가진 대리인을 제외한 인을 통해 한쪽 체약국의 보험기업이 그 다른 쪽 국가의 영역에서 보험료를 징수하거나 그 다른 쪽 국가의 영역에 소재하는 위험에 대해 보장하는 경우, 한쪽 체약국의 보험기업은, 재보험의 경우를 제외하고, 다른 쪽 체약국에 고정사업장을 가지는 것으로 간주된다.

7. 기업이 한쪽 체약국에서 중개인, 일반위탁매매인 또는 그 밖의 모든 독립적 지위를 가진 대리인을 통하여 사업을 수행한다는 이유만으로는, 그 인이 자기 사업의 통상적 과정에서 활동하는 한, 그 기업은 그 국가에 고정사업장을 가지는 것으로 간주되지 아니한다.

8. 한쪽 체약국의 거주자인 회사가 다른 쪽 체약국의 거주자인 회사 또는 다른 쪽 체약국에서 (고정사업장을 통하거나 다른 방법에 의하여) 사업을 수행하는 회사를 지배하거나 그 회사에 의하여 지배되고 있다는 사실 자체만으로는 어느 한쪽 회사가 다른 쪽 회사의 고정사업장을 구성하지 아니한다.

제 6 조

부동산 소득

1. 한쪽 체약국의 거주자가 다른 쪽 체약국에 소재하는 부동산으로부터 취득하는 소득(농업 또는 임업으로부터 발생하는 소득을 포함한다)에 대하여는 그 다른 쪽 국가에서 과세할 수 있다.

2. "부동산"이란 해당 부동산이 소재하는 체약국의 법에 따른 의미를 가진다. 이 용어는 어떠한 경우에도 부동산에 부속되는 재산, 농업과 임업에 사용되는

가축과 장비, 토지재산에 관한 일반법의 규정이 적용되는 권리, 부동산의 용익권 및 광산, 광천 및 그 밖의 천연자원의 채취 또는 그 채취권에 대한 대가로서 가변적 또는 고정적인 지급금에 대한 권리를 포함한다. 선박 및 항공기는 부동산으로 보지 아니한다.

3. 제 1 항의 규정은 부동산의 직접 사용, 임대 또는 그 밖의 모든 형태의 사용으로부터 발생하는 소득에 대하여 적용된다.

4. 제 1 항 및 제 3 항의 규정은 기업의 부동산으로부터 발생하는 소득과 독립적인 인적 용역의 수행을 위해 사용되는 부동산으로부터 발생하는 소득에 대하여도 적용된다.

제 7 조

사업 이윤

1. 한쪽 체약국 기업의 이윤에 대하여는, 그 기업이 다른 쪽 체약국에 소재하는 고정사업장을 통하여 다른 쪽 체약국에서 사업을 수행하지 아니하는 한, 그 국가에서만 과세한다. 기업이 앞서 언급한 것과 같이 사업을 수행하는

경우에는 그 기업의 이윤 중 그 고정사업장에 귀속시킬 수 있는 부분에 대하여만 그 다른 쪽 국가에서 과세할 수 있다.

2. 제 3 항의 규정에 따를 것을 조건으로, 한쪽 체약국의 기업이 다른 쪽 체약국에 소재하는 고정사업장을 통하여 그 다른 쪽 체약국에서 사업을 수행하는 경우, 각 체약국에서 고정사업장에 귀속되는 이윤은 그 고정사업장이 동일하거나 유사한 조건 하에서 동일하거나 유사한 활동에 종사하면서 자신이 속하는 기업과 전적으로 독립하여 거래하는 별개의 분리된 기업이라면 그 고정사업장이 취득할 것으로 기대되는 이윤으로 한다.

3. 고정사업장의 이윤을 결정할 때, 고정사업장의 목적상 발생하는 경영비와 일반관리비를 포함한 경비에 대하여는 그 경비가 고정사업장이 소재하는 국가 또는 그 외의 다른 곳에서 발생하는지 여부에 관계없이 비용공제를 허용한다.

4. 고정사업장이 단지 그 기업을 위하여 재화나 상품을 구매한다는 이유만으로는 어떠한 이윤도 그 고정사업장에 귀속되지 아니한다.

5. 전항들의 목적상, 고정사업장에 귀속되는 이윤은, 그에 반하는 타당하고 충분한 이유가 없는 한 매년 동일한 방법으로 결정된다.

6. 이윤이 이 협약의 다른 조들에서 별도로 취급되는 소득항목을 포함하는 경우, 그 조들의 규정은 이 조의 규정에 의하여 영향을 받지 아니한다.

제 8 조

해운 및 항공 운송

1. 한쪽 체약국의 기업이 수행한 국제운수상 선박 또는 항공기의 운항으로부터 발생하는 이윤에 대하여는 그 국가에서만 과세한다.

2. 제 1 항의 규정은 공동계산, 합작사업 또는 국제운영중개에 참여하여 발생하는 이윤에 대하여도 적용된다.

3. 이 조의 목적상

가. "이윤"이란 특히 다음을 포함한다.

1) 국제운수상 선박 또는 항공기의 운항으로부터 발생하는 총수입, 그리고

2) 국제운수상 선박 또는 항공기의 운항에서 발생하는 지급금으로부터 나오는 이자. 다만, 그러한 이자가 운항에 부수적이거나 내재적인 경우에 한한다.

나. 기업의 "선박 또는 항공기의 운항"이란 특히 다음을 포함한다.

1) 나용선 계약에 의한 선박 또는 항공기의 임대, 그리고

2) 컨테이너 및 관련 장비의 사용, 유지 또는 임대

다만, 그러한 계약, 사용, 유지 또는 임대가 그 기업의 국제운수상 선박 또는 항공기의 운항에 부수적인 경우에 한정한다.

제 9 조

특수관계기업

1. 가. 한쪽 체약국의 기업이 다른 쪽 체약국 기업의 경영, 지배 또는 자본에 직접 또는 간접적으로 참여하거나,

나. 동일인이 한쪽 체약국의 기업과 다른 쪽 체약국 기업의 경영, 지배 또는 자본에 직접 또는 간접적으로 참여하는 경우

그리고 위 어느 경우든지 양 기업의 상업상 또는 재정상 관계에서 독립기업 간에 설정되는 조건과 다른 조건이 양 기업 간에 설정되거나 부여되는 경우, 그러한 조건이 없었더라면 그 기업들 중 한 기업의 이윤이 되었을 것이나 그러한 조건을 이유로 그 기업의 이윤이 되지 아니한 모든 이윤은 그 기업의 이윤에 포함될 수 있으며 그에 따라 과세할 수 있다.

2. 한쪽 체약국이 자국 기업의 이윤에 다른 쪽 국가에서 과세된 다른 쪽 체약국 기업의 이윤을 포함하여 그에 따라 과세하고, 그와 같이 포함된 이윤이 양 기업 간에 설정된 조건이 독립기업 간에 설정되었을 조건인 경우에는 그 한쪽 체약국 기업에 발생하였을 이윤이라면, 한쪽 체약국에서 이루어진 조정이 원칙적으로 그리고 그 금액과 관련하여 정당화되는 경우, 다른 쪽 국가는 그 다른 쪽 국가의 세법에 따라 그 이윤에 과세하는 세액을 적절히 조정한다. 그러한 조정을 결정할 때 이 협약의 다른 규정을 적절히 고려하며, 양 체약국의 권한 있는 당국은 필요한 경우 상호 협의한다.

3. 제 2 항의 규정은 사기 또는 고의적 채무 불이행의 경우에는 적용되지 아니한다.

제 10 조

배당

1. 한쪽 체약국의 거주자인 회사가 다른 쪽 체약국의 거주자에게 지급하는 배당에 대하여는 그 다른 쪽 국가에서 과세할 수 있다.

2. 그러나 그러한 배당에 대하여는 그 배당을 지급하는 회사가 거주자인 체약국에서도 그 국가의 법에 따라 과세할 수 있다. 다만, 그 배당의 수익적 소유자가 다른 쪽 체약국의 거주자인 경우 그렇게 부과되는 조세는 배당 총액의 10 퍼센트를 초과하지 아니한다.

이 항은 배당의 지급원인이 되는 이윤에 대한 회사의 과세에 영향을 미치지 아니한다.

3. 이 조에서 사용되는 "배당"이란 분배를 하는 회사가 거주자인 체약국의 법에 따라 지분으로부터 발생하는 소득과 과세상 동일한 취급을 받는 그 밖의 회사에 대한 권리로부터 생기는 소득은 물론, 지분 또는 그 밖의 채권이 아닌 이윤참여 권리로부터 생기는 소득을 말한다.

4. 제 1 항 및 제 2 항의 규정은 한쪽 체약국의 거주자인 배당의 수익적 소유자가 그 배당을 지급하는 회사가 거주자인 다른 쪽 체약국에 소재하는 고정사업장을 통하여 그 다른 쪽 체약국에서 사업을 수행하거나, 그 다른 쪽 국가에 소재하는 고정시설로부터 그 다른 쪽 국가에서 독립적인 인적 용역을 수행하고, 그 배당의 지급원인이 되는 지분의 보유가 그러한 고정사업장이나 고정시설과 실질적으로 관련되는 경우에는 적용되지 아니한다. 그러한 경우에는 사안에 따라 제 7 조 또는 제 14 조의 규정이 적용된다.

5. 한쪽 체약국의 거주자인 회사가 다른 쪽 체약국으로부터 이윤 또는 소득을 취득하는 경우, 그 다른 쪽 국가는, 그 회사가 지급한 배당에 대하여 그 배당이 다른 쪽 국가의 거주자에게 지급되거나 그 배당의 지급원인이 되는 지분의 보유가 그 다른 쪽 국가 내에 소재하는 고정사업장이나 고정시설과 실질적으로 관련되는 경우를 제외하고는, 비록 지급된 배당 또는 유보이윤의 전부 또는 일부가 다른 쪽 국가에서 발생한 이윤 또는 소득으로 구성된다고 할지라도 어떠한 조세도 부과할 수 없으며 그 회사의 유보이윤을 회사의 유보이윤에 대한 조세의 대상으로 할 수도 없다.

6. 한쪽 체약국의 회사가 다른 쪽 체약국에 고정사업장을 가지고 있는 경우, 그러한 회사에 귀속되는 고정사업장의 이윤은 그 다른 쪽 체약국에서의 그 다른 쪽 국가의 법에 따른 고정사업장의 이윤에 대한 조세를 제외한 조세의 대상이 될 수 있다. 그러나 이윤에 대한 조세 외의 이러한 조세는 이 조 제 2 항에 규정된 제한을 초과하지 아니한다.

제 11 조

이자

1. 한쪽 체약국에서 발생하여 다른 쪽 체약국의 거주자에게 지급되는 이자에 대하여는 그 다른 쪽 국가에서 과세할 수 있다.

2. 그러나 그러한 이자에 대하여는 그 이자가 발생하는 체약국에서도 그 국가의 법에 따라 과세할 수 있다. 다만, 그 이자의 수익적 소유자가 다른 쪽 체약국의 거주자인 경우 그렇게 부과되는 조세는 이자 총액의 15 퍼센트를 초과하지 아니한다.

3. 제 2 항의 규정에도 불구하고, 한쪽 체약국에서 발생하는 이자에 대하여는 그 이자의 수익적 소유자가 그 정치적 하부조직 및 그 지방당국을 포함하는 그 다른 쪽 체약국, 또는 그 다른 쪽 체약국의 중앙은행인 경우 다른 쪽 체약국에서만 과세한다.

4. 이 조에서 사용되는 "이자"란 저당에 의한 담보의 유무와 채무자의 이윤참여 권리가 수반되는지 여부에 관계없이 모든 종류의 채권으로부터 발생하는 소득과, 특히 국채, 공채 또는 회사채에 부수되는 프리미엄과 장려금을 포함하여 국채, 공채 또는 회사채로부터 발생하는 소득을 말한다. 지급 지체로 인한 연체료는 이 조의 목적상 이자로 보지 아니한다.

5. 제 1 항 및 제 2 항의 규정은 한쪽 체약국의 거주자인 이자의 수익적 소유자가 그 이자의 발생지국인 다른 쪽 체약국에 소재하는 고정사업장을 통하여 그 다른 쪽 체약국에서 사업을 수행하거나 그 다른 쪽 국가에 소재하는 고정시설로부터 그 다른 쪽 국가에서 독립적인 인적 용역을 수행하고, 그 이자의 지급원인이 되는 채권이 그러한 고정사업장이나 고정시설과 실질적으로 관련되는 경우에는 적용되지 아니한다. 그러한 경우에는 사안에 따라 제 7 조 또는 제 14 조의 규정이 적용된다.

6. 이자는 그 지급인이 한쪽 체약국의 거주자인 경우 그 국가에서 발생하는 것으로 간주된다. 그러나 이자의 지급인이 한쪽 체약국의 거주자인지 여부에 관계없이, 한쪽 체약국 내에 그 이자의 지급원인이 되는 채무의 발생과 관련된 고정사업장이나 고정시설을 가지고 있고, 그 이자가 그러한 고정사업장이나 고정시설에 의하여 부담되는 경우, 그러한 이자는 그 고정사업장이나 고정시설이 소재하는 국가에서 발생하는 것으로 간주된다.

7. 지급인과 수익적 소유자 간 또는 이들 양자와 제삼자 간의 특수관계로 인하여 그 이자액이, 그 지급의 원인이 되는 채권을 고려할 때 그러한 특수관계가 없었더라면 지급인과 수익적 소유자 간에 합의되었을 금액을 초과하는 경우, 이 조의 규정은 그 합의되었을 금액에 대하여만 적용된다. 그러한

경우, 그 초과하여 지급한 부분에 대하여는 이 협약의 다른 규정을 적절히 고려하여 각 체약국의 법에 따라 과세할 수 있다.

제 12 조

사용료

1. 한쪽 체약국에서 발생하고 다른 쪽 체약국의 거주자에게 지급되는 사용료에 대하여는 그 다른 쪽 국가에서 과세할 수 있다.

2. 그러나 그러한 사용료는 그 사용료가 발생하는 체약국에서도 그 국가의 법에 따라 과세할 수 있다. 다만, 그 사용료의 수익적 소유자가 다른 쪽 체약국의 거주자인 경우 그렇게 부과되는 조세는 다음을 초과하지 아니한다.

가. 기술적 지원 제공의 대가로서 받는 지급금 총액의 10 퍼센트

나. 그 밖의 모든 경우에는 사용료 총액의 15 퍼센트

3. 이 조에서 사용되는 "사용료"란 영화필름, 또는 영상이나 음향을 재생하기 위한 필름, 테이프, 그리고 그 밖의 수단을 포함한 문학적, 예술적 또는 과학적 작품에 관한 모든 저작권, 모든 특허권, 상표권, 디자인이나 신안, 도면, 비밀 공식 또는 공정의 사용 또는 사용권, 또는 산업적, 상업적 또는 과학적

경험에 관한 정보에 대한 대가로서 받는 모든 종류의 지급금을 말한다. "사용료"란 또한 기술적 지원 제공의 대가로서 받는 지급금도 포함한다.

4. 이 조 제 1 항 및 제 2 항의 규정은 한쪽 체약국의 거주자인 사용료의 수익적 소유자가 그 사용료의 발생지국인 다른 쪽 체약국에 소재하는 고정사업장을 통하여 그 다른 쪽 체약국에서 사업을 수행하거나, 그 다른 쪽 국가에 소재하는 고정시설로부터 그 다른 쪽 국가에서 독립적인 인적 용역을 수행하고, 그 사용료의 지급원인이 되는 권리 또는 재산이 그러한 고정사업장이나 고정시설과 실질적으로 관련되는 경우에는 적용되지 아니한다. 그러한 경우에는 사안에 따라 제 7 조 또는 제 14 조의 규정이 적용된다.

5. 사용료는 그 지급인이 한쪽 체약국의 거주자인 경우 그 국가에서 발생하는 것으로 간주된다. 그러나 사용료의 지급인이 한쪽 체약국의 거주자인지 여부에 관계없이, 한쪽 체약국 내에 그 사용료를 지급하여야 할 의무의 발생과 관련된 고정사업장이나 고정시설을 가지고 있고, 그 사용료가 그러한 고정사업장이나 고정시설에 의하여 부담되는 경우, 그러한 사용료는 그러한 고정사업장이나 고정시설이 소재하는 국가에서 발생하는 것으로 간주된다.

6. 지급인과 수익적 소유자 간 또는 이들 양자와 제삼자 간의 특수관계로 인하여 그 사용료액이, 그 지급의 원인이 되는 사용, 권리 또는 정보를 고려할 때 그러한 특수관계가 없었더라면 지급인과 수익적 소유자 간에 합의되었을 금액을 초과하는 경우, 이 조의 규정은 그 합의되었을 금액에 대하여만 적용된다. 그러한 경우, 그 초과하여 지급한 부분에 대하여는 이 협약의 다른 규정을 적절히 고려하여 각 체약국의 법에 따라 과세할 수 있다.

제 13 조

양도 소득

1. 한쪽 체약국의 거주자가 다른 쪽 체약국에 소재하는 제 6 조에 언급된 부동산의 양도로부터 취득하는 소득에 대하여는 그 다른 쪽 국가에서 과세할 수 있다.

2. 한쪽 체약국의 기업이 다른 쪽 체약국 내에 가지고 있는 고정사업장의 사업용 재산의 일부를 형성하는 동산이나 독립적인 인적 용역을 수행할 목적으로 다른 쪽 체약국에서 한쪽 체약국의 거주자에게 이용 가능한 고정시설에 속하는 동산의 양도로부터 발생하는 소득 및 그러한 고정사업장(단독으로 또는 기업

전체와 함께)이나 그러한 고정시설의 양도로부터 발생하는 소득에 대하여는 그 다른 쪽 국가에서 과세할 수 있다.

3. 국제운수상 운항되는 선박이나 항공기, 또는 그러한 선박이나 항공기의 운항에 관한 동산의 양도로부터 발생하는 소득에 대하여는 그 기업이 거주자인 체약국에서만 과세한다.

4. 한쪽 체약국의 거주자가 그 가치의 50 퍼센트를 초과하는 부분이 직접 또는 간접적으로 다른 쪽 체약국에 소재하는 부동산으로 이루어진 지분의 양도로부터 취득하는 소득에 대하여는 그 다른 쪽 국가에서 과세할 수 있다.

5. 이 조 전항들의 규정에 더하여, 한쪽 체약국의 거주자가 지분, 그에 상응하는 주식, 증권 또는 다른 쪽 체약국의 거주자인 회사의 자본에 대한 그 밖의 권리를 직접 또는 간접적으로 양도함으로써 발생하는 소득은, 그 소득의 수취인이 그러한 양도가 이루어지기 전 12 개월 동안 그 회사의 자본에 20 퍼센트 이상 참여한 경우, 그 다른 쪽 국가에서 과세할 수 있다.

6. 제 1 항, 제 2 항, 제 3 항, 제 4 항 및 제 5 항에 언급된 재산을 제외한 모든 재산의 양도로부터 발생하는 소득에 대하여는 그 양도인이 거주자인 체약국에서만 과세한다.

제 14 조

독립적인 인적 용역

1. 한쪽 체약국의 거주자인 개인이 전문직업적 용역이나 그 밖의 독립적 성격의 활동과 관련하여 취득하는 소득에 대하여는 다음의 경우를 제외하고 그 국가에서만 과세한다. 그러나 다음의 경우, 그러한 소득에 대하여는 다른 쪽 체약국에서도 과세할 수 있다.

가. 그 개인이 그러한 활동의 수행을 목적으로 다른 쪽 체약국에서 정기적으로 이용 가능한 고정시설을 가지고 있는 경우. 그러한 경우에는 그 고정시설에 귀속시킬 수 있는 소득에 대하여만 그 다른 쪽 국가에서 과세할 수 있다. 또는

나. 그 개인이 어느 12 개월의 기간 중 총 183 일 이상의 단일 기간 또는 통산한 기간 동안 다른 쪽 체약국에 체류하는 경우. 그러한 경우에는 그 다른 쪽 국가에서 수행한 활동으로부터 취득하는 소득에 대하여만 그 다른 쪽 국가에서 과세할 수 있다.

2. "전문직업적 용역"이란 특히 독립적인 과학적, 문화적, 예술적, 교육적 또는 교수 활동을 포함하며, 의사, 변호사, 기술자, 건축가, 치과의사 및 회계사의 독립적 활동도 포함한다.

제 15 조

고용 소득

1. 제 16 조, 제 18 조, 및 제 19 조의 규정에 따를 것을 조건으로, 한쪽 체약국의 거주자가 고용과 관련하여 취득하는 급료, 임금 및 그 밖의 유사한 보수에 대하여는 그 고용이 다른 쪽 체약국에서 수행되지 아니하는 한 그 국가에서만 과세한다. 만약 고용이 다른 쪽 체약국에서 수행되는 경우에는, 그 고용으로부터 발생하는 그러한 보수에 대하여는 그 다른 쪽 국가에서 과세할 수 있다.

2. 제 1 항의 규정에도 불구하고, 한쪽 체약국의 거주자가 다른 쪽 체약국에서 수행한 고용과 관련하여 취득하는 보수에 대하여는 다음의 경우 그 한쪽 체약국에서만 과세한다.

가. 수취인이 어느 12 개월 기간 중 총 183 일을 초과하지 아니하는 단일 기간 또는 통산한 기간 동안 다른 쪽 체약국에서 체류하고,

나. 그 보수가 다른 쪽 국가의 거주자가 아닌 고용주에 의하여 또는 그를 대신하여 지급되며,

다. 그 보수가 고용주가 다른 쪽 국가에 가지고 있는 고정사업장 또는 고정시설에 의하여 부담되지 아니하는 경우

3. 이 조 전항의 규정에도 불구하고, 한쪽 체약국의 기업에 의하여 국제운수상 운항되는 선박 또는 항공기에 탑승하여 수행되는 고용과 관련하여 발생하는 보수에 대하여는 그 국가에서만 과세한다.

제 16 조

이사의 보수

한쪽 체약국의 거주자가 다른 쪽 체약국의 거주자인 회사의 이사회 또는 기능상 이사회와 유사한 그 밖의 기관의 구성원 자격으로 취득하는 이사의 보수 및 그 밖의 유사한 지급금에 대하여는 그 다른 쪽 국가에서 과세할 수 있다.

제 17 조

예능인 및 체육인

1. 제 7 조, 제 14 조 및 제 15 조의 규정에도 불구하고, 한쪽 체약국의 거주자가 연극, 영화, 라디오 또는 텔레비전의 배우나 음악가와 같은 예능인 또는 체육인으로서 다른 쪽 체약국에서 수행하는 인적 활동으로부터 취득하는 소득에 대하여는 그 다른 쪽 국가에서 과세할 수 있다. 한쪽 체약국의 거주자인 예능인 또는 체육인이 광고 또는 후원 소득과 같이 다른 쪽 체약국에서 수행된 예능인 또는 체육인으로서의 명성과 관련된 인적 활동으로부터 취득하는 소득에 대하여는 그 다른 쪽 국가에서 과세될 수 있다.

2. 예능인 또는 체육인이 그러한 자격으로 수행한 인적 활동에 관한 소득이 그 예능인 또는 체육인 자신에게 귀속되지 아니하고 타인에게 귀속되는 경우, 제 7 조, 제 14 조 및 제 15 조의 규정에도 불구하고 그 소득에 대하여는 그 예능인 또는 체육인의 활동이 수행되는 체약국에서 과세할 수 있다.

제 18 조

연금

한쪽 체약국의 거주자에게 지급되는 연금과 그 밖의 유사한 지급금 또는 보험연금에 대하여는 이들이 발생하는 체약국에서만 과세한다.

제 19 조

정부 용역

1. 가. 한쪽 체약국이나 그 정치적 하부조직 또는 그 지방당국에 제공되는 용역과 관련하여 그 국가나 하부조직 또는 당국이 개인에게 지급하는 연금을 제외한 급료, 임금 및 그 밖의 유사한 보수에 대하여는 그 국가에서만 과세한다.

나. 그러나 그 용역이 다른 쪽 체약국에서 제공되고 그 개인이 다음에 해당하는 그 국가의 거주자인 경우, 그러한 급료, 임금 및 그 밖의 유사한 보수에 대하여는 그 국가에서만 과세한다.

1) 그 국가의 국민인 자, 또는

2) 단지 그 용역의 제공만을 목적으로 그 국가의 거주자가 되지 아니한 자

2. 한쪽 체약국이나 그 정치적 하부조직 또는 그 지방당국이 수행하는 사업과 관련하여 제공되는 용역에 대한 급료, 임금 및 그 밖의 유사한 보수에 대하여는 제 15 조, 제 16 조 및 제 17 조의 규정이 적용된다.

제 20 조

학생

현재 다른 쪽 체약국의 거주자이거나 한쪽 체약국을 방문하기 직전에 다른 쪽 체약국의 거주자였으며, 교육 또는 훈련만을 목적으로 한쪽 체약국에 체류하고 있는 학생 또는 산업연수생이 자신의 생계유지, 교육 또는 훈련을 목적으로 받는 지급금은, 그 지급금이 그 국가 밖의 원천으로부터 발생하는 한, 그 국가에서 과세되지 아니한다.

제 21 조

기타 소득

1. 이 협약의 앞선 조들에서 다루어지지 아니한 한쪽 체약국 거주자의 소득항목에 대하여는 소득의 발생지와 상관없이 그 국가에서만 과세한다.

2. 한쪽 체약국의 거주자인 소득 수취인이 다른 쪽 체약국에 소재하는 고정사업장을 통하여 그 다른 쪽 체약국에서 사업을 수행하거나 다른 쪽 국가에 소재하는 고정시설로부터 그 다른 쪽 국가에서 독립적인 인적 용역을 수행하고, 그 소득의 지급원인이 되는 권리 또는 재산이 그러한 고정사업장이나 고정시설과

실질적으로 관련되는 경우, 제 1 항의 규정은 제 6 조제 2 항에서 정의된 부동산으로부터 발생하는 소득을 제외한 소득에 대하여는 적용되지 아니한다. 그러한 경우에는 사안에 따라 제 7 조 또는 제 14 조의 규정이 적용된다.

3. 제 1 항에 언급된 인과 그 외 인, 또는 이들 양자와 제삼자 간의 특수관계로 인하여 제 1 항에 언급된 소득액이 (만약에 있다면) 그러한 특수관계가 없었더라면 그들 간 합의되었을 금액을 초과하는 경우, 이 조의 규정은 그 합의되었을 금액에 대하여만 적용된다. 그러한 경우, 그 초과하여 지급한 부분에 대하여는 이 협약의 다른 적용 가능한 규정을 적절히 고려하여 각 체약국의 법에 따라 과세할 수 있다.

4. 제 1 항의 규정에도 불구하고, 협약의 앞선 조에서 다루어지지 않고 다른 쪽 체약국에서 발생하는 한쪽 체약국 거주자의 소득항목에 대하여는 그 다른 쪽 국가에서도 과세할 수 있다. 그러나 그렇게 부과되는 조세는 그러한 소득의 총액의 10 퍼센트를 초과하지 아니한다.

제 22 조

이중과세의 제거

1. 한국의 경우, 이중과세는 다음과 같이 방지된다.

한국을 제외한 어떠한 국가에서 납부하여야 하는 조세에 대하여 한국의 조세에서 허용하는 세액공제에 관한 한국 세법의 규정(그의 일반적인 원칙에 영향을 미쳐서는 아니 된다)에 따를 것을 조건으로,

가. 한국의 거주자가 이 협약의 규정에 따라 페루 법상 페루에서 과세될 수 있는 소득을 페루로부터 취득하는 경우, 그 소득에 관하여 페루에서 납부하여야 하는 세액은 그 거주자에게 부과되어 납부하여야 하는 한국의 조세에서 공제가 허용된다. 그러나 그 공제액은 그 공제가 이루어지기 전에 해당 소득에 대하여 적절하게 산출된 한국의 세액을 초과하지 아니한다.

나. 페루에서 발생한 소득이 페루의 거주자인 회사가 지급한 배당으로서 배당을 지급하는 회사가 발행한 의결권 있는 지분 또는 그 회사 자본금의 10 퍼센트 이상을 소유하는 한국의 거주자인 회사에게 지급한 배당인 경우, 세액공제를 할 때 그 배당의 지급원인이 되는 이윤에 대하여 그 회사가 납부하여야 하는 페루의 조세를 고려한다.

2. 페루의 경우, 이중과세는 다음과 같이 방지된다.

가. 페루의 거주자는 한국 법 및 이 협약의 규정에 따라 과세된 소득에 대하여 납부하여야 하는 한국의 조세를 페루의 소득세에서

세액공제로서 공제할 수 있다. 그러한 공제는 어떠한 경우에도 한국에서 과세될 수 있는 소득에 귀속되는 페루의 소득세액을 초과하지 아니한다.

나. 한국의 거주자인 회사가 그 회사 의결권의 최소 10 퍼센트를 직접적 또는 간접적으로 지배하는 페루의 거주자인 회사에 배당을 지급한 경우, 세액공제를 할 때 그러한 배당의 지급원인이 되는 이윤에 대하여 그 회사가 한국에서 납부하여야 하는 조세를 고려한다. 다만, 그 세액공제액은 페루의 조세가 이 호에 관계없이 결정된 세액공제액을 초과하는 범위로만 한정된다.

다. 협약의 어떠한 규정에 따라 한쪽 체약국의 거주자가 취득하는 소득이 그 국가의 조세로부터 면제되는 경우, 그러한 국가는 그럼에도 불구하고 그러한 거주자의 잔여 소득에 대한 세액을 산출함에 있어, 면세된 소득을 고려한다.

제 23 조

무차별

1. 한쪽 체약국의 국민은 다른 쪽 체약국에서 특히 거주와 관련하여 동일한 상황에 있는 그 다른 쪽 국가의 국민이 부담하거나 부담할 수 있는 조세 및 관련 요건과 상이하거나 그보다 더 과중한 어떠한 조세나 관련 요건도 부담하지 아니한다. 이 규정은 제 1 조의 규정에도 불구하고 한쪽 또는 양쪽 체약국 모두의 거주자가 아닌 인들에게도 적용된다.

2. 한쪽 체약국의 기업이 다른 쪽 체약국 내에 가지고 있는 고정사업장에 대한 조세는 동일한 활동을 수행하는 그 다른 쪽 국가의 기업에 부과되는 조세보다 그 다른 쪽 국가에서 불리하게 과세되지 아니한다. 이 규정은 한쪽 체약국이 시민으로서의 지위 또는 가족 부양책임으로 인하여 자국의 거주자에게 부여하는 과세 목적상의 모든 인적공제, 구제 및 경감을 다른 쪽 체약국의 거주자에게도 부여하여야 한다는 의무를 그 한쪽 체약국에게 부과하는 것으로 해석되지 아니한다.

3. 제 9 조제 1 항, 제 11 조제 7 항 또는 제 12 조제 6 항의 규정이 적용되는 경우를 제외하고, 한쪽 체약국의 기업이 다른 쪽 체약국의 거주자에게 지급하는 이자, 사용료 및 그 밖의 지급금은, 그 기업의 과세 이윤을 결정할 목적으로, 한쪽 체약국의 거주자에게 지급되었던 것과 동일한 조건으로 공제된다.

4. 한쪽 체약국 기업의 자본 전부 또는 일부가 한 명 이상의 다른 쪽 체약국 거주자들에 의하여 직접 또는 간접적으로 소유되거나 지배되는 경우, 그 기업은 한쪽 체약국의 그 밖의 유사한 기업이 부담하거나 부담할 수 있는 조세 및 관련요건과 상이하거나 그보다 더 과중한 어떠한 조세나 관련 요건도 그 한쪽 체약국에서 부담하지 아니한다.

5. 이 조의 규정은 제 2 조의 규정에도 불구하고 모든 종류와 명칭의 조세에 대하여 적용된다.

제 24 조

상호 합의 절차

1. 어느 인이 한쪽 또는 양쪽 체약국 모두의 조치가 자신에 대하여 이 협약의 규정에 부합하지 아니하는 과세상의 결과를 초래하거나 초래할 것이라고 여기는 경우, 그는 그러한 국가들의 국내법이 규정하는 구제수단에 관계없이, 그가 거주자인 체약국의 권한 있는 당국에, 또는 그 사안이 제 23 조제 1 항에 해당하는 경우에는 그가 국민인 그 체약국의 권한 있는 당국에 그의 사안을 제기할 수 있다. 그 사안은 협약의 규정에 부합하지 아니하는 과세상의 결과를 초래하는 조치의 최초 통보일부터 3 년 이내에 제기되어야 한다.

2. 권한 있는 당국은 그 이의제기가 정당하다고 보이고 스스로 만족스러운 해결에 도달할 수 없는 경우, 협약에 부합하지 아니하는 과세를 방지하기 위하여 다른 쪽 체약국의 권한 있는 당국과 상호 합의에 의하여 그 사안을 해결하도록 노력한다. 모든 합의사항은 양 체약국의 국내법상 기한에 관계없이 이행된다.

3. 양 체약국의 권한 있는 당국은 협약의 해석 또는 적용상 발생하는 어떠한 어려움이나 의문에 대해서도 상호 합의에 의하여 해결하도록 노력한다. 양 당국은 또한 협약에 규정되지 아니한 경우의 이중과세 제거를 위하여 상호 협의할 수 있다.

4. 양 체약국의 권한 있는 당국은 전항들에서 의미하는 합의에 도달할 목적으로 직접 서로 연락할 수 있다.

제 25 조

정보 교환

1. 양 체약국의 권한 있는 당국은 그에 따른 과세가 협약에 반하지 아니하는 한, 이 협약 규정의 수행 또는 양 체약국이나 그 정치적 하부조직 또는 그 지방당국이 부과하는 모든 종류와 명칭의 조세에 관한 국내법의 시행 또는

집행에 관련될 것으로 예상되는 정보를 교환한다. 정보의 교환은 제 1 조 및 제 2 조에 의하여 제한되지 아니한다.

2. 제 1 항에 따라 한쪽 체약국이 제공받은 모든 정보는 그 국가의 국내법에 따라 취득한 정보와 동일하게 비밀로 취급되며, 제 1 항에 언급된 조세의 부과 또는 징수, 그 조세와 관련된 집행이나 소추, 또는 그 조세에 관한 불복에 대한 결정에 관련된 인이나 당국(법원 및 행정기관을 포함한다)에게만 공개된다. 그러한 인 또는 당국은 그 정보를 그러한 목적을 위해서만 사용한다. 그들은 공개재판 절차 또는 사법 결정에서 그 정보를 공개할 수 있다.

3. 어떠한 경우에도 제 1 항 및 제 2 항의 규정은 한쪽 체약국에 다음의 의무를 부과하는 것으로 해석되지 아니한다.

가. 한쪽 또는 다른 쪽 체약국의 법과 행정관행에 반하는 행정적 조치의 수행

나. 한쪽 또는 다른 쪽 체약국의 법에 따라 또는 정상적인 행정과정에서 취득할 수 없는 정보의 제공

다. 거래, 사업, 산업, 상업 또는 전문직업적 비밀 또는 거래 과정이 노출되는 정보, 또는 그 공개가 공공정책(공공질서)에 반하는 정보의 제공

4. 한쪽 체약국이 이 조에 따라 정보를 요청하면 비록 다른 쪽 체약국은 자국의 조세 목적상 해당 정보가 필요하지 아니한 경우라 할지라도 요청받은 정보를 취득하기 위하여 자국의 정보수집 수단을 사용한다. 앞 문장에 포함된 의무는 제 3 항의 제한에 따르지만, 어떠한 경우에도 그러한 제한은 그러한 정보에 대하여 자국의 국내적 이해관계가 없다는 이유만으로 한쪽 체약국이 정보 제공을 거부하는 것을 허용하는 것으로 해석되지 아니한다.

5. 어떠한 경우에도 제 3 항의 규정은 단지 은행, 다른 금융기관, 대리인 또는 수탁인의 자격으로 활동하는 명의인이나 인이 정보를 가지고 있거나, 정보가 어떤 인에 대한 소유권과 관련되어 있다는 이유만으로 한쪽 체약국이 정보 제공을 거부하는 것을 허용하는 것으로 해석되지 아니한다. 이 항을 적용하는데 있어, 양 체약국은 요청받은 정보를 입수하는데 필요한 헌법상 절차 및 법적 절차를 따른다.

제 26 조

외교사절 및 영사관원

이 협약의 어떠한 규정도 국제법의 일반 규칙 또는 특별 협정의 규정에 따른 외교공관 또는 영사기관의 구성원의 재정상 특권에 영향을 미치지 아니한다.

제 27 조

혜택의 제한

1. 제 10 조, 제 11 조, 제 12 조, 제 13 조 및 제 21 조와 관련하여, 지분, 채권 또는 소득의 지급에 관한 권리의 생성 또는 양도와 관련된 어떠한 인의 주요 목적 또는 주요 목적들 중의 하나가 그 생성 또는 양도를 통하여 이 조들을 이용하는 것인 경우, 한쪽 체약국의 거주자에게는 혜택을 얻을 자격이 주어지지 아니한다.

2. 제 1 항은 조세의 회피 또는 탈세를 예방하고자 설계된 한쪽 체약국 법상 어떠한 규정의 적용을, 그렇게 기술되었는지 여부와 관계없이, 어떠한 방법으로든 제한하는 것으로 해석되지 아니한다.

제 28 조

발효

1. 양 체약국의 정부는 이 협약의 발효를 위한 헌법상의 요건을 준수하였음을 상호 통보한다.

2. 협약은 제 1 항에 언급된 통보 중 나중의 통보일에 발효하며, 협약의 규정은 다음에 대하여 효력을 갖는다.

가. 원천징수되는 조세에 대하여는 이 협약이 발효되는 연도의 다음 첫 번째 역년의 1 월 1 일 또는 그 후에 지급하는 금액, 그리고

나. 그 밖의 조세에 대하여는 이 협약이 발효되는 연도의 다음 첫 번째 역년의 1 월 1 일 또는 그 후에 개시되는 과세 연도분

제 29 조

종료

이 협약은 한쪽 체약국에 의하여 종료될 때까지 유효하다. 어느 한쪽 체약국은 어느 역년의 마지막 날의 최소 6 개월 전에 외교 경로를 통하여 서면으로 종료를 통보함으로써 협약을 종료할 수 있다. 그러한 경우, 협약은 다음에 대하여 효력이 중지된다.

가. 원천징수되는 조세에 대하여는 종료 통보가 주어진 연도의 다음 첫 번째 역년의 1 월 1 일 또는 그 후 지급하는 금액, 그리고

나. 그 밖의 조세에 대하여는 종료 통보가 주어진 연도의 다음 첫 번째 역년의 1 월 1 일 또는 그 후에 개시되는 과세 연도분

이상의 증거로 아래 서명자는 그들 각자의 정부로부터 정당하게 권한을 위임받아 이 협약에 서명하였다.

2012 년 5 월 10 일 서울에서 동등하게 정본인 스페인어, 한국어 및 영어로 각 2 부씩 작성되었다. 해석상의 차이가 있는 경우에는 영어본이 우선한다.

페루공화국을 대표하여

대한민국을 대표하여

의정서

페루공화국과 대한민국 간의 소득에 대한 조세의 이중과세 방지와 탈세 예방을 위한 협약에 서명하는 시점에, 아래 서명자는 협약의 필수적인 일부를 이루는 다음의 규정에 합의하였다.

1. 제 3 조

제 3 조제 1 항라목과 관련하여, "인"은, 페루의 경우에, 집행 절차에 있는 유산(*sucesiones indivisas*) 및 부부간 동업기업(*sociedades conyugales*)을 포함한다.

2. 제 7 조

제 7 조제 3 항의 규정은 그 경비가 고정사업장이 소재하는 체약국의 세법 규정에 따라 그 고정사업장에 귀속될 수 있는 경우에만 적용되는 것으로 이해된다.

3. 제 10 조 및 제 11 조

제 10 조제 2 항 및 제 11 조제 2 항과 관련하여, 페루와 제 3 국간의 어떠한 협정 또는 협약에서, 페루가 그러한 배당 또는 이자(일반적인 것이든 또는 특정한 범주의 배당이나 이자와 관련한 것이든)에 대한 세율을 이 협약 제 10 조제 2 항

또는 제 11 조제 2 항에 규정된 세율보다 낮은 세율로 제한하는데 합의하는 경우, 마치 그러한 낮은 세율이 이 협약에 명시되어 있었던 것처럼, 그 낮은 세율이 이 협약에 따른 그러한 배당 및 이자(일반적인 것이든 또는 특정한 범주의 배당이나 이자와 관련한 것이든)에 대하여 자동적으로 적용되는 것으로 이해된다. 이는 그 협정이나 협약의 규정이 발효되는 날부터 효력을 갖는다. 페루의 권한 있는 당국은 한국의 권한 있는 당국에 이 규정의 적용 조건이 충족되었음을 지체 없이 통보한다.

4. 제 11 조

가. 제 11 조제 3 항과 관련하여, 한국수출입은행은 한국 정부의 일부를 구성하는 것으로 이해된다.

나. 제 11 조제 4 항과 관련하여, "이자"란 환매조건부 채권거래(operaciones de reporte y pactos de recompra) 또는 증권담보부대출(préstamos bursátiles)의 가격 차이를 포함하는 것으로 이해된다. 또한 권한 있는 당국들은 상호 합의에 따라, 이 협약의 서명일 후 시행되는 국내법에 따라 이자로 취급되는 그 밖의 금융 거래의 다른 유사한 요소들이 협약의 목적상 이자로 간주되는 것으로 합의하는 것으로 이해된다. 그러한 경우, 권한 있는 당국들은 상호합의 해결안을 발표한다.

5. 제 13 조

제 13 조제 5 항과 관련하여, 페루와 제 3 국간의 어떠한 협정 또는 협약에서 페루가 지분, 그에 상응하는 주식, 증권 또는 그 밖의 권리의 직접 또는 간접적인 양도로부터 취득하는 소득에 대하여 양도자가 거주자인 체약국에서만 과세하는 것으로 합의하는 경우, 마치 그러한 규정이 이 협정에 명시되어 있었던 것처럼, 이 협약에 따른 그러한 소득에 대하여 양도자가 거주자인 국가에서만 과세하는 것으로 이해된다. 이는 그 협정이나 협약의 규정이 발효되는 날부터 효력을 갖는다. 페루의 권한 있는 당국은 한국의 권한 있는 당국에 이 규정의 적용 조건이 충족되었음을 지체 없이 통보한다.

6. 일반사항

협약의 어떠한 규정도 협약의 서명 당시 시행 중이며 그 원칙 또는 조세안정계약 체결의 선택적 성격의 변경 없이 수시로 개정될 수 있는 것으로서의 페루 법령(Decretos Legislativos) 제 662 호, 제 757 호 및 제 109 호와 법(Leyes) 제 26221 호, 제 27342 호, 제 27343 호 및 제 27909 호 규정의 적용을 배제하지 아니한다. 협약에서 규정된 모든 세율에도 불구하고, 상기 언급된 규정에 따른 조세안정계약의 당사자인 인은 그 기간 동안 약정에 의해 안정된 세율의 적용을 받는다.

이상의 증거로 아래 서명자는 그들 각자의 정부로부터 정당하게 권한을 위임받아 이 의정서에 서명하였다.

2012 년 5 월 10 일 서울에서 동등하게 정본인 스페인어, 한국어 및 영어로 각 2 부씩 작성되었다. 해석상의 차이가 있는 경우에는 영어본이 우선한다.

페루공화국을 대표하여

대한민국을 대표하여

[TEXT IN SPANISH – TEXTE EN ESPAGNOL]

CONVENIO ENTRE

LA REPUBLICA DE COREA Y LA REPÚBLICA DE PERÚ

PARA EVITAR LA DOBLE TRIBUTACIÓN Y PREVENIR LA

EVASION FISCAL

EN RELACIÓN CON LOS IMPUESTOS

SOBRE LA RENTA

La Republica de Corea y la República de Perú

Deseando concluir un Convenio para evitar la doble tributación y prevenir la evasion fiscal en relación con los impuestos sobre la renta,

Han acordado lo siguiente:

Artículo 1

PERSONAS COMPRENDIDAS

El presente Convenio se aplica a las personas residentes de uno o de ambos Estados Contratantes.

Articulo 2

IMPUESTOS COMPRENDIDOS

1. El presente Convenio se aplica a los impuestos sobre la renta exigibles por cada uno de los Estados Contratantes o, en el caso de Corea, de sus subdivisiones políticas o autoridades locales, cualquiera que sea el sistema de su exacción.

2. Se consideran impuestos sobre la renta los que gravan la totalidad de la renta, o cualquier parte de la misma, incluidos los impuestos sobre las ganancias derivadas de la enajenación de bienes muebles o inmuebles, los impuestos sobre el importe de sueldos o salarios pagados por las empresas, asi como los impuestos sobre las plusvalías.

3. Los impuestos actuales a los que se aplica este Convenio son, en particular:

(a) En Corea:

(i) el impuesto sobre la renta;

(ii) el impuesto sobre las sociedades;

(iii) el impuesto especial para el desarrollo rural; y

(iv) el impuesto local sobre la renta;

(en adelante denominado "impuesto coreano");

(b) en Perú:

los impuestos sobre la renta establecidos por el Gobierno de Perú en la "Ley del Impuesto a la Renta";

(en adelante denominado "impuesto peruano").

4. El Convenio se aplicará igualmente a cualquier impuesto de naturaleza idéntica o sustancialmente similar que se establezca con posterioridad a la fecha de la firma del mismo, para sustituir a los impuestos existentes o además de éstos. Las autoridades competentes de los Estados Contratantes se comunicarán mutuamente sobre cualquier modificación sustancial que se haya introducido en sus respectivas legislaciones impositivas.

Artículo 3

DEFINICIONES GENERALES

1. A los efectos del presente Convenio, a menos que de su contexto se infiera una interpretación diferente:

a) el término "Corea" se refiere a la República de Corea, y cuando se utiliza en un sentido geográfico, el territorio de la República de Corea incluido su mar territorial, y cualquier área adyacente al mar territorial de la República de Corea que, de acuerdo con el derecho internacional, ha sido o pueda ser designada bajo las leyes de la República de Corea como un área en la que los derechos soberanos o la jurisdicción de la República de Corea con respecto a los fondos marinos y el subsuelo, y sus recursos naturales puede ser ejercida;

b) el término "Perú" para propósitos de determinar el ámbito geográfico de aplicación del Convenio, significa el territorio continental, las islas, los espacios marítimos y el espacio aéreo que los cubre, bajo soberanía o derechos de soberanía y jurisdicción del Perú, de acuerdo con su legislación interna y el Derecho internacional;

c) las expresiones "un Estado Contratante" y "el otro Estado Contratante" significan, según lo requiera el contexto, Corea o Perú;

d) el término "persona" comprende a una persona natural, a una sociedad y cualquier otra agrupación de personas;

e) el término "sociedad" significa cualquier persona jurídica o cualquier entidad que se considere persona jurídica a efectos impositivos;

f) las expresiones "empresa de un Estado Contratante" y "empresa del otro Estado Contratante" significan, respectivamente, una empresa explotada por un residente de un Estado Contratante y una empresa explotada por un residente del otro Estado Contratante;

g) la expresión "tráfico internacional" significa todo transporte efectuado por un buque o aeronave explotado por una empresa de un Estado Contratante, salvo cuando dicho transporte se realice exclusivamente entre puntos situados en el otro Estado Contratante;

h) el término "nacional" significa:

(i) cualquier persona natural que posea la nacionalidad de un Estado Contratante; y

(ii) cualquier persona jurídica, sociedad de personas -*partnership*- o asociación constituida conforme a la legislación vigente de un Estado Contratante;

i) la expresión "autoridad competente" significa:

(i) en Corea, el Ministro de Estrategia y Finanzas o su representante autorizado;

(ii) en Perú, el Ministro de Economía y Finanzas o su representante autorizado.

2. Para la aplicación del Convenio por un Estado Contratante en un momento dado, cualquier expresión no definida en el mismo tendrá, a menos que de su contexto se infiera una interpretación diferente, el significado que en ese momento le atribuya la legislación de ese Estado relativa a los impuestos que son objeto del Convenio, prevaleciendo el significado atribuido por la legislación impositiva sobre el que resultaría de otras ramas del Derecho de ese Estado.

Artículo 4

RESIDENTE

1. A los efectos de este Convenio, la expresión "residente de un Estado Contratante" significa toda persona que, en virtud de la legislación de ese Estado, esté sujeta a imposición en el mismo por razón de su domicilio, residencia, oficina central o principal, lugar de constitución, sede de dirección o cualquier

otro criterio de naturaleza análoga e incluye también al propio Estado y a cualquier subdivisión política o autoridad local. Sin embargo, esta expresión no incluye a las personas que estén sujetas a imposición en ese Estado exclusivamente por la renta que obtengan de fuentes situadas en el citado Estado.

2. Cuando en virtud de las disposiciones del párrafo 1 una persona natural sea residente de ambos Estados Contratantes, su situación se resolverá de la siguiente manera:

a) dicha persona será considerada residente sólo del Estado donde tenga una vivienda permanente a su disposición; si tuviera una vivienda permanente a su disposición en ambos Estados, se considerará residente sólo del Estado con el que mantenga relaciones personales y económicas más estrechas (centro de intereses vitales);

b) si no pudiera determinarse el Estado en el que dicha persona tiene el centro de sus intereses vitales, o si no tuviera una vivienda permanente a su disposición en ninguno de los Estados, se considerará residente sólo del Estado donde viva habitualmente;

c) si viviera habitualmente en ambos Estados, o no lo hiciera en ninguno de ellos, se considerará residente sólo del Estado del que sea nacional;

d) si fuera nacional de ambos Estados, o no lo fuera de ninguno de ellos, las autoridades competentes de los Estados Contratantes resolverán el caso mediante acuerdo mutuo.

3. Cuando, en virtud de las disposiciones del párrafo 1, una persona que no sea una persona natural sea residente de ambos Estados contratantes, se considerará que reside sólo en el Estado donde se encuentre su sede de dirección efectiva.

Si su sede de dirección efectiva no se pudiere determinar las autoridades competentes de los Estados Contratantes resolverán el caso mediante acuerdo mutuo.

Artículo 5

ESTABLECIMIENTO PERMANENTE

1. A efectos del presente Convenio, la expresión "establecimiento permanente" significa un lugar fijo de negocios mediante el cual una empresa realiza toda o parte de su actividad.

2. La expresión "establecimiento permanente" comprende, en especial:

a) las sedes de dirección;

b) las sucursales;

c) las oficinas;

d) las fábricas;

e) los talleres; y

f) las minas, los pozos de petróleo o de gas, las canteras o cualquier otro lugar en relación a la exploración o la explotación o la extracción de recursos naturales.

3. La expresión "establecimiento permanente" también incluye:

a) una obra, un proyecto de construcción, instalación o montaje o las actividades de supervisión relacionadas con ellos, pero sólo cuando dicha obra, proyecto o actividades tenga una duración superior a 6 meses; y

b) la prestación de servicios, incluidos los servicios de consultoría, por parte de una empresa de un Estado Contratante por intermedio de empleados u otras personas naturales encomendados por la empresa para ese fin en el otro Estado Contratante, pero sólo en el caso de que tales actividades prosigan (en relación con el mismo proyecto o con un proyecto conexo) en ese Estado durante un período o períodos que en total excedan de 183 días, dentro de un período cualquiera de doce meses.

A los efectos del cálculo de los límites temporales a que se refiere este párrafo, las actividades realizadas por una empresa asociada a otra empresa en el sentido del Artículo 9, serán agregadas al período durante el cual son realizadas las actividades por la empresa de la que es asociada, si las actividades de ambas empresas son idénticas, relacionadas o sustancialmente similares.

4. No obstante lo dispuesto anteriormente en este Artículo, se considera que la expresión "establecimiento permanente" no incluye:

a) la utilización de instalaciones con el único fin de almacenar, exponer o entregar bienes o mercancías pertenecientes a la empresa;

b) el mantenimiento de un depósito de bienes o mercancías pertenecientes a la empresa con el único fin de almacenarlas, exponerlas o entregarlas;

c) el mantenimiento de un depósito de bienes o mercancías pertenecientes a la empresa con el único fin de que sean transformadas por otra empresa;

d) el mantenimiento de un lugar fijo de negocios con el único fin de comprar bienes o mercancías, o de recoger información, para la empresa;

e) el mantenimiento de un lugar fijo de negocios dedicado exclusivamente a realizar, por cuenta de la empresa, cualquier otra actividad de carácter preparatorio o auxiliar;

f) el mantenimiento de un lugar fijo de negocios con el único fin de realizar cualquier combinación de las actividades mencionadas en los subpárrafos a) a e), a condición de que el conjunto de la actividad del lugar fijo de negocios que resulte de esa combinación conserve su carácter auxiliar o preparatorio.

5. No obstante lo dispuesto en los párrafos 1 y 2, cuando una persona - distinta de un agente independiente al que le será aplicable el párrafo 7 - actúe por cuenta de una empresa y tenga y ejerza habitualmente en un Estado Contratante poderes que la faculten para concluir contratos en nombre de la empresa, se considerará que esa empresa tiene un establecimiento permanente en ese Estado respecto de las actividades que dicha persona realice para la empresa, a menos que las actividades de esa persona se limiten a las mencionadas en el párrafo 4 y que, de haber sido realizadas por medio de un lugar fijo de negocios, no hubieran determinado la consideración de dicho lugar fijo de negocios como un establecimiento permanente de acuerdo con las disposiciones de ese párrafo.

6. No obstante las disposiciones anteriores del presente Artículo, se considera que una empresa aseguradora residente de un Estado Contratante tiene, salvo por lo que respecta a los reaseguros, un establecimiento permanente en el otro Estado Contratante si recauda primas en el territorio de este otro Estado o si asegura riesgos situados en él por medio de una

persona distinta de un agente independiente al que se aplique el párrafo 7.

7. No se considerará que una empresa tiene un establecimiento permanente en un Estado Contratante por el mero hecho de que realice sus actividades en ese Estado por medio de un corredor, un comisionista general o cualquier otro agente independiente, siempre que dichas personas actúen dentro del marco ordinario de su actividad.

8. El hecho de que una sociedad residente de un Estado Contratante controle o sea controlada por una sociedad residente del otro Estado Contratante, o que realice actividades empresariales en ese otro Estado (ya sea por medio de un establecimiento permanente o de otra manera), no convierte por sí solo a cualquiera de estas sociedades en establecimiento permanente de la otra.

Artículo 6

RENTAS INMOBILIARIAS

1. Las rentas que un residente de un Estado Contratante obtenga de bienes inmuebles (incluidas las rentas de explotaciones agrícolas o forestales) situados en el otro Estado Contratante pueden someterse a imposición en ese otro Estado.

2. La expresión "bienes inmuebles" tendrá el significado que le atribuya la legislación del Estado Contratante en que los bienes estén situados. Dicha expresión comprende en todo caso los bienes accesorios a los bienes inmuebles, el ganado y el equipo utilizado en explotaciones agrícolas y forestales, los derechos a los que sean aplicables las disposiciones de derecho general relativas a la propiedad inmueble, el usufructo de bienes inmuebles y el derecho a percibir pagos variables o

fijos por la explotación o la concesión de la explotación de yacimientos minerales, fuentes y otros recursos naturales. Los buques y aeronaves no se considerarán bienes inmuebles.

3. Las disposiciones del párrafo 1 son aplicables a las rentas derivadas de la utilización directa, el arrendamiento, así como cualquier otra forma de explotación de los bienes inmuebles.

4. Las disposiciones de los párrafos 1 y 3 se aplican igualmente a las rentas derivadas de los bienes inmuebles de una empresa y de los bienes inmuebles utilizados para la prestación de servicios personales independientes.

Artículo 7

BENEFICIOS EMPRESARIALES

1. Los beneficios de una empresa de un Estado Contratante solamente pueden someterse a imposición en ese Estado, a no ser que la empresa realice su actividad empresarial en el otro Estado Contratante por medio de un establecimiento permanente situado en él. Si la empresa realiza su actividad de dicha manera, los beneficios de la empresa pueden someterse a imposición en el otro Estado, pero sólo en la medida en que puedan atribuirse a ese establecimiento permanente.

2. Sujeto a lo previsto en el párrafo 3, cuando una empresa de un Estado Contratante realice su actividad empresarial en el otro Estado Contratante por medio de un establecimiento permanente situado en él, en cada Estado Contratante se atribuirán a dicho establecimiento los beneficios que éste hubiera podido obtener de ser una empresa distinta y separada que realizase las mismas o similares actividades, en las mismas o similares condiciones y tratase con total independencia con la empresa de la que es establecimiento permanente.

3. Para la determinación de los beneficios del establecimiento permanente se permitirá la deducción de los gastos realizados para los fines del establecimiento permanente, comprendidos los gastos de dirección y generales de administración para los mismos fines, tanto si se efectúan en el Estado en que se encuentre el establecimiento permanente como en otra parte.

4. No se atribuirá ningún beneficio a un establecimiento permanente por el mero hecho de que éste compre bienes o mercancías para la empresa.

5. A efectos de los párrafos anteriores, los beneficios imputables al establecimiento permanente se calcularán cada año por el mismo método, a no ser que existan motivos válidos y suficientes para proceder de otra forma.

6. Cuando los beneficios comprendan rentas reguladas separadamente en otros artículos de este Convenio, las disposiciones de aquéllos no quedarán afectadas por las del presente artículo.

Artículo 8

TRANSPORTE MARÍTIMO Y AÉREO

1. Los beneficios de una empresa de un Estado Contratante procedentes de la explotación de buques o aeronaves en tráfico internacional sólo pueden someterse a imposición en ese Estado.

2. Las disposiciones del párrafo 1 son también aplicables a los beneficios procedentes de la participación en un "pool", en una empresa mixta o en una agencia de explotación internacional.

3. Para los fines de este Artículo:

a) el término "beneficios" comprende, en especial:

(i) los ingresos brutos que se deriven directamente de la explotación de buques o aeronaves en tráfico internacional; y

(ii) los intereses de pagos que provengan de la explotación de buques o aeronaves en tráfico internacional, siempre que dichos intereses sean inherentes e incidentales a la explotación;

b) la expresión "explotación de buque o aeronave" por una empresa comprende también:

(i) el fletamento o arrendamiento de nave o aeronave a casco desnudo;

(ii) el uso, mantenimiento o arrendamiento de contenedores y equipo relacionado;

siempre que dicho flete, uso, mantenimiento o arrendamiento sea incidental a la explotación, por esa empresa, de buques o aeronaves en tráfico internacional.

Artículo 9

EMPRESAS ASOCIADAS

1. Cuando

a) una empresa de un Estado Contratante participe directa o indirectamente en la dirección, el control o el capital de una empresa del otro Estado Contratante, o

b) unas mismas personas participen directa o indirectamente en la dirección, el control o el capital de una empresa de un Estado Contratante y de una empresa del otro Estado Contratante,

y en uno y otro caso las dos empresas estén, en sus relaciones comerciales o financieras, unidas por condiciones aceptadas o impuestas que difieran de las que serían acordadas por empresas independientes, las rentas que habrían sido obtenidas por una de las empresas de no existir dichas condiciones, y que de hecho no se han realizado a causa de las mismas, podrán incluirse en la renta de esa empresa y ser sometidas a imposición en consecuencia.

2. Cuando un Estado Contratante incluya en la renta de una empresa de ese Estado - y someta, en consecuencia, a imposición - la renta sobre la cual una empresa del otro Estado Contratante ha sido sometida a imposición en ese otro Estado, y la renta así incluida es renta que habría sido realizada por la empresa del Estado mencionado en primer lugar si las condiciones convenidas entre las dos empresas hubieran sido las que se hubiesen convenido entre empresas independientes, ese otro Estado practicará el ajuste correspondiente de la cuantía del impuesto que ha percibido sobre esos beneficios de conformidad con la legislación interna de ese otro Estado, si considera que el ajuste realizado en un Estado Contratante es justificado en principio y monto. Para determinar dicho ajuste se tendrán en cuenta las demás disposiciones del presente Convenio y las autoridades competentes de los Estados Contratantes se consultarán en caso necesario.

3. Las disposiciones del párrafo 2 no se podrán aplicar en casos de fraude o culpa.

Artículo 10

DIVIDENDOS

1. Los dividendos pagados por una sociedad residente de un Estado Contratante a un residente del otro Estado Contratante pueden someterse a imposición en ese otro Estado.

2. Sin embargo, dichos dividendos pueden también someterse a imposición en el Estado Contratante en que resida la sociedad que pague los dividendos y según la legislación de este Estado; pero, si el beneficiario efectivo de los dividendos es un residente del otro Estado Contratante, el impuesto así exigido no podrá exceder del 10 por ciento del importe bruto de los dividendos.

Las disposiciones de este párrafo no afectan la imposición de la sociedad respecto de los beneficios con cargo a los cuales se pagan los dividendos.

3. El término "dividendos" en el sentido de este artículo significa las rentas de las acciones u otros derechos, excepto los de crédito, que permitan participar en los beneficios, así como las rentas de otras participaciones sociales sujetas al mismo régimen tributario que las rentas de las acciones por la legislación del Estado de residencia de la sociedad que hace la distribución.

4. Las disposiciones de los párrafos 1 y 2 no son aplicables si el beneficiario efectivo de los dividendos, residente de un Estado Contratante, realiza en el otro Estado Contratante, del que es residente la sociedad que paga los dividendos, una actividad empresarial a través de un establecimiento permanente situado allí, o presta en ese otro Estado servicios personales independientes por medio de una base fija situada allí, y la participación que genera los dividendos está vinculada efectivamente a dicho establecimiento permanente o base fija.

En tal caso, son aplicables las disposiciones del Artículo 7 o del Artículo 14, según proceda.

5. Cuando una sociedad residente de un Estado Contratante obtenga beneficios o rentas procedentes del otro Estado Contratante, ese otro Estado no podrá exigir ningún impuesto sobre los dividendos pagados por la sociedad, salvo en la medida en que esos dividendos se paguen a un residente de ese otro Estado o la participación que genera los dividendos esté vinculada efectivamente a un establecimiento permanente o a una base fija situados en ese otro Estado, ni someter los beneficios no distribuidos de la sociedad a un impuesto sobre los mismos, aunque los dividendos pagados o los beneficios no distribuidos consistan, total o parcialmente, en beneficios o rentas procedentes de ese otro Estado.

6. Cuando una sociedad residente en un Estado Contratante tuviera un establecimiento permanente en el otro Estado Contratante, los beneficios de este establecimiento permanente atribuibles a dicha sociedad podrán ser sometidos en el otro Estado Contratante a un impuesto distinto al impuesto a los beneficios del establecimiento permanente y de conformidad con la legislación interna de ese otro Estado. Sin embargo, dicho impuesto no podrá exceder del límite establecido en el párrafo 2 del presente Artículo.

Articulo 11

INTERESES

1. Los intereses procedentes de un Estado Contratante y pagados a un residente del otro Estado Contratante pueden someterse a imposición en ese otro Estado.

2. Sin embargo, dichos intereses pueden también someterse a imposición en el Estado Contratante del que procedan y según

la legislación de ese Estado, pero si el beneficiario efectivo es residente del otro Estado Contratante, el impuesto así exigido no podrá exceder del 15 por ciento del importe bruto de los intereses.

3. No obstante las disposiciones del párrafo 2, los intereses procedentes de un Estado Contratante sólo podrán someterse a imposición en el otro Estado Contratante si el beneficiario efectivo de los intereses es el Estado Contratante, incluyendo sus subdivisiones políticas o autoridades locales, o el Banco Central de ese otro Estado Contratante.

4. El término "intereses", en el sentido de este artículo, significa las rentas de créditos de cualquier naturaleza, con o sin garantía hipotecaria o cláusula de participación en los beneficios del deudor y, especialmente, los provenientes de fondos públicos y bonos u obligaciones, incluidas las primas y premios unidos a estos fondos, bonos u obligaciones. Las penalizaciones por mora en el pago no se consideran intereses a efectos del presente artículo.

5. Las disposiciones de los párrafos 1 y 2 no son aplicables si el beneficiario efectivo de los intereses, residente de un Estado Contratante, realiza en el otro Estado Contratante, del que proceden los intereses, una actividad empresarial por medio de un establecimiento permanente situado allí, o presta en ese otro Estado servicios personales independientes por medio de una base fija situada allí, y el crédito que genera los intereses está vinculado efectivamente a dicho establecimiento permanente o base fija. En tal caso, son aplicables las disposiciones del artículo 7 o del artículo 14, según proceda.

6. Los intereses se consideran procedentes de un Estado Contratante cuando el deudor sea residente de ese Estado. Sin embargo, cuando el deudor de los intereses, sea o no residente del Estado Contratante, tenga en un Estado Contratante un establecimiento permanente o una base fija en relación con el cual se haya contraído la deuda por la que se

pagan los intereses, y éstos se soportan por el establecimiento permanente o la base fija, dichos intereses se considerarán procedentes del Estado Contratante donde estén situados el establecimiento permanente o la base fija.

7. Cuando en razón de las relaciones especiales existentes entre el deudor y el beneficiario efectivo, o de las que uno y otro mantengan con terceros, el importe de los intereses habida cuenta del crédito por el que se paguen exceda del que hubieran convenido el deudor y el acreedor en ausencia de tales relaciones, las disposiciones de este artículo no se aplicarán más que a este último importe. En tal caso, la cuantía en exceso podrá someterse a imposición de acuerdo con la legislación de cada Estado Contratante, teniendo en cuenta las demás disposiciones del presente Convenio.

Artículo 12

REGALÍAS

1. Las regalías procedentes de un Estado Contratante y pagadas a un residente del otro Estado Contratante pueden someterse a imposición en ese otro Estado.

2. Sin embargo, estas regalias pueden también someterse a imposición en el Estado Contratante del que procedan y de acuerdo con la legislación de ese Estado, pero si el beneficiario efectivo es residente del otro Estado Contratante, el impuesto así exigido no excederá del:

a) 10 por ciento del importe bruto de los pagos recibidos por la prestación de servicios de asistencia técnica.

b) 15 por ciento del importe bruto de las regalias en los demás casos.

3. El término "regalías" empleado en este artículo significa las cantidades de cualquier clase pagadas por el uso, o el derecho al uso, de derechos de autor sobre obras literarias, artísticas o científicas, incluidas las películas cinematográficas o películas, cintas y otros medios de reproducción de imagen y sonido, las patentes, marcas, diseños o modelos, planos, fórmulas o procedimientos secretos, o por informaciones relativas a experiencias industriales, comerciales o científicas. El término "regalías" también incluye los pagos recibidos por la prestación de servicios de asistencia técnica.

4. Las disposiciones de los párrafos 1 y 2 no son aplicables si el beneficiario efectivo de las regalías, residente de un Estado Contratante, realiza en el Estado Contratante del que proceden las regalías, una actividad empresarial por medio de un establecimiento permanente situado allí, o presta servicios personales independientes por medio de una base fija situada allí, y el bien o el derecho por el que se pagan las regalías están vinculados efectivamente a dicho establecimiento permanente o base fija. En tal caso son aplicables las disposiciones del artículo 7 o del artículo 14, según proceda.

5. Las regalías se consideran procedentes de un Estado Contratante cuando el deudor es un residente de ese Estado. Sin embargo, cuando quien paga las regalías, sea o no residente de un Estado Contratante, tenga en un Estado Contratante un establecimiento permanente o una base fija en relación con el cual se haya contraído la obligación de pago de las regalías y dicho establecimiento permanente o base fija soporte la carga de las mismas, éstas se considerarán procedentes del Estado donde esté situado el establecimiento permanente o la base fija.

6. Cuando en razón de las relaciones especiales existentes entre el deudor y el beneficiario efectivo, o de las que uno y otro mantengan con terceros, el importe de las regalías, habida cuenta del uso, derecho o información por los que se pagan,

exceda del que habrían convenido el deudor y el beneficiario efectivo en ausencia de tales relaciones, las disposiciones de este artículo no se aplicarán más que a este último importe. En tal caso, la cuantía en exceso podrá someterse a imposición de acuerdo con la legislación de cada Estado Contratante, teniendo en cuenta las demás disposiciones del presente Convenio.

Artículo 13

GANANCIAS DE CAPITAL

1. Las ganancias que un residente de un Estado Contratante obtenga de la enajenación de bienes inmuebles, tal como se definen en el artículo 6, situados en el otro Estado Contratante, pueden someterse a imposición en ese otro Estado.

2. Las ganancias derivadas de la enajenación de bienes muebles que formen parte del activo de un establecimiento permanente que una empresa de un Estado Contratante tenga en el otro Estado Contratante, o de bienes muebles que pertenezcan a una base fija que un residente de un Estado Contratante tenga en el otro Estado Contratante para la prestación de servicios personales independientes, comprendidas las ganancias derivadas de la enajenación de este establecimiento permanente (sólo o con el conjunto de la empresa) o de esta base fija, pueden someterse a imposición en ese otro Estado.

3. Las ganancias derivadas por una empresa de un Estado Contratante por la enajenación de buques o aeronaves explotados en tráfico internacional, o de bienes muebles afectos a la explotación de dichos buques o aeronaves, sólo pueden someterse a imposición en ese Estado.

4. Las ganancias obtenidas por un residente de un Estado Contratante en la enajenación de acciones en las que más del 50 por ciento de su valor procede, de forma directa o indirecta, de propiedad inmobiliaria situada en el otro Estado Contratante, pueden gravarse en ese otro Estado.

5. Adicionalmente a las ganancias gravables de conformidad con lo dispuesto en los párrafos anteriores, las ganancias que un residente de un Estado Contratante obtenga de la enajenación directa o indirecta de acciones, participaciones, valores u otro tipo de derechos en el capital de una sociedad residente del otro Estado Contratante pueden someterse a imposición en ese otro Estado, siempre que el receptor de la ganancia, en cualquier momento durante el periodo de 12 meses anterior a dicha enajenación, haya tenido una participación de al menos 20% en el capital de dicha sociedad.

6. Las ganancias derivadas de la enajenación de cualquier otro bien distinto de los mencionados en los párrafos 1, 2, 3, 4 y 5, sólo pueden someterse a imposición en el Estado Contratante en que resida el enajenante.

Artículo 14

SERVICIOS PERSONALES INDEPENDIENTES

1. Las rentas obtenidas por un residente de un Estado Contratante por la prestación de servicios profesionales o el ejercicio de otras actividades de carácter independiente sólo podrán someterse a imposición en ese Estado, excepto en las siguientes circunstancias, en que esas rentas podrán ser gravadas también en el otro Estado contratante:

a) cuando dicho residente tenga en el otro Estado contratante una base fija del que disponga regularmente para el desempeño de sus actividades;

en tal caso, sólo podrá someterse a imposición la parte de las rentas que sea atribuible a dicha base fija; o

b) cuando dicho residente permanezca en el otro Estado Contratante por un período o períodos que en total sumen o excedan 183 días, dentro de un periodo cualquiera de 12 meses; en tal caso, sólo podrá someterse a imposición la parte de las rentas obtenidas de las actividades desempeñadas por él en ese otro Estado.

2. La expresión "servicios profesionales" comprende especialmente las actividades independientes de carácter científico, literario, artístico, educativo o pedagógico, así como las actividades independientes de médicos, abogados, ingenieros, arquitectos, odontólogos y contadores.

Artículo 15

SERVICIOS PERSONALES DEPENDIENTES

1. Sin perjuicio de lo dispuesto en los artículos 16, 18 y 19, los sueldos, salarios y otras remuneraciones similares obtenidas por un residente de un Estado Contratante por razón de un empleo sólo pueden someterse a imposición en ese Estado, a no ser que el empleo se realice en el otro Estado Contratante. Si el empleo se realiza de esa forma, las remuneraciones derivadas del mismo pueden someterse a imposición en ese otro Estado.

2. No obstante las disposiciones del párrafo 1, las remuneraciones obtenidas por un residente de un Estado Contratante en razón de un empleo realizado en el otro Estado Contratante se gravarán exclusivamente en el primer Estado si:

a) el perceptor permanece en el otro Estado durante un período o períodos que no excedan en conjunto 183 días dentro de un período cualquiera de 12 meses; y

b) las remuneraciones se pagan por, o en nombre de una persona que no sea residente del otro Estado, y

c) las remuneraciones no se imputen a un establecimiento permanente o una base fija que una persona tenga en el otro Estado.

3. No obstante las disposiciones precedentes de este artículo, las remuneraciones obtenidas por razón de un empleo realizado a bordo de un buque o aeronave explotado en tráfico internacional por una empresa de un Estado Contratante, solo pueden someterse a imposición en ese Estado.

Artículo 16

HONORARIOS DE DIRECTORES

Los honorarios de directores y otras retribuciones similares que un residente de un Estado Contratante obtenga como miembro de un directorio o de un órgano de similar función que el directorio de una sociedad residente del otro Estado Contratante pueden someterse a imposición en ese otro Estado.

Artículo 17

ARTISTAS Y DEPORTISTAS

1. No obstante lo dispuesto en los Artículos 7, 14 y 15, las rentas que un residente de un Estado Contratante obtenga por el ejercicio de sus actividades personales en el otro Estado

contratante en su calidad de artista del espectáculo, tal como actor de teatro, cine, radio o televisión, o músico, o como deportista, pueden someterse a imposición en ese otro Estado. Las rentas obtenidas por un artista o deportista residente de un Estado Contratante por actividades personales relacionadas con su renombre como artista o deportista ejercidas en el otro Estado Contratante, tales como ingresos por publicidad o patrocinio, pueden someterse a imposición en ese otro Estado.

2. Cuando las rentas derivadas de las actividades personales de los artistas del espectáculo o de los deportistas, en esa calidad, se atribuyan no al propio artista del espectáculo o deportista sino a otra persona, dichas rentas pueden, no obstante lo dispuesto en los Artículos 7, 14 y 15, someterse a imposición en el Estado Contratante en que se realicen las actividades del artista del espectáculo o del deportista.

Artículo 18

PENSIONES

Las pensiones y otros pagos similares o anualidades pagadas a un residente de un Estado Contratante sólo pueden someterse a imposición en el Estado Contratante en el que se originan.

Artículo 19

FUNCIONES PÚBLICAS

1. a) Los sueldos, salarios y otras remuneraciones similares, excluidas las pensiones pagadas por un Estado Contratante o por una de sus subdivisiones políticas o autoridades locales a una persona natural por razón de servicios prestados a ese Estado o a esa subdivisión o

autoridad, sólo pueden someterse a imposición en ese Estado.

b) Sin embargo, dichos sueldos, salarios y otras remuneraciones similares sólo pueden someterse a imposición en el otro Estado Contratante si los servicios se prestan en ese Estado y la persona natural es un residente de ese Estado que:

(i) posee la nacionalidad de ese Estado; o

(ii) no ha adquirido la condición de residente de ese Estado solamente para prestar los servicios.

2. Lo dispuesto en los Articulos 15, 16 y 17 se aplica a los sueldos, salarios y otras remuneraciones similares pagados por los servicios prestados en el marco de una actividad empresarial realizada por un Estado Contratante o por una de sus subdivisiones políticas o autoridades locales.

Artículo 20

ESTUDIANTES

Las cantidades que para cubrir sus gastos de manutención, estudios o formación práctica reciba un estudiante o una persona en prácticas que sea, o haya sido inmediatamente antes de llegar a un Estado contratante, residente del otro Estado contratante y que se encuentre en el Estado mencionado en primer lugar con el único fin de proseguir sus estudios o formación práctica, no pueden someterse a imposición en ese Estado siempre que procedan de fuentes situadas fuera de ese Estado.

Artículo 21

OTRAS RENTAS

1. Los elementos de la renta de un residente de un Estado contratante, sea cual fuere su origen, que no se traten en los artículos anteriores sólo serán gravables en ese Estado.

2. Lo dispuesto en el párrafo 1 no se aplicará a las rentas distintas de los ingresos procedentes de los bienes inmuebles, tal como se definen en el párrafo 2 del artículo 6, si el beneficiario de tales rentas es residente de un Estado contratante, realiza actividades comerciales en el otro Estado contratante por conducto de un establecimiento permanente situado en él o presta en ese otro Estado servicios personales independientes desde una base fija situada en él y el derecho o propiedad por el que se pague la renta está vinculado efectivamente con ese establecimiento permanente o base fija. En tal caso se aplicarán las disposiciones del artículo 7 o del artículo 14, según corresponda.

3. Cuando, en virtud de una relación especial entre la persona a la que se hace referencia en el párrafo 1 y otra persona, o entre esas dos personas y un tercero, la cuantía de la renta a la que se hace referencia en el párrafo 1 sea superior a la cuantía (si la hubiere) que se hubiera convenido entre ellas en ausencia de esa relación, las disposiciones del presente artículo se aplicarán únicamente a la cuantia mencionada en último término. En ese caso, el exceso de la renta quedará sujeto a imposición conforme a la legislación de cada Estado contratante, teniendo debidamente en cuenta las demás disposiciones aplicables del presente Convenio.

4. No obstante lo dispuesto en el párrafo 1, los elementos de la renta de un residente de un Estado contratante que no se traten en los artículos anteriores y tengan su origen en el otro Estado contratante podrán ser gravados también en ese otro

Estado, pero el impuesto así exigido no podrá exceder del 10 por ciento del importe bruto de esa renta.

Artículo 22

ELIMINACIÓN DE LA DOBLE IMPOSICIÓN

1. En Corea, la doble imposición se evitará de la manera siguiente:

Sujeta a las disposiciones de la legislación impositiva coreana que se refiere a la rebaja como crédito contra el impuesto coreano de los impuestos pagados en otro país que no sea Corea (la cual no afectará el principio general aquí establecido):

a) Cuando un residente de Corea obtenga rentas provenientes de Perú las cuales pueden someterse a imposición en Perú de acuerdo con las disposiciones de este Convenio, el monto del impuesto peruano pagado sobre esas rentas, se rebajará como crédito contra el impuesto coreano que debe pagar ese residente. Sin embargo, el monto del crédito no excederá de la parte del impuesto coreano determinado sobre esas rentas, antes del otorgamiento del crédito apropiado a esa renta;

b) Cuando la renta proveniente de Perú es un dividendo pagado por una sociedad residente de Perú a una sociedad residente de Corea la cual posee no menos del 10 por ciento del total de las acciones con derecho a voto emitidas por la sociedad que paga esos dividendos o del capital de esa sociedad, en la determinación del crédito se tendrá en cuenta el impuesto peruano pagado por la sociedad respecto de los beneficios con cargo a los que se paga ese dividendo.

2. En el caso del Perú la doble tributación se evitará de la manera siguiente:

a) Los residentes de Perú podrán acreditar contra el impuesto a la renta peruano, como crédito, el impuesto coreano pagado por la renta gravada de acuerdo a la legislación coreana y las disposiciones de este Convenio. Ese crédito no podrá exceder, en ningún caso, la parte del impuesto a la renta peruano que se pagaría por la renta que se puede someter a imposición en Corea;

b) Cuando una sociedad residente de Corea pague un dividendo a una sociedad residente en Perú que controla directa o indirectamente al menos el 10 por ciento del poder de voto de la sociedad mencionada en primer lugar, el crédito deberá tomar en cuenta el impuesto pagado en Corea por la sociedad respecto a las utilidades sobre las cuales se paga el dividendo, pero sólo en la medida en que el impuesto peruano exceda el monto del crédito determinado sin considerar este subpárrafo;

c) Cuando de conformidad con cualquier disposición del Convenio las rentas obtenidas por un residente de un Estado Contratante estén exentas de imposición en ese Estado, tal Estado podrá, sin embargo, tener en cuenta las rentas exentas a efectos de calcular el importe del impuesto sobre el resto de las rentas de dicho residente.

Artículo 23

NO DISCRIMINACIÓN

1. Los nacionales de un Estado Contratante no serán sometidos en el otro Estado Contratante a ninguna imposición u obligación relativa al mismo que no se exija o que sea más

gravosa que aquellas a las que estén o puedan estar sometidos los nacionales de ese otro Estado que se encuentren en las mismas condiciones, en particular con respecto a la residencia. No obstante lo dispuesto en el artículo 1, este párrafo también se aplicará a las personas que no sean residentes de uno o de ninguno de los Estados Contratantes.

2. Los establecimientos permanentes que una empresa de un Estado Contratante tenga en el otro Estado Contratante no serán sometidos en ese Estado a una imposición menos favorable que las empresas de ese otro Estado que realicen las mismas actividades. Esta disposición no podrá interpretarse en el sentido de obligar a un Estado Contratante a conceder a los residentes del otro Estado Contratante las deducciones personales, desgravaciones y reducciones impositivas que otorgue a sus propios residentes en consideración a su estado civil o cargas familiares.

3. A menos que se apliquen las disposiciones del párrafo 1 del artículo 9, del párrafo 7 del artículo 11 o del párrafo 6 del artículo 12, los intereses, las regalías y demás gastos pagados por una empresa de un Estado Contratante a un residente del otro Estado Contratante son deducibles, para determinar las utilidades sujetas a imposición de dicha empresa, en las mismas condiciones que si hubieran sido pagados a un residente del Estado mencionado en primer lugar.

4. Las empresas de un Estado Contratante cuyo capital esté, total o parcialmente, poseído o controlado, directa o indirectamente, por uno o varios residentes del otro Estado Contratante, no se someterán en el Estado mencionado en primer lugar a ningún impuesto u obligación relativa al mismo que no se exija o que sea más gravoso que aquellos a los que estén o puedan estar sometidas otras empresas similares del Estado mencionado en primer lugar.

5. No obstante lo dispuesto en el artículo 2, las disposiciones del presente artículo se aplican a todos los impuestos cualquiera que sea su naturaleza o denominación.

Artículo 24

PROCEDIMIENTO DE ACUERDO MUTUO

1. Cuando una persona considere que las medidas adoptadas por uno o por ambos Estados Contratantes implican o pueden implicar para ella una imposición que no esté conforme con las disposiciones del presente Convenio podrá, con independencia de los recursos previstos por el derecho interno de esos Estados, someter su caso a la autoridad competente del Estado Contratante del que sea residente o, si fuera aplicable el párrafo 1 del Artículo 23, a la del Estado Contratante del que sea nacional. El caso deberá presentarse dentro de los tres años siguientes a la primera notificación de la medida que implique una imposición no conforme con las disposiciones de este Convenio.

2. La autoridad competente, si la reclamación le parece fundada y si no puede por sí misma encontrar una solución satisfactoria, hará lo posible por resolver la cuestión mediante un procedimiento de acuerdo mutuo con la autoridad competente del otro Estado Contratante, a fin de evitar una imposición que no se ajuste a este Convenio. El acuerdo será aplicable independientemente de los plazos previstos por el derecho interno de los Estados contratantes.

3. Las autoridades competentes de los Estados Contratantes harán lo posible por resolver cualquier dificultad o duda que plantee la interpretación o aplicación del Convenio mediante un procedimiento de acuerdo mutuo. También podrán consultarse para evitar la doble imposición en los casos no previstos en el Convenio.

4. Las autoridades competentes de los Estados Contratantes podrán comunicarse directamente a fin de llegar a un acuerdo en el sentido de los párrafos anteriores.

Artículo 25

INTERCAMBIO DE INFORMACIÓN

1. Las autoridades competentes de los Estados contratantes intercambiarán la información previsiblemente pertinente para aplicar lo dispuesto en el presente Convenio o para administrar y exigir lo dispuesto en la legislación nacional de los Estados contratantes relativa a los impuestos de toda clase y naturaleza percibidos por los Estados contratantes, sus subdivisiones o entidades locales en la medida en que la imposición prevista en el mismo no sea contraria al Convenio. El intercambio de información no vendrá limitado por los Artículos 1 y 2.

2. Cualquier información recibida por un Estado Contratante en virtud del párrafo 1 será mantenida en secreto de la misma forma que la información obtenida en virtud del derecho interno de ese Estado y sólo se comunicará a las personas o autoridades (incluidos los tribunales y órganos administrativos) encargadas de la liquidación o recaudación de los impuestos a los que hace referencia el párrafo 1, de su aplicación efectiva, de la persecución de su incumplimiento o de la resolución de los recursos en relación con los mismos. Dichas personas o autoridades sólo utilizarán la información para esos fines. Podrán develar la información en las audiencias públicas de los tribunales o en las sentencias judiciales.

3. En ningún caso las disposiciones de los párrafos 1 y 2 se podrán interpretar en el sentido de obligar a un Estado Contratante a:

a) adoptar medidas administrativas contrarias a su legislación o práctica administrativa, o a las del otro Estado Contratante;

b) suministrar información que no se pueda obtener sobre la base de su propia legislación o en el ejercicio de su práctica administrativa normal, o de las del otro Estado Contratante;

c) suministrar información que pueda revelar cualquier secreto mercantil, empresarial, industrial, comercial o profesional, o procedimientos comerciales o información cuya comunicación sea contraria al orden público.

4. Si un Estado Contratante solicita información conforme al presente Artículo, el otro Estado Contratante utilizará las medidas para recabar información de que disponga, aun cuando ese otro Estado pueda no necesitar dicha información para sus propios fines tributarios. La obligación precedente está limitada por lo dispuesto en el párrafo 3 siempre y cuando ese párrafo no sea interpretado para permitr que un Estado Contratante se niegue a proporcionar información exclusivamente por la ausencia de interés nacional en la misma.

5. En ningún caso las disposiciones del párrafo 3 se interpretarán en el sentido de permitir a un Estado Contratante negarse a proporcionar información únicamente porque esta obre en poder de bancos, otras instituciones financieras, o de cualquier persona que actúe en calidad representativa o fiduciaria o porque esa información haga referencia a la participación en la titularidad de una persona. En la aplicación de este párrafo, los Estados Contratantes deben seguir los procedimientos constitucionales y legales necesarios para obtener la información solicitada.

Artículo 26

MIEMBROS DE MISIONES DIPLOMÁTICAS Y DE OFICINAS CONSULARES

Nada de lo establecido en el presente Convenio afectará los privilegios fiscales de los miembros de las misiones diplomáticas o de las oficinas consulares en virtud de los principios generales del derecho internacional o de acuerdos especiales.

Artículo 27

LIMITACIÓN DE BENEFICIOS

1. Con respecto a los Artículos 10, 11, 12, 13 y 21, un residente de un Estado Contratante no tendrá derecho a exigir los beneficios si el propósito o uno de los principales propósitos de cualquier persona vinculada con la creación o atribución de las acciones, el crédito o un derecho en relación con el cual las rentas se pagan, sea el de obtener ventajas de dichos Artículos mediante tal creación o atribución.

2. El párrafo 1 no impedirá de ningún modo la aplicación de cualquier provisión de la legislación de un Estado Contratante diseñada para evitar la evasión o la elusión de impuestos, sea o no descrita como tal.

Artículo 28

ENTRADA EN VIGOR

1. Cada Estado Contratante notificará al otro el cumplimiento de los requerimientos constitucionales para la entrada en vigor de este Convenio.

2. Este Convenio entrará en vigor en la fecha de recepción de la última notificación a la que se refiere el párrafo 1 y sus disposiciones se aplicarán:

a) respecto de los impuestos de retención en la fuente, a los montos pagados a partir del primer día de enero del año calendario inmediatamente siguiente a aquél en que el Convenio entre en vigor; y

b) respecto de otros impuestos, a los ejercicios fiscales que comiencen a partir del primer dia de enero del año calendario inmediatamente siguiente a aquél en que el Convenio entre en vigor.

Artículo 29

DENUNCIA

El presente Convenio permanecerá en vigor mientras no se denuncie por uno de los Estados Contratantes. Cualquiera de los Estados Contratantes puede denunciar el Convenio por vía diplomática comunicándolo al menos con seis meses de antelación a la terminación de cualquier año calendario. En tal caso, el Convenio dejará de aplicarse:

a) respecto a los impuestos de retención en la fuente, a los montos pagados a partir del primer día de enero del año calendario inmediatamente siguiente a aquél en que se da el aviso; y

b) respecto de otros impuestos, a los ejercicios fiscales que comiencen a partir del primer día de enero del año calendario inmediatamente siguiente a aquél en que se da el aviso.

EN FE DE LO CUAL, los signatarios, debidamente autorizados al efecto por sus respectivos Gobiernos, han firmado este Convenio.

Hecho en duplicado en Seúl, el día 10 de mayo de 2012, en idioma coreano, español e inglés, siendo todos los textos igualmente auténticos. En caso de cualquier divergencia en la interpretación, el texto en inglés prevalecerá.

Por la República del Perú

Por la República de Corea

PROTOCOLO

Al momento de la firma del Convenio entre la República de Corea y la República del Perú para evitar la doble tributación y prevenir la evasión fiscal en relación con los impuestos sobre la renta, los Estados han acordado las siguientes disposiciones que forman parte integral del Convenio.

1. Artículo 3

Con respecto al subpárrafo (d) del párrafo 1 del Artículo 3, se entiende que en el caso del Perú, el término "persona" incluye a las sucesiones indivisas y a las sociedades conyugales.

2. Artículo 7

Se entiende que las disposiciones del párrafo 3 del Artículo 7 se aplican sólo si los gastos pueden ser atribuidos al establecimiento permanente de acuerdo con las disposiciones de la legislación tributaria del Estado Contratante en el cual el establecimiento permanente esté situado.

3. Artículos 10 y 11

Con respecto al párrafo 2 del Artículo 10 y al párrafo 2 del artículo 11, se entiende que si en algún acuerdo o convenio entre Perú y un tercer Estado, Perú acuerda limitar la tasa del impuesto sobre esos dividendos o intereses (ya sea con carácter general o respecto de alguna categoría especial de dividendos o intereses) a tasas más bajas que las previstas en el párrafo 2 del Artículo 10 y el párrafo 2 del artículo 11 de este Convenio, esa tasa reducida se aplicará automáticamente a tales dividendos o intereses (ya sea con carácter general o respecto de alguna categoría especial de dividendos o intereses) bajo este Convenio, como si esa tasa reducida hubiera sido especificada en el mismo, desde la fecha en que las disposiciones de ese acuerdo o convenio sean aplicables.

La autoridad competente de Perú informará, sin demora, a la autoridad competente de Corea que se han cumplido las condiciones para la aplicación de esta disposición.

4. Articulo 11

a) Con respecto al párrafo 3 del Artículo 11, se entiende que el Banco Coreano de Exportaciones e Importaciones (Export-Import Bank) constituye parte del gobierno coreano.

b) Con respecto al párrafo 4 del Artículo 11, se entiende que el término "interés" incluye la diferencia de precio de las operaciones de reporte, pactos de recompra o préstamos bursátiles. Se entiende además que las autoridades competentes podrán convenir de común acuerdo que otros elementos similares de otras transacciones financieras tratadas como intereses en la legislación nacional que entre en vigor después de la fecha de la firma del presente Convenio se considerarán como intereses a los fines de ese Convenio. En ese caso, las autoridades competentes publicarán la solución que adopten de común acuerdo.

5. Articulo 13

Con respecto al párrafo 5 del Articulo 13, se entiende que si en algún acuerdo o convenio entre Perú y un tercer Estado, Perú acuerda que las ganancias (excluídas aquellas previstas en el párrafo 4 del Artículo 13) obtenidas de la enajenación directa o indirecta de acciones, participaciones, valores u otro tipo de derechos puedan ser gravadas solo en el Estado en que resida el enajenante, esas ganancias bajo este Convenio serán gravadas solo en el Estado en que resida el enajenante como si hubiera sido especificado de esa forma en este Convenio, desde la fecha en que las disposiciones de ese acuerdo o convenio sean aplicables. La autoridad competente de Perú informará, sin demora, a la autoridad competente de Corea que se han cumplido las condiciones para la aplicación de esta disposición.

6. En general,

Nada de lo establecido en este Convenio afectará la aplicación de lo dispuesto en los Decretos Legislativos peruanos N°s. 662, 757 y 109 ni en las Leyes N°s. 26221, 27342, 27343 y 27909 tal como se encuentren vigentes a la fecha de suscripción de este Convenio y como se puedan modificar a futuro sin alterar su principio general ni el carácter optativo de los contratos de estabilidad tributaria. Una persona que sea parte de un contrato de estabilidad tributaria al amparo de las normas citadas anteriormente, quedará sujeto, no obstante las tasas establecidas en el presente Convenio, a las tasas estabilizadas por dicho contrato mientras esté vigente.

EN FE DE LO CUAL, los signatarios, debidamente autorizados al efecto por sus respectivos Gobiernos, han firmado este Protocolo.

Hecho en duplicado en Seúl, el día 10 de mayo de 2012, en idioma coreano, español e inglés, siendo todos los textos igualmente auténticos. En caso de cualquier divergencia en la interpretación, el texto en inglés prevalecerá.

Por la República del Perú	Por la República de Corea

[TRANSLATION IN FRENCH – TRADUCTION EN FRANÇAIS]

CONVENTION ENTRE LA RÉPUBLIQUE DE CORÉE ET LA RÉPUBLIQUE DU PÉROU TENDANT À ÉVITER LES DOUBLES IMPOSITIONS ET À PRÉVENIR LA FRAUDE FISCALE EN MATIÈRE D'IMPÔTS SUR LE REVENU

La République de Corée et la République du Pérou,

Désireuses de conclure une Convention tendant à éviter les doubles impositions et à prévenir la fraude fiscale en matière d'impôts sur le revenu,

Sont convenues de ce qui suit :

Article premier. Personnes visées

La présente Convention s'applique aux personnes qui sont des résidents d'un État contractant ou des deux États contractants.

Article 2. Impôts visés

1. La présente Convention s'applique aux impôts sur le revenu prélevés pour le compte d'un État contractant ou, dans le cas de la Corée, de ses subdivisions politiques ou de ses collectivités locales, quel que soit le système de perception.

2. Sont considérés comme impôts sur le revenu et sur la fortune les impôts perçus sur le revenu total, ou sur des éléments du revenu, y compris les impôts sur les gains provenant de l'aliénation de biens mobiliers ou immobiliers, les impôts sur le montant global des salaires payés par les entreprises ainsi que les impôts sur les gains en capital.

3. Les impôts actuels auxquels s'applique la Convention sont notamment :

a) En Corée :

i) L'impôt sur le revenu ;

ii) L'impôt sur les sociétés ;

iii) L'impôt spécial pour le développement rural ; et

iv) L'impôt local sur le revenu ;

(ci-après dénommés « impôt coréen ») ;

b) Au Pérou, les impôts sur le revenu imposés par le Gouvernement du Pérou en vertu de la loi relative à l'impôt sur le revenu (Ley del Impuesto a la Renta),

(ci-après dénommés « impôt péruvien »).

4. La Convention s'applique également aux impôts de nature identique ou analogue qui seraient établis après la date de signature de la Convention et qui s'ajouteraient aux impôts actuels ou qui les remplaceraient. Les autorités compétentes des États contractants se communiquent les modifications significatives apportées à leurs législations fiscales.

Article 3. Définitions générales

1. Au sens de la présente Convention, à moins que le contexte n'exige une interprétation différente :

a) Le terme « Corée » désigne la République de Corée et, lorsqu'il est employé dans un sens géographique, désigne le territoire de la République de Corée, y compris ses eaux territoriales, ainsi que toute zone adjacente aux eaux territoriales de la République de Corée qui, conformément au droit international, a été ou peut être ultérieurement désignée en vertu de la législation de la République de Corée comme une zone dans laquelle la République de Corée peut exercer ses droits souverains ou juridictionnels à l'égard du fond marin et du sous-sol, ainsi que de leurs ressources naturelles ;

b) Le terme « Pérou » s'entend, aux fins de la délimitation du champ d'application géographique de la présente Convention, du territoire continental, des îles, des zones maritimes et de l'espace aérien surjacent, sur lesquels le Pérou exerce sa souveraineté ou ses droits souverains et juridictionnels, conformément à la législation interne et au droit international ;

c) Les expressions « un État contractant » et « l'autre État contractant » désignent la Corée ou le Pérou, selon le contexte ;

d) Le terme « personne » comprend les personnes physiques, les sociétés et autres groupements de personnes ;

e) Le terme « société » désigne toute personne morale ou toute entité qui est considérée comme une personne morale aux fins d'imposition ;

f) Les expressions « entreprise d'un État contractant » et « entreprise de l'autre État contractant » désignent respectivement une entreprise exploitée par un résident d'un État contractant et une entreprise exploitée par un résident de l'autre État contractant ;

g) L'expression « trafic international » désigne tout transport effectué par un navire ou un aéronef exploité par une entreprise d'un État contractant, sauf lorsque le navire ou l'aéronef n'est exploité qu'entre des points situés dans l'autre État contractant ;

h) Le terme « ressortissant » désigne, en ce qui concerne un État contractant :

   i) Toute personne physique qui possède la nationalité de cet État contractant ; et

   ii) Toute personne morale, société de personnes ou association constituée conformément à la législation en vigueur dans cet État contractant ;

i) L'expression « autorité compétente » désigne :

   i) En Corée, le Ministre de la stratégie et des finances ou son représentant autorisé ;

   ii) Au Pérou, le Ministre de l'économie et des finances ou son représentant autorisé.

2. Pour l'application de la Convention à un moment donné par un État contractant, tout terme ou toute expression qui n'y est pas défini a, sauf si le contexte exige une interprétation différente, le sens que lui attribue, à ce moment, le droit de cet État concernant les impôts auxquels s'applique la Convention, le sens attribué à ce terme ou à cette expression par le droit fiscal de cet État prévalant sur le sens que lui attribuent les autres branches du droit de cet État.

Article 4. Résident

1. Au sens de la présente Convention, l'expression « résident d'un État contractant » désigne toute personne qui, en vertu de la législation de cet État, est assujettie à l'impôt dans cet État en raison de son domicile, de sa résidence, de son siège social, de son établissement principal, de son siège de direction, de son lieu de constitution ou de tout autre critère analogue, et s'applique aussi à cet État ainsi qu'à toutes ses subdivisions politiques ou à ses collectivités locales. Toutefois, cette expression ne comprend pas les personnes qui ne sont assujetties à l'impôt dans cet État contractant que pour les revenus de sources situées dans cet État.

2. Lorsque, selon les dispositions du paragraphe 1, une personne physique est un résident des deux États contractants, sa situation est réglée de la manière suivante :

a) Cette personne est considérée comme résidente seulement de l'État où elle dispose d'un foyer d'habitation permanent ; si elle dispose d'un foyer d'habitation permanent dans les deux États, elle est considérée comme résidente seulement de l'État avec lequel ses liens personnels et économiques sont les plus étroits (centre des intérêts vitaux) ;

b) Si l'État où cette personne a ses intérêts vitaux ne peut pas être déterminé, ou si elle ne dispose d'un foyer d'habitation permanent dans aucun des États, elle est considérée comme résidente seulement de l'État où elle séjourne de façon habituelle ;

c) Si cette personne séjourne de façon habituelle dans les deux États ou si elle ne séjourne de façon habituelle dans aucun d'eux, elle est considérée comme résidente seulement de l'État dont elle possède la nationalité ;

d) Si cette personne possède la nationalité des deux États ou si elle ne possède la nationalité d'aucun d'eux, les autorités compétentes des États contractants tranchent la question d'un commun accord.

3. Lorsque, selon les dispositions du paragraphe 1, une personne autre qu'une personne physique est résidente des deux États contractants, elle est considérée comme résidente seulement de l'État où son siège de direction effective est situé. Si le siège de direction effective ne peut être déterminé, les autorités compétentes des États contractants tranchent la question d'un commun accord.

Article 5. Établissement stable

1. Au sens de la présente Convention, l'expression « établissement stable » désigne une installation fixe d'affaires par l'intermédiaire de laquelle une entreprise exerce tout ou partie de son activité.

2. L'expression « établissement stable » désigne notamment :

a) Un siège de direction ;

b) Une succursale ;

c) Un bureau ;

d) Une usine ;

e) Un atelier ; et

f) Une mine, un puits de pétrole ou de gaz, une carrière ou tout autre lieu d'extraction de ressources naturelles.

3. L'expression « établissement stable » désigne également :

a) Un chantier de construction, un projet de montage ou d'installation ou des activités de supervision liées à ce projet, mais seulement si ce chantier de construction, ce projet ou ces activités durent plus de six mois ; et

b) La fourniture, par une entreprise, de services, y compris de services conseils, par l'intermédiaire d'employés ou autre personnel engagés par l'entreprise à cette fin dans l'autre État contractant, mais seulement si des activités de cette nature se poursuivent (pour le même projet ou un projet connexe) dans cet État pour une période ou des périodes totalisant plus de 183 jours au cours de toute période de 12 mois.

Aux fins du calcul de la ou des périodes visées au présent paragraphe, la durée des activités exercées par une entreprise inclut les activités exercées par des entreprises associées, au sens de l'article 9, si les activités entre les entreprises associées sont identiques, essentiellement analogues ou liées.

4. Nonobstant les dispositions précédentes du présent article, l'expression « établissement stable » ne comprend pas :

a) L'utilisation d'installations pour le stockage, l'exposition ou la livraison de biens ou de marchandises appartenant à l'entreprise ;

b) L'exploitation d'un stock de biens ou de marchandises appartenant à l'entreprise aux seules fins de stockage, d'exposition ou de livraison ;

c) L'exploitation d'un stock de biens ou de marchandises appartenant à l'entreprise aux seules fins de transformation par une autre entreprise ;

d) L'exploitation d'une installation fixe d'affaires aux seules fins d'acheter des marchandises ou de réunir des renseignements pour l'entreprise ;

e) L'exploitation d'une installation fixe d'affaires aux seules fins d'exercer, pour l'entreprise, toute autre activité de caractère préparatoire ou auxiliaire ;

f) L'exploitation d'une installation fixe d'affaires aux seules fins d'exercice cumulé d'activités mentionnées aux alinéas a) à e), à condition que l'activité d'ensemble de cette installation résultant de ce cumul garde un caractère préparatoire ou auxiliaire.

5. Nonobstant les dispositions des paragraphes 1 et 2, lorsqu'une personne, autre qu'un agent jouissant d'un statut indépendant auquel s'applique le paragraphe 7, agit pour le compte d'une entreprise et dispose dans un État contractant de pouvoirs qu'elle y exerce habituellement lui permettant de conclure des contrats au nom de l'entreprise, cette entreprise est considérée comme ayant un établissement stable dans cet État pour toutes les activités que cette personne exerce pour l'entreprise, à moins que les activités de cette personne ne soient limitées à celles qui sont mentionnées au paragraphe 4 et qui, si elles étaient exercées par l'intermédiaire d'une installation fixe d'affaires, ne permettraient pas de considérer cette installation comme un établissement stable selon les dispositions de ce paragraphe.

6. Nonobstant les dispositions précédentes du présent article, une société d'assurances d'un État contractant est, sauf en matière de réassurance, considérée comme ayant un établissement stable dans l'autre État contractant si elle perçoit des primes dans le territoire de cet autre État ou si elle y assure contre des risques par l'intermédiaire d'une personne autre qu'un agent jouissant d'un statut indépendant auquel s'applique le paragraphe 7.

7. Une entreprise n'est pas considérée comme ayant un établissement stable dans un État contractant du seul fait qu'elle y exerce son activité par l'entremise d'un courtier, d'un

commissionnaire général ou de tout autre agent jouissant d'un statut indépendant, à condition que ces personnes agissent dans le cadre ordinaire de leur activité.

8. Le fait qu'une société qui est résidente d'un État contractant contrôle ou est contrôlée par une société qui est résidente de l'autre État contractant ou qui y exerce son activité (que ce soit par l'intermédiaire d'un établissement stable ou non) ne suffit pas, en lui-même, à faire de l'une quelconque de ces sociétés un établissement stable de l'autre.

Article 6. Revenus provenant de biens immobiliers

1. Les revenus qu'un résident d'un État contractant tire de biens immobiliers (y compris les revenus des exploitations agricoles ou forestières) situés dans l'autre État contractant sont imposables dans cet autre État.

2. L'expression « biens immobiliers » a le sens que lui attribue le droit de l'État contractant où les biens considérés sont situés. L'expression comprend en tout cas les accessoires, le cheptel mort ou vif des exploitations agricoles et forestières, les droits auxquels s'appliquent les dispositions du droit privé concernant la propriété foncière, l'usufruit des biens immobiliers et les droits à des paiements variables ou fixes pour l'exploitation ou la concession de l'exploitation de gisements miniers, sources et autres ressources naturelles. Les navires et aéronefs ne sont pas considérés comme des biens immobiliers.

3. Les dispositions du paragraphe 1 s'appliquent aux revenus provenant de l'exploitation directe, de la location ou de l'affermage, ainsi que de toute autre forme d'exploitation des biens immobiliers.

4. Les dispositions des paragraphes 1 et 3 s'appliquent également aux revenus provenant des biens immobiliers d'une entreprise ainsi qu'aux revenus des biens immobiliers servant à l'exercice d'une profession indépendante.

Article 7. Bénéfices des entreprises

1. Les bénéfices d'une entreprise d'un État contractant ne sont imposables que dans cet État, sauf si l'entreprise exerce son activité dans l'autre État contractant par l'intermédiaire d'un établissement stable qui y est situé. Si l'entreprise exerce son activité d'une telle façon, ses bénéfices sont imposables dans l'autre État, mais uniquement dans la mesure où ils sont imputables à cet établissement stable.

2. Sous réserve des dispositions du paragraphe 3, lorsqu'une entreprise d'un État contractant exerce son activité dans l'autre État contractant par l'intermédiaire d'un établissement stable qui y est situé, il est imputé à cet établissement stable, dans chaque État contractant, les bénéfices qu'il aurait pu réaliser s'il avait constitué une entreprise distincte exerçant des activités identiques ou analogues dans des conditions identiques ou analogues et traitant en toute indépendance avec l'entreprise dont il constitue un établissement stable.

3. Pour déterminer les bénéfices d'un établissement stable, sont admises en déduction les dépenses relatives aux fins poursuivies par cet établissement stable, y compris les dépenses de direction et les frais généraux d'administration ainsi enregistrés, soit dans l'État où est situé cet établissement stable, soit ailleurs.

4. Aucun bénéfice n'est imputé à un établissement stable du seul fait qu'il a acheté des biens ou des marchandises pour l'entreprise.

5. Aux fins des paragraphes précédents, les bénéfices à imputer à l'établissement stable sont déterminés chaque année selon la même méthode, sauf s'il existe des motifs valables et suffisants de procéder autrement.

6. Lorsque les bénéfices comprennent des éléments de revenu traités séparément dans d'autres articles de la présente Convention, les dispositions de ces articles ne sont pas affectées par les dispositions du présent article.

Article 8. Transport maritime et aérien

1. Les bénéfices d'une entreprise d'un État contractant provenant de l'exploitation, en trafic international, de navires ou d'aéronefs ne sont imposables que dans cet État.

2. Les dispositions du paragraphe 1 s'appliquent également aux bénéfices provenant de la participation à un consortium, à une coentreprise ou à un organisme international d'exploitation.

3. Aux fins du présent article :

a) Le terme « bénéfices » comprend en particulier :

i) Les recettes brutes tirées de l'exploitation de navires ou d'aéronefs en trafic international ; et

ii) Les intérêts découlant des paiements provenant de l'exploitation de navires ou d'aéronefs en trafic international, à condition que ces intérêts soient accessoires et inhérents à l'exploitation ;

b) L'expression « exploitation de navires ou d'aéronefs » pour une entreprise comprend notamment :

i) La location, sur la base d'un affrètement coque nue, de navires ou d'aéronefs ; et

ii) L'utilisation, l'entretien ou la location de conteneurs et d'équipements connexes ;

si cet affrètement, cette utilisation, cet entretien ou cette location est accessoire à l'exploitation par cette entreprise de navires ou d'aéronefs en trafic international.

Article 9. Entreprises associées

1. Lorsque :

a) Une entreprise d'un État contractant participe directement ou indirectement à la direction, au contrôle ou au capital d'une entreprise de l'autre État contractant ; ou que

b) Les mêmes personnes participent directement ou indirectement à la direction, au contrôle ou au capital d'une entreprise d'un État contractant et d'une entreprise de l'autre État contractant,

et que, dans l'un et l'autre cas, les deux entreprises sont, dans leurs relations commerciales ou financières, liées par des conditions convenues ou imposées qui diffèrent de celles qui seraient convenues entre des entreprises indépendantes, les bénéfices qui, sans ces conditions, auraient été réalisés par l'une des entreprises, mais n'ont pu l'être en fait à cause de ces conditions, peuvent être inclus dans les bénéfices de cette entreprise et imposés en conséquence.

2. Lorsqu'un État contractant inclut dans les bénéfices d'une entreprise de cet État, et impose en conséquence, des bénéfices sur lesquels une entreprise de l'autre État contractant a été imposée dans cet autre État, et que les bénéfices ainsi inclus sont des bénéfices qui auraient été réalisés par l'entreprise du premier État si les conditions convenues entre les deux entreprises avaient été celles

qui auraient été convenues entre des entreprises indépendantes, alors cet autre État procède à un ajustement approprié du montant de l'impôt qui y a été perçu sur ces bénéfices conformément à la législation fiscale de cet autre État, s'il estime que l'ajustement effectué dans un État contractant est justifié tant dans son principe que dans son montant. Pour déterminer cet ajustement, il est tenu compte des autres dispositions de la présente Convention et, si nécessaire, les autorités compétentes des États contractants se consultent.

3. Les dispositions du paragraphe 2 ne s'appliquent pas en cas de fraude ou de faute intentionnelle.

Article 10. Dividendes

1. Les dividendes payés par une société résidente d'un État contractant à un résident de l'autre État contractant sont imposables dans cet autre État.

2. Toutefois, ces dividendes sont aussi imposables dans l'État contractant dont la société qui paie les dividendes est résidente et selon la législation de cet État, mais si le bénéficiaire effectif des dividendes est un résident de l'autre État contractant, l'impôt ainsi établi ne peut excéder 10 % du montant brut des dividendes.

Le présent paragraphe n'affecte pas l'imposition de la société au titre des bénéfices qui servent au paiement des dividendes.

3. Le terme « dividendes » employé dans le présent article désigne les revenus provenant d'actions ou autres parts bénéficiaires à l'exception des créances, ainsi que les revenus d'autres parts sociales soumis au même régime fiscal que les revenus d'actions par la législation de l'État dont la société distributrice est un résident.

4. Les dispositions des paragraphes 1 et 2 ne s'appliquent pas lorsque le bénéficiaire effectif des dividendes, résident d'un État contractant, exerce dans l'autre État contractant dont la société qui paie les dividendes est un résident, soit une activité industrielle ou commerciale par l'intermédiaire d'un établissement stable qui y est situé, soit une profession indépendante au moyen d'une base fixe qui y est située, et que la participation génératrice des dividendes s'y rattache effectivement. Dans ces cas, les dispositions de l'article 7 ou de l'article 14, selon le cas, sont applicables.

5. Lorsqu'une société qui est résidente d'un État contractant tire des bénéfices ou des revenus de l'autre État contractant, cet autre État ne peut percevoir aucun impôt sur les dividendes payés par la société, sauf dans la mesure où ces dividendes sont payés à un résident de cet autre État ou dans la mesure où la participation génératrice des dividendes se rattache effectivement à un établissement stable ou à une base fixe situés dans cet autre État, ni prélever aucun impôt, au titre de l'imposition des bénéfices non distribués, sur les bénéfices non distribués de la société, même si les dividendes payés ou les bénéfices non distribués consistent en tout ou en partie en bénéfices ou revenus provenant de cet autre État.

6. Lorsqu'une société d'un État contractant dispose d'un établissement stable dans l'autre État contractant, les bénéfices de cet établissement stable imputables à cette société peuvent être soumis dans cet autre État contractant à un impôt autre que l'impôt sur les bénéfices de l'établissement stable dans cet autre État contractant et conformément à la législation de cet autre État. Toutefois, cet impôt autre que l'impôt sur les bénéfices ne peut dépasser la limite prévue au paragraphe 2 du présent article.

Article 11. Intérêts

1. Les intérêts provenant d'un État contractant et payés à un résident de l'autre État contractant sont imposables dans cet autre État.

2. Toutefois, ces intérêts sont aussi imposables dans l'État contractant d'où ils proviennent et selon la législation de cet État, mais si le bénéficiaire effectif des intérêts est un résident de l'autre État contractant, l'impôt ainsi établi ne peut excéder 15 % du montant brut des intérêts.

3. Nonobstant les dispositions du paragraphe 2, les intérêts provenant d'un État contractant ne sont imposables que dans l'autre État contractant si cet autre État contractant, y compris ses subdivisions politiques et ses collectivités locales, ou la Banque centrale de cet autre État contractant, en est le bénéficiaire effectif.

4. Le terme « intérêts » employé dans le présent article désigne les revenus des créances de toute nature, assorties ou non de garanties hypothécaires ou d'une clause de participation aux bénéfices du débiteur, et notamment les revenus des fonds publics et des obligations d'emprunts, y compris des primes et lots attachés à ces titres. Les pénalisations pour paiement tardif ne sont pas considérées comme des intérêts au sens du présent article.

5. Les dispositions des paragraphes 1 et 2 ne s'appliquent pas lorsque le bénéficiaire effectif des intérêts, résident d'un État contractant, exerce dans l'autre État contractant d'où proviennent les intérêts, soit une activité industrielle ou commerciale par l'intermédiaire d'un établissement stable qui y est situé, soit une profession indépendante au moyen d'une base fixe qui y est située, et que la créance génératrice des intérêts s'y rattache effectivement. Dans ces cas, les dispositions de l'article 7 ou de l'article 14, selon le cas, sont applicables.

6. Les intérêts sont considérés comme provenant d'un État contractant lorsque le débiteur est un résident de cet État. Toutefois, lorsque le débiteur des intérêts, qu'il soit ou non résident d'un État contractant, a dans un État contractant un établissement stable ou une base fixe pour lesquels la dette donnant lieu au paiement des intérêts a été contractée et qui supporte la charge de ces intérêts, ceux-ci sont considérés comme provenant de l'État où l'établissement stable, ou la base fixe, est situé.

7. Lorsque, en raison de relations spéciales entre le débiteur et le bénéficiaire effectif ou entre l'un et l'autre et quelque autre personne, le montant des intérêts, compte tenu de la créance pour laquelle ils sont payés, excède celui dont seraient convenus le débiteur et le bénéficiaire effectif en l'absence de pareilles relations, les dispositions du présent article ne s'appliquent qu'à ce dernier montant. Dans ce cas, la partie excédentaire des paiements reste imposable selon la législation de chaque État contractant et compte tenu des autres dispositions de la présente Convention.

Article 12. Redevances

1. Les redevances générées dans un État contractant et payées à un résident de l'autre État contractant sont imposables dans cet autre État.

2. Toutefois, ces redevances sont également imposables dans l'État contractant d'où elles proviennent et selon la législation de cet État, étant entendu que, si le bénéficiaire effectif des redevances est un résident de l'autre État contractant, l'impôt ainsi établi ne peut excéder :

a) 10 % du montant brut des paiements reçus en contrepartie de la fourniture d'une assistance technique ;

b) 15 % du montant brut des redevances dans tous les autres cas.

3. Le terme « redevances » tel qu'il est employé dans le présent article désigne les rémunérations de toute nature perçues pour l'usage ou la concession de l'usage d'un droit d'auteur sur une œuvre littéraire, artistique ou scientifique, y compris les films cinématographiques ou les films, les bandes ou tout autre moyen de reproduction des images ou du son, d'un brevet, d'une marque de fabrique ou de commerce, d'un dessin ou d'un modèle, d'un plan, d'une formule ou d'un procédé secrets, ou pour des informations ayant trait à une expérience acquise dans le domaine industriel, commercial ou scientifique. Le terme « redevances » désigne également les paiements reçus en contrepartie de la fourniture d'une assistance technique.

4. Les dispositions des paragraphes 1 et 2 du présent article ne s'appliquent pas lorsque le bénéficiaire effectif des redevances, résident d'un État contractant, exerce dans l'autre État contractant source des redevances, soit une activité industrielle ou commerciale par l'intermédiaire d'un établissement stable qui y est situé, soit une profession indépendante au moyen d'une base fixe qui y est située, et que le droit ou le bien générateur des redevances se rattache effectivement à l'établissement stable ou à la base fixe en question. Dans ces cas, les dispositions de l'article 7 ou de l'article 14, selon le cas, sont applicables.

5. Les redevances sont considérées comme provenant d'un État contractant lorsque le débiteur est un résident de cet État. Toutefois, lorsque le débiteur des redevances, qu'il soit ou non un résident d'un État contractant, a dans un État contractant un établissement stable ou une base fixe pour lesquels la dette donnant lieu aux redevances a été contractée et qui supportent la charge de ces redevances, celles-ci sont considérées comme provenant de l'État où l'établissement stable ou la base fixe sont situés.

6. Lorsque, en raison de relations spéciales qui existent entre le débiteur et le bénéficiaire effectif ou que l'un et l'autre entretiennent avec de tierces personnes, le montant des redevances, compte tenu de la prestation pour laquelle elles sont payées, excède celui dont seraient convenus le débiteur et le bénéficiaire effectif en l'absence de pareilles relations, les dispositions du présent article ne s'appliquent qu'à ce dernier montant. Dans ce cas, la partie excédentaire des paiements reste imposable selon la législation de chaque État contractant et compte tenu des autres dispositions de la présente Convention.

Article 13. Gains en capital

1. Les gains qu'un résident d'un État contractant tire de l'aliénation de biens immobiliers visés à l'article 6 et situés dans l'autre État contractant sont imposables dans cet autre État.

2. Les gains provenant de l'aliénation de biens mobiliers qui font partie de l'actif d'un établissement stable qu'une entreprise d'un État contractant a dans l'autre État contractant, ou de biens mobiliers qui appartiennent à une base fixe dont un résident d'un État contractant dispose dans l'autre État contractant pour l'exercice d'une profession indépendante, y compris de tels gains dégagés par l'aliénation de cet établissement stable (seul ou avec l'ensemble de l'entreprise) ou de cette base fixe, sont imposables dans cet autre État.

3. Les gains issus de l'aliénation de navires ou d'aéronefs exploités en trafic international, ou de biens mobiliers affectés à l'exploitation de ces navires ou aéronefs ne sont imposables que dans l'État contractant dont l'entreprise est résidente.

4. Les gains qu'un résident d'un État contractant perçoit de l'aliénation d'actions tirant plus de 50 % de leur valeur, que ce soit directement ou indirectement, de biens immeubles situés dans l'autre État contractant sont imposables dans cet autre État.

5. En plus des dispositions des paragraphes précédents du présent article, les gains qu'un résident d'un État contractant tire de l'aliénation directe ou indirecte d'actions, d'intérêts comparables, de titres, ou d'autres droits dans le capital d'une société qui est résidente de l'autre État contractant sont imposables dans cet autre État si le bénéficiaire des gains détenait une participation d'au moins 20 % dans le capital de ladite société au cours des 12 mois précédant l'aliénation.

6. Les gains tirés de l'aliénation de tous biens autres que ceux visés aux paragraphes 1, 2, 3, 4 et 5 ne sont imposables que dans l'État contractant dont le cédant est un résident.

Article 14. Professions indépendantes

1. Les revenus qu'une personne physique résidente d'un État contractant tire d'une profession libérale ou d'autres activités de caractère indépendant ne sont imposables que dans cet État ; toutefois, ces revenus sont également imposables dans l'autre État contractant dans les cas suivants :

a) Si la personne physique dispose de façon habituelle dans l'autre État contractant d'une base fixe pour l'exercice de ses activités ; dans ce cas, seule la fraction des revenus qui est imputable à ladite base fixe est imposable dans l'autre État ; ou

b) Si le séjour de la personne physique dans l'autre État contractant s'étend sur une période ou des périodes d'une durée totale égale ou supérieure à 183 jours au cours de toute période de 12 mois ; dans ce cas, seule la fraction des revenus qui est tirée des activités exercées dans cet autre État est imposable dans cet État.

2. L'expression « profession indépendante » se rapporte notamment aux activités indépendantes d'ordre scientifique, littéraire, artistique, éducatif ou pédagogique, ainsi qu'aux activités indépendantes des médecins, avocats, ingénieurs, architectes, dentistes et comptables.

Article 15. Revenus provenant d'un emploi

1. Sous réserve des dispositions des articles 16, 18 et 19, les salaires, traitements et autres rémunérations similaires qu'un résident d'un État contractant reçoit au titre d'un emploi salarié ne sont imposables que dans cet État, à moins que l'emploi ne soit exercé dans l'autre État contractant. Si l'emploi y est exercé, les rémunérations reçues à ce titre sont imposables dans cet autre État.

2. Nonobstant les dispositions du paragraphe 1, les rémunérations qu'un résident d'un État contractant reçoit au titre d'un emploi salarié exercé dans l'autre État contractant ne sont imposables que dans le premier État si :

a) Le bénéficiaire séjourne dans l'autre État pendant une période ou des périodes n'excédant pas au total 183 jours sur toute période de 12 mois ; et

b) Les rémunérations sont payées par un employeur ou pour le compte d'un employeur qui n'est pas un résident de l'autre État ; et

c) La charge des rémunérations n'est pas supportée par un établissement stable ou une installation fixe dont l'employeur dispose dans l'autre État.

3. Nonobstant les dispositions précédentes du présent article, les rémunérations tirées d'un emploi salarié exercé à bord d'un navire ou d'un aéronef exploité en trafic international par une entreprise d'un État contractant sont imposables uniquement dans cet État.

Article 16. Tantièmes

Les tantièmes et autres rétributions similaires qu'un résident d'un État contractant reçoit en sa qualité de membre du conseil d'administration ou de surveillance ou d'autres organes analogues en fonctions au conseil d'administration d'une société qui résidente de l'autre État contractant sont imposables dans cet autre État.

Article 17. Artistes du spectacle et athlètes

1. Nonobstant les dispositions des articles 7, 14 et 15, les revenus qu'un résident d'un État contractant tire de ses activités personnelles exercées dans l'autre État contractant en tant qu'artiste du spectacle, tel qu'un artiste de théâtre, de cinéma, de la radio ou de la télévision, ou un musicien, ou en tant qu'athlète, sont imposables dans cet autre État. Les revenus qu'un artiste du spectacle ou un athlète, résident d'un État contractant, tire de ses activités personnelles liées à sa réputation en tant qu'artiste du spectacle ou athlète exercées dans l'autre État contractant, tels que les revenus de la publicité ou du parrainage, sont imposables dans cet autre État.

2. Lorsque les revenus d'activités qu'un artiste du spectacle ou un athlète exerce personnellement et en cette qualité sont attribués non pas à l'artiste du spectacle ou à l'athlète lui-même, mais à une autre personne, ces revenus sont imposables, nonobstant les dispositions des articles 7, 14 et 15, dans l'État contractant où les activités de l'artiste du spectacle ou de l'athlète sont exercées.

Article 18. Pensions

Les pensions et autres paiements similaires ou rentes payés à un résident d'un État contractant ne sont imposables que dans l'État contractant d'où ils proviennent.

Article 19. Fonction publique

1. a) Les salaires, traitements et autres rémunérations analogues, autres que les pensions, payés par un État contractant ou l'une de ses subdivisions politiques ou collectivités locales à une personne physique au titre de services fournis à cet État ou à cette subdivision ou collectivité ne sont imposables que dans cet État ;

   b) Toutefois, ces traitements, salaires et autres rémunérations analogues ne sont imposables que dans l'autre État contractant si les services sont exécutés dans cet État et si la personne physique qui est résidente de cet État :

      i) Possède la nationalité de cet État ; ou

      ii) N'est pas devenue résidente de cet État à seule fin d'exécuter les services en question.

2. Les dispositions des articles 15, 16, et 17 s'appliquent aux salaires, traitements et autres rémunérations similaires payés au titre de services fournis dans le cadre d'une activité industrielle ou commerciale exercée par un État contractant ou l'une de ses subdivisions politiques ou collectivités locales.

Article 20. Étudiants

Les sommes qu'un étudiant ou un stagiaire, qui est ou qui était immédiatement avant de se rendre dans un État contractant, un résident de l'autre État contractant, et qui séjourne dans le premier État à seule fin d'y poursuivre ses études ou sa formation, reçoit pour couvrir ses frais d'entretien, d'études ou de formation ne sont pas imposables dans cet État, à condition qu'elles proviennent de sources situées en dehors de cet État.

Article 21. Autres revenus

1. Les éléments du revenu d'un résident d'un État contractant, d'où qu'ils proviennent, qui ne sont pas traités dans les articles précédents de la présente Convention ne sont imposables que dans cet État.

2. Les dispositions du paragraphe 1 ne s'appliquent pas aux revenus autres que les revenus provenant de biens immobiliers, tels qu'ils sont définis au paragraphe 2 de l'article 6, lorsque le bénéficiaire de tels revenus, résident d'un État contractant, exerce dans l'autre État contractant, soit une activité industrielle ou commerciale par l'intermédiaire d'un établissement stable qui y est situé, soit une profession indépendante au moyen d'une base fixe qui y est située, et que le droit ou le bien générateur des revenus s'y rattache effectivement. Dans ces cas, les dispositions de l'article 7 ou de l'article 14, selon le cas, sont applicables.

3. Lorsque, en raison de relations spéciales existant entre la personne mentionnée au paragraphe 1 et toute autre personne, ou que l'un et l'autre entretiennent avec des tierces personnes, le montant des revenus mentionnés au paragraphe 1 excède le montant (le cas échéant) dont ces personnes seraient convenues en l'absence de pareille relation, les dispositions du présent article ne s'appliquent qu'à ce dernier montant. Dans ce cas, la partie excédentaire du paiement reste imposable selon la législation de chaque État contractant et compte tenu des autres dispositions applicables de la présente Convention.

4. Nonobstant les dispositions du paragraphe 1, les éléments du revenu d'un résident d'un État contractant qui ne sont pas traités dans les articles précédents de la Convention et qui proviennent de l'autre État contractant sont aussi imposables dans cet autre État, mais l'impôt ainsi établi ne peut excéder 10 % du montant brut de ce revenu.

Article 22. Élimination des doubles impositions

1. En Corée, la double imposition est évitée de la façon suivante :

Sous réserve des dispositions de la législation fiscale de la Corée concernant l'octroi d'un crédit déductible de l'impôt coréen accordé au titre de l'impôt dû dans tout État autre que la Corée (qui n'ont aucune incidence sur le principe général ici posé) :

a) Lorsqu'un résident de la Corée reçoit des revenus du Pérou qui sont imposables au Pérou en vertu de la législation du Pérou conformément aux dispositions de la présente Convention, le montant de l'impôt péruvien exigible sur ce revenu est admis en déduction de l'impôt coréen dû par ce résident. Toutefois, le montant de la déduction ne saurait excéder la part de l'impôt coréen, calculé avant déduction, correspondant à ces revenus ;

b) Lorsque les revenus provenant du Pérou sont des dividendes payés par une société résidente du Pérou à une société résidente de la Corée possédant au moins 10 % des actions avec droit de vote émises par la société payant les dividendes ou au moins 10 % du capital stock de cette société, la déduction tient compte de l'impôt péruvien dû sur les bénéfices servant au paiement des dividendes.

2. Dans le cas du Pérou, la double imposition est évitée de la façon suivante :

a) Les résidents du Pérou peuvent imputer sur l'impôt péruvien sur le revenu, à titre de crédit, l'impôt coréen dû sur les revenus imposés conformément à la législation de la Corée et aux dispositions de la présente Convention. Cette imputation n'excède en aucun cas la partie de l'impôt péruvien sur le revenu qui est imputable aux revenus imposables en Corée ;

b) Lorsqu'une société qui est résidente de la Corée verse un dividende à une société qui est résidente du Pérou et qui contrôle directement ou indirectement au moins 10 % des droits de vote de la première société, il est tenu compte, dans le calcul de l'imputation, de l'impôt dû en Corée par la société au titre des bénéfices ayant servi au paiement des dividendes, mais seulement jusqu'à concurrence du seuil à partir duquel l'impôt péruvien excède le montant de l'imputation déterminé sans tenir compte du présent alinéa ;

c) Lorsque, conformément à toute disposition de la présente Convention, les revenus perçus par un résident d'un État contractant sont exonérés d'impôts dans cet État, cet État peut néanmoins, pour calculer le montant de l'impôt à percevoir sur le reste des revenus de ce résident, tenir compte des revenus exonérés.

Article 23. Non-discrimination

1. Les ressortissants d'un État contractant ne sont soumis dans l'autre État contractant à aucune imposition ou obligation correspondante, qui est autre ou plus lourde que celles auxquelles sont ou pourront être assujettis les ressortissants de cet autre État qui se trouvent dans la même situation, notamment au regard de la résidence. La présente disposition s'applique aussi, nonobstant les dispositions de l'article premier, aux personnes qui ne sont pas des résidents d'un État contractant ou des deux États contractants.

2. L'imposition d'un établissement stable qu'une entreprise d'un État contractant a dans l'autre État contractant n'est pas établie dans cet autre État d'une façon moins favorable que l'imposition des entreprises de cet autre État qui exercent la même activité. La présente disposition ne peut être interprétée comme obligeant un État contractant à accorder aux résidents de l'autre État contractant les déductions personnelles, abattements et réductions d'impôt en fonction de la situation ou des charges de famille qu'il accorde à ses propres résidents.

3. À moins que les dispositions du paragraphe 1 de l'article 9, du paragraphe 7 de l'article 11 ou du paragraphe 6 de l'article 12 ne soient applicables, les intérêts, redevances et autres montants payés par une entreprise d'un État contractant à un résident de l'autre État contractant sont déductibles, pour la détermination des bénéfices imposables de cette entreprise, dans les mêmes conditions que s'ils avaient été payés à un résident du premier État.

4. Les entreprises d'un État contractant dont le capital est en totalité ou en partie, directement ou indirectement, détenu ou contrôlé par un ou plusieurs résidents de l'autre État contractant ne sont soumises dans le premier État à aucune imposition ou obligation correspondante, qui est autre ou plus lourde que celles auxquelles sont ou pourront être assujetties les autres entreprises similaires du premier État.

5. Les dispositions du présent article s'appliquent, nonobstant les dispositions de l'article 2, aux impôts de toute nature ou dénomination.

Article 24. Procédure amiable

1. Lorsqu'une personne estime que les mesures prises par un État contractant ou par les deux États contractants entraînent ou entraîneront pour elle une imposition non conforme aux dispositions de la présente Convention, elle peut, indépendamment des recours prévus par le droit interne de ces États, soumettre son cas à l'autorité compétente de l'État contractant dont elle est résidente ou, si son cas relève du paragraphe 1 de l'article 23, à celle de l'État contractant dont elle possède la nationalité. Le cas doit être soumis dans les trois ans à partir de la première notification des mesures qui entraînent une imposition non conforme aux dispositions de la Convention.

2. L'autorité compétente s'efforce, si la réclamation lui paraît fondée et si elle n'est pas elle-même en mesure d'y apporter une solution satisfaisante, de résoudre le cas par voie d'accord amiable avec l'autorité compétente de l'autre État contractant, en vue d'éviter une imposition non conforme à la Convention. Tout accord conclu est appliqué quels que soient les délais prévus par le droit interne des États contractants.

3. Les autorités compétentes des États contractants s'efforcent, par voie d'accord amiable, de résoudre les difficultés ou de dissiper les doutes auxquels peuvent donner lieu l'interprétation ou l'application de la Convention. Elles peuvent aussi se concerter en vue d'éliminer les doubles impositions dans les cas non prévus par la Convention.

4. Les autorités compétentes des États contractants peuvent communiquer directement entre elles en vue de parvenir à un accord au sens des paragraphes précédents.

Article 25. Échange de renseignements

1. Les autorités compétentes des États contractants échangent les renseignements vraisemblablement pertinents pour appliquer les dispositions de la présente Convention ou celles de la législation interne relative aux impôts de toute nature ou dénomination perçus pour le compte des États contractants, de leurs subdivisions politiques ou de leurs collectivités locales dans la mesure où l'imposition qu'elle prévoit n'est pas contraire à la Convention. L'échange de renseignements n'est pas restreint par les articles premier et 2.

2. Tous les renseignements reçus en vertu du paragraphe 1 par un État contractant sont tenus secrets de la même manière que les renseignements obtenus en application de la législation interne de cet État, et ils ne sont communiqués qu'aux personnes ou autorités (y compris les tribunaux et organes administratifs) concernées par l'établissement ou le recouvrement des impôts visés au paragraphe 1, par les procédures ou poursuites concernant ces impôts, ou par les décisions sur les recours relatifs à ces impôts. Ces personnes ou autorités n'utilisent ces renseignements qu'à ces fins, mais peuvent en faire état au cours d'audiences publiques de tribunaux ou dans des jugements.

3. Les dispositions des paragraphes 1 et 2 ne peuvent en aucun cas être interprétées comme imposant à un État contractant l'obligation :

a) De prendre des mesures administratives dérogeant à sa législation et à sa pratique administrative ou à celles de l'autre État contractant ;

b) De fournir des renseignements qui ne pourraient être obtenus sur la base de sa législation ou dans le cadre de sa pratique administrative normale ou de celles de l'autre État contractant ;

c) De fournir des renseignements qui révéleraient un secret commercial, industriel, professionnel ou un procédé commercial ou des renseignements dont la communication serait contraire à l'ordre public.

4. Si des renseignements sont demandés par un État contractant conformément au présent article, l'autre État contractant utilise ses mesures de collecte de renseignements pour obtenir les renseignements demandés quand bien même cet autre État n'aurait pas besoin de ces renseignements à ses propres fins fiscales. L'obligation contenue dans la phrase précédente est subordonnée aux limitations prévues au paragraphe 3, mais en aucun cas ces limitations ne doivent être interprétées comme autorisant un État contractant à refuser de fournir des renseignements pour la seule raison qu'il ne détient aucun intérêt national dans de tels renseignements.

5. Les dispositions du paragraphe 3 ne doivent en aucun cas être interprétées comme autorisant un État contractant à refuser de fournir des renseignements pour la seule raison que les renseignements sont tenus par une banque, une autre institution financière, un mandataire ou une personne agissant en qualité d'agent ou à titre fiduciaire ou parce que cela concerne les intérêts fonciers d'une personne. En appliquant ce paragraphe, les États contractants suivent les procédures constitutionnelles et juridiques nécessaires pour obtenir les informations demandées.

Article 26. Membres de missions diplomatiques et de postes consulaires

Rien dans la présente Convention ne porte atteinte aux privilèges fiscaux dont bénéficient les agents diplomatiques ou les fonctionnaires consulaires en vertu soit des règles générales du droit international, soit des dispositions d'accords particuliers.

Article 27. Limitation des avantages

1. En ce qui concerne les articles 10, 11, 12, 13 et 21, un résident d'un État contractant ne peut prétendre aux prestations si l'objectif principal ou l'un des objectifs principaux de toute personne concernée par la création ou la cession d'une part sociale, d'une créance ou d'un droit générateur de revenus est de tirer avantage de ces articles au moyen de cette création ou de cette cession.

2. Le paragraphe 1 ne peut être interprété comme limitant, de quelque manière que ce soit, l'application des dispositions de la législation d'un État contractant qui sont destinées à prévenir la fraude ou l'évasion fiscales, qu'elles soient ou non qualifiées comme telles.

Article 28. Entrée en vigueur

1. Les Gouvernements des États contractants s'informent mutuellement de l'accomplissement des procédures constitutionnelles requises pour l'entrée en vigueur de la présente Convention.

2. La présente Convention entre en vigueur à la date de la dernière des notifications visées au paragraphe 1, et ses dispositions sont applicables :

a) En ce qui concerne l'impôt retenu à la source, aux revenus perçus le 1er janvier de la première année civile suivant celle au cours de laquelle la présente Convention entre en vigueur ou après cette date ; et

b) En ce qui concerne les autres impôts, à l'exercice fiscal commençant le 1er janvier de la première année civile suivant celle de l'entrée en vigueur de la présente Convention ou après cette date.

Article 29. Dénonciation

La présente Convention demeure en vigueur tant qu'elle n'a pas été dénoncée par un État contractant. Chaque État contractant peut dénoncer la Convention par la voie diplomatique, en communiquant un avis écrit de dénonciation au moins six mois avant la fin de toute année civile. Dans ce cas, la Convention cesse de s'appliquer :

a) En ce qui concerne l'impôt retenu à la source, aux revenus perçus le 1er janvier de la première année civile suivant celle au cours de laquelle le préavis a été communiqué ou après cette date ; et

b) En ce qui concerne les autres impôts, à l'exercice fiscal commençant le 1er janvier de la première année civile suivant celle au cours de laquelle le préavis a été communiqué ou après cette date.

EN FOI DE QUOI, les soussignés, à ce dûment autorisés par leurs Gouvernements respectifs, ont signé la présente Convention.

FAIT à Séoul, le 10 mai 2012, en double exemplaire, en langues coréenne, espagnole et anglaise, les trois textes faisant également foi. En cas de divergence d'interprétation, le texte anglais prévaut.

Pour la République du Pérou :
[RAFAEL RONCAGLIOLO ORBEGOSO]

Pour la République de Corée :
[KIM SUNG-HWAN]

PROTOCOLE

À la signature de la Convention entre la République de Corée et la République du Pérou tendant à éviter les doubles impositions et à prévenir la fraude fiscale en matière d'impôts sur le revenu, les soussignés sont convenus des dispositions suivantes, qui font partie intégrante de la Convention.

1. Article 3

En ce qui concerne l'alinéa d) du paragraphe 1 de l'article 3, le terme « personne » comprend, dans le cas du Pérou, les successions en cours d'administration (« sucesiones indivisas ») ainsi que les sociétés matrimoniales (« sociedades conyugales »).

2. Article 7

Il est entendu que les dispositions du paragraphe 3 de l'article 7 ne s'appliquent que si les dépenses peuvent être imputées à l'établissement stable conformément aux dispositions de la législation fiscale de l'État contractant dans lequel l'établissement stable est situé.

3. Article 10 et article 11

En ce qui concerne le paragraphe 2 de l'article 10 et le paragraphe 2 de l'article 11, il est entendu que si, dans un accord ou une convention entre le Pérou et un État tiers, le Pérou accepte de limiter le taux d'imposition de ces dividendes ou intérêts (soit de façon générale, soit pour des catégories spécifiques de dividendes ou d'intérêts) à un taux inférieur aux taux prévus au paragraphe 2 de l'article 10 ou au paragraphe 2 de l'article 11 de la présente Convention, ce taux inférieur s'applique automatiquement à ces dividendes et intérêts (soit de façon générale, soit pour des catégories spécifiques de dividendes ou d'intérêts) en vertu de la présente Convention comme si ce taux inférieur avait été spécifié dans la présente Convention, avec effet à la date à laquelle les dispositions de cet accord ou de cette convention prennent effet. L'autorité compétente du Pérou informe sans délai l'autorité compétente de la Corée que les conditions pour l'application de la présente disposition ont été réunies.

4. Article 11

a) En ce qui concerne le paragraphe 3 de l'article 11, il est entendu que la Banque d'import-export de Corée constitue une partie du Gouvernement coréen.

b) En ce qui concerne le paragraphe 4 de l'article 11, il est entendu que le terme « intérêts » inclut la différence de prix sur une opération de mise en pension (« operaciones de reporte y pactos de recompra ») ou sur un prêt avec nantissement de titres (« préstamos bursátiles »). Il est en outre entendu que les autorités compétentes peuvent, d'un commun accord, convenir que d'autres éléments similaires d'autres transactions financières traités comme des intérêts en vertu du droit interne entrant en vigueur après la date de signature de la présente Convention seront considérés comme des intérêts aux fins de la Convention. Dans ce cas, les autorités compétentes publieront leur solution amiable.

5. Article 13

En ce qui concerne le paragraphe 5 de l'article 13, il est entendu que si, dans un accord ou une convention entre le Pérou et un État tiers, le Pérou convient que les gains (à l'exclusion des gains prévus au paragraphe 4 de l'article 13) provenant de l'aliénation directe ou indirecte d'actions, d'intérêts comparables, de titres ou d'autres droits ne sont imposables que dans l'État dont le cédant est un résident, ces gains en vertu de la présente Convention ne sont imposés que dans l'État dont le cédant est un résident comme si cette disposition avait été spécifiée dans la présente Convention, avec effet à compter de la date à laquelle cette disposition de l'accord ou de la convention prend effet. L'autorité compétente du Pérou informe sans délai l'autorité compétente de la Corée que les conditions pour l'application de la présente disposition ont été réunies.

6. De manière générale

Aucune disposition de la Convention n'empêche l'application des dispositions des lois péruviennes (« Decretos Legislativos ») n° 662, 757 et 109 et des lois (« Leyes ») n° 26221, 27342, 27343, 27909 telles qu'elles sont en vigueur au moment de la signature de la Convention et telles qu'elles peuvent être amendées de temps à autre sans changer leur principe ou le caractère facultatif de la conclusion des contrats de stabilité fiscale. Une personne qui est partie à un contrat qui accorde la stabilité fiscale conformément aux dispositions susmentionnées reste, nonobstant tout taux d'imposition prévu par la Convention, soumise aux taux d'imposition stabilisés par le contrat pendant toute sa durée.

EN FOI DE QUOI, les soussignés, à ce dûment autorisés par leurs Gouvernements respectifs, ont signé la présente Convention.

FAIT à Séoul, le 10 mai 2012, en double exemplaire, en langues coréenne, espagnole et anglaise, les trois textes faisant également foi. En cas de divergence d'interprétation, le texte anglais prévaut.

Pour la République du Pérou :
[RAFAEL RONCAGLIOLO ORBEGOSO]

Pour la République de Corée :
[KIM SUNG-HWAN]